Konzeption und Entwicklung einer problemlösungsorientierten Interaktionskomponente zur Abbildung betriebswirtschaftlicher Fallstudien in hypermedialen Lehr-/Lernsystemen

Europäische Hochschulschriften

Publications Universitaires Européennes
European University Studies

Reihe V
Volks- und Betriebswirtschaft

Série V Series V
Sciences économiques, gestion d'entreprise
Economics and Management

Bd./Vol. 2976

PETER LANG
Frankfurt am Main · Berlin · Bern · Bruxelles · New York · Oxford · Wien

Holger Mertens

Konzeption und Entwicklung einer problemlösungsorientierten Interaktionskomponente zur Abbildung betriebswirtschaftlicher Fallstudien in hypermedialen Lehr-/Lernsystemen

PETER LANG
Europäischer Verlag der Wissenschaften

Bibliografische Information Der Deutschen Bibliothek
Die Deutsche Bibliothek verzeichnet diese Publikation in der Deutschen Nationalbibliografie; detaillierte bibliografische Daten sind im Internet über <http://dnb.ddb.de> abrufbar.

Zugl.: Würzburg, Univ., Diss., 2002

D 20
ISSN 0531-7339
ISBN 3-631-50879-4

www.peterlang.de

In Danbarkeit

für meine Eltern

Vorwort Prof. Thome

Niemand bestreitet, dass lebenslanges Lernen notwendig, ganz natürlich und darüber hinaus auch für jeden Einzelnen und die gesamte Gesellschaft vorteilhaft ist. Aber wir haben dafür weder die Lehrkräfte noch als Erwachsene die Dispositionsfreiheit, zu bestimmten Zeiten in Veranstaltungen zu gehen. Sicher steht in den Büchern schon alles Wissenswertes und viele Inhalte sind schon auf Video erhältlich. Die Erfolge dieser Quellen sind jedoch für die Weiterbildung eher gering. Aber auch der organisierte Lernablauf in Schulen und Hochschulen läuft wenig effizient. Während man sich bei Kindern und Jugendlichen noch mit der allgemeinen erzieherischen Aufgabe und der sozialen Erfahrung trösten kann, verlieren diese Faktoren mit zunehmendem Alter an Bedeutung. Für einen über 20 Jahre alten Studierenden bleibt der Lerneffekt des Besuchs einer Vorlesung im Verhältnis zum Aufwand zu niedrig.

Erfahrungslernen wäre schon viel vorteilhafter, persönliche Herausforderung wirkungsvoller und das persönliche Bewusstsein über den eigenen Kenntnisstand wäre ein wirklicher Lernfortschritt. Der Privatlehrer, der diese Effekte künftig vermitteln kann, geduldig jederzeit zur Verfügung steht und beliebig oft die gleichen Fehler korrigieren hilft, heißt Computer Based Training.

Das klingt für viele Leser dieses Buches nicht überraschend. Die meisten werden sich aber doch über die folgende Einschränkung wundern, dass damit nicht die herkömmlichen CBT-Lösungen gemeint sind, sondern eher interaktive Lernlösungen, die vom Benutzer laufend eine Beteiligung fordern, die über das rezeptive Lesen hinausgeht. Genau dies wird in Vorlesungen überhaupt nicht und in der Schule nur zu einem Bruchteil der Zeit erreicht, weil sich eine Lehrkraft um viele Lerner kümmern muss.

PC steht für Personalcomputer, aber damit ist nur die Maschine gemeint. Hier geht es um Lernsoftware, die eben auch persönlich mit dem Lerner interagieren sollte. Dazu genügt es nicht, einen für Klassen oder Semester vorgesehenen Lernstoff in den persönlichen Computer zu übertragen. Das wurde bisher aber meistens getan.

Bestürzt muss man erkennen, dass heutige Lernprogramme entweder nur der Abklatsch konventioneller Unterlagen sind, oder eher selten auch mit Mühe gestaltete Lernumgebungen, in denen Multimedia triumphiert, da Videos und Animationen ablaufen. Wirklich gelernt wird aber aus Fehlern. Das neuronale Netz, das unser Gehirn nun einmal ist, muss durch Fehler erkennen, was die richtige Lösung ist.

Hier setzt der von Herrn Mertens beschriebene Ansatz an. Seine Idee ist es, durch die Unterstützung der Entwickler von Lerninhalten mit Modulen zur Lernfortschrittskontrolle, den bisherigen Aufwand für die interaktive Gestaltung des Lernstoffes drastisch zu reduzieren. Während der Lerninhalt angelegt wird, kann der Entwickler aus mehreren Alternativen ein adäquates Kontroll- bzw. Übungsmodul auswählen; durch Einsetzen der passenden Fragen und Antworten wird der Lerninhalt schnell von der reinen Darstellung zu einer interaktiv zu erarbeitenden Lösung weiterentwickelt. Die gibt dem Lerner jederzeit Auskunft, was er kann oder wohin er nochmals zurückspringen sollte, um den Zusammenhang zu erfassen.

Es ist zu hoffen, dass viele Leser den Anregungen von Herrn Mertens folgen und damit zu unser aller Vorteil aus CBT künftig mehr Interaction Based Training wird.

Vorwort des Verfassers

Die vorliegende Arbeit entstand während meiner Tätigkeit am Lehrstuhl für BWL und Wirtschaftsinformatik der Universität Würzburg und wurde im Mai 2002 von der Wirtschaftswissenschaftlichen Fakultät der Bayerischen Julius-Maximilians-Universität Würzburg als Dissertationsschrift angenommen. Sie basiert auf Erkenntnissen und Erfahrungen, die ich im Rahmen verschiedener Projekte aus dem Bereich multimediales Lehren und Lernen sammeln konnte.

An der erfolgreichen Entstehung und Fertigstellung dieser Dissertation haben verschiedene Personen Anteil gehabt. Ihnen gilt mein besonderer Dank.

Zunächst danke ich meinem Doktorvater Prof. Dr. R. Thome für die Betreuung der Arbeit sowie das Arbeitsumfeld am Lehrstuhl, das durch seine gleichwertige Ausrichtung auf theoretische und praktische Forschungsarbeiten und Aufgabenstellungen geprägt war.

Frau Prof. Dr. M. Meyer danke ich für die Erstellung des Zweitgutachtens sowie die Hinweise zur Umsetzung der Fallstudie im Rahmen der praktischen Implementierung.

Mein Dank gilt auch meinen ehemaligen Kolleginnen und Kollegen am Lehrstuhl, sowie zahlreichen Mitarbeitern aus verschiedenen Kooperationsprojekten.

Besonderen Dank schulde ich meinen wissenschaftlichen Hilfskräften, die mich während meiner Zeit am Lehrstuhl begleitet und bei der Umsetzung zahlreicher Projekte unterstützt haben. Namentlich hervorheben möchte ich an dieser Stelle Frank Hönigschmied, Sven Pfeuffer und Oliver Schlögl.

Die Überwindung orthographischer und stilistischer Fallstricke ist meiner Familie zu verdanken. Ihr möchte ich auch für die Unterstützung und Fürsorge herzlich danken.

Köln im März 2003 Holger Mertens

Inhaltsverzeichnis

Bei Erweiterung des Wissens macht sich von Zeit zu Zeit eine Umordnung nöthig; sie geschieht meistens nach neueren Maximen, bleibt aber immer provisorisch.
Johann Wolfgang von Goethe
Maximen und Reflexionen

1 Einordnung, Ziele und Aufbau der Arbeit

Die wirtschaftliche Entwicklung der letzten Jahre ist von einem fundamentalen Strukturwandel gekennzeichnet, der durch die Verbreitung neuer Informations- und Kommunikationstechnologien induziert wird. Sowohl Unternehmen als auch Märkte befinden sich als Konsequenz dieser Veränderungen in einer Umbruchsphase, in der eine zunehmende Digitalisierung von Produktionsfaktoren und Geschäftsprozessen stattfindet [ZERD99, 140]. Für Unternehmen jeglicher Art und Branche zeichnen sich aufgrund dieses Wandels erhebliche Verbesserungspotentiale bei der Gestaltung inner- und zwischenbetrieblicher Wertschöpfungsprozesse ab. Gleichzeitig führt jedoch die Öffnung von Absatz- und Beschaffungsmärkten zu wachsendem Konkurrenzdruck und einem zunehmenden Innovationstempo, das sich in geringeren Produktlebenszyklen, verkürzten Entwicklungszeiten sowie einer höheren Produkt- und Variantenvielfalt widerspiegelt. Vor dem Hintergrund der aufgezeigten Veränderungen ist die Schaffung von strategischen Wettbewerbsvorteilen für Unternehmen von existentieller Bedeutung [PORT01, 65].

Im Rahmen dieses Paradigmenwechsels ist ein grundlegender Bedeutungswandel bei den volkswirtschaftlichen Produktionsfaktoren erkennbar. Obwohl klassische Faktoren, wie z. B. Sachkapital in vielen Bereichen nach wie vor die Grundvoraussetzung für Produktionsprozesse bilden, ist im Zeitalter der „New Economy" eine starke Zunahme von sog. Informationsgütern zu konstatieren [KLOD01, 78]. Vor diesem Hintergrund stellt die zweckgebundene Interpretation und Anwendung von Informationen durch qualifizierte Mitarbeitern einen zentralen Wettbewerbsvorteil für viele Unternehmen dar.

Angesichts dieses hohen Stellenwertes des Humankapitals sowie der zunehmenden Marktdynamik stoßen herkömmliche Aus- und Weiterbildungsmaßnahmen zur Vermittlung der notwendigen technologischen und wirtschaftlichen Kenntnisse an ihre Grenzen. Ein wesentliches Hindernis stellen dabei langjährige Unterrichtungsphasen dar, in denen nach klassischen Methoden der Wissensaufbereitung und -vermittlung vorgegangen wird. Das Ergebnis dieser Aus- und Weiterbildungsprozesse entspricht aufgrund der verkürzten Marktzyklen häufig nicht den nachgefragten Qualifikationskriterien, so daß neue Formen der Wissensvermittlung entwickelt werden müssen.

Ein Blick in die Praxis zeigt bereits erste Konsequenzen bei der Flexibilisierung des Ausbildungssektors. Ein zentrales Instrument bilden hierbei computerunterstützte Lehr-/Lernsysteme, die zur zeit- und ortsunabhängigen Vermittlung von Wissen eingesetzt werden können. Die Bedeutung dieser Produkte, die häufig auch unter dem Begriff des eLearnings zusammengefaßt werden, läßt sich aus den antizipierten Umsatzzahlen ablesen. Demzufolge wird nach Berlecon Research der eLearning-Markt allein in Deutschland bis zum Jahr 2005 ein Volumen von zwei Milliarden Euro erreichen, was einem Wachstum von ca. 50 Prozent entspricht [NN01a]. Das Marktforschungsinstitut IDC geht für Westeuropa von einem jetzigen Volumen von 320 Mio. US$ auf 3,9 Mrd. im Jahre 2004 aus [NN01a].

Die Konzeption und Umsetzung bisheriger Angebote im Bereich eLearning zielen in erster Linie darauf ab, komplizierte Zusammenhänge durch die Präsentation multimedialer Veranschaulichungen darzustellen. Dabei besteht jedoch die Gefahr, daß mit der vereinfachten Vermittlung eine oberflächlichere und gedankenlosere Verarbeitung der Informationen verbunden ist, die dazu führen kann, daß die spätere, selbstständige Reproduktion bzw. der Transfer auf andere Problemstellungen äußerst schwer fällt [THOM97a, 5]. Dieses Problem, das in der Psychologie unter der Bezeichnung „illusion-of-knowing" bekannt ist [GLOW00, 71], läßt sich in ähnlicher Form bei der Diskussion um die Gestaltung klassischer Lehr-/Lernveranstaltungen beobachten. Als Konsequenz für die Unterrichtsgestaltung wurden daher zahlreiche Lehr-/Lernformen entwickelt, bei denen der Lernende eine aktivere und selbstständigere Rolle übernimmt und das erlernte Wissen auf reale Problemsituationen anwendet (z. B. [KAIS97, 115-329]). Erst in jüngster Vergangenheit wird versucht, diese Konzepte auch auf den Bereich der computerunterstützten Lehr-/Lernsysteme zu übertragen.

Die vorliegende Arbeit ist dem Forschungsgebiet Multimedia zuzuordnen und befaßt sich mit hypermedialen Lehr-/Lernsystemen zur Vermittlung betriebswirtschaftlicher Sachzusammenhänge. Aus Sicht der davon betroffenen Forschungsbereiche werden Möglichkeiten zur Gestaltung computerunterstützter, problemorientierter Lehr-/Lernsysteme analysiert und mit den didaktischen, betriebswirtschaftlichen und informationstechnischen Anforderungen verglichen.

Primäres Ziel der Arbeit ist die Konzeption und prototypische Implementierung einer problemlösungsorientierten Interaktionskomponente zur Abbildung betriebswirtschaftlicher Fallstudien innerhalb eines hypermedialen Lehr-/Lernsystems.

Zwar wurden bei der bisherigen Entwicklung computerunterstützter Lehr-/Lernsysteme bereits verschiedene Interaktionsformen, wie beispielsweise Test- und Übungsaufgaben in Form von Multiple Choice- oder Zuordnungsaufgaben implementiert (s. Abschnitt 4.4), jedoch konnten die damit verbundenen Ziele, wie z. B. eine stärkere gedankliche Auseinandersetzung mit den dargestellten Sachzusammenhängen oder eine intensivere Einbindung des Lernenden in den Lernprozess nur teilweise erreicht werden. Als Ursache hierfür kommen weniger Schwächen der zugrundeliegenden Interaktionsformen als vielmehr die starke Fokussierung auf Faktenwissen in Frage. Eng damit verbunden ist der geringe Anwendungsbezug während des Wissenserwerbsprozesses, da die erlernten Sachzusammenhänge häufig zu abstrakt dargestellt und damit nicht auf konkrete Problemsituationen übertragen werden können [GRAE94, 313].

Mit der vorliegenden Arbeit und dem darin vorgestellten Konzept für ein fallstudienorientiertes Lehr-/Lernsystem soll ein Beitrag zur Beseitigung dieses Mangels für den Bereich der Betriebswirtschaftslehre geleistet werden.

Die Umsetzung des o. g. Ziels erfolgt in dieser Arbeit in neun Kapiteln. Nach der in diesem Kapitel dargestellten Beschreibung der Einordnung, Ziele und des Aufbaus der Arbeit werden im zweiten Kapitel die psychologisch-didaktischen Grundlagen des Lehrens und des Lernens beschrieben. Aufbauend auf der Darstellung der klassischen Theorien des Lehrens und Lernens werden verschiedene Lehr-/Lernformen aufgeführt, die in der aktuellen Diskussion bei der Entwicklung von hypermedialen Lehr-/Lernsystemen von Bedeutung sind.

Vor dem Hintergrund der dargestellten Aussagen werden im dritten Kapitel mit der Interaktivität und Adaption zwei zentrale lehr-/lerntheoretische Themen aufgegriffen, die bei der Konzeption und Implementierung von computerunterstützten Lehr-/Lernsystemen im Vordergrund stehen. Nach einer definitorischen Abgrenzung der beiden Begriffe stehen verschiedene Verfahren der Interaktion und Adaption in hypermedialen Lehr-/Lernsystemen im Mittelpunkt der Betrachtung.

Grundlage für die abschließende Klassifikation von computerunterstützten Lehr-/Lernsystemen bildet die Untersuchung am Markt verfügbarer Produkte. Die Intention besteht dabei darin, die zentralen Eigenschaften der einzelnen Systeme herauszustellen und anhand von verschiedenen Beispielen zu verdeutlichen. Ergebnis der Betrachtung ist schließlich die Entwicklung konkrete Gestaltungsmerkmale, welche die Zielvorgabe bei der Konzeption und Implementierung einer problemlösungsorientierten Interaktionskomponente darstellen.

Kapitel vier beinhaltet die Beschreibung der zentralen Bestandteile adaptiver hypermedialer Lehr-/Lernsysteme. Nach einer begrifflichen Abgrenzung, in der eine Präzisierung der in diesem Themenumfeld genutzten Ausdrücke erfolgt, werden zunächst die abstrakten Komponenten von Hypermediasystemen dargestellt. Darauf aufbauend erfolgt im weiteren Verlauf die Erläuterung unterschiedlicher Verfahren und Techniken zur Umsetzung adaptiver hypermedialer Lehr-/Lernsysteme, wobei der Schwerpunkt auf der Darstellung verschiedener Test- und Übungsaufgaben liegt.

Der grundlegende Aufbau und Einsatz von Fallstudien im Rahmen des betriebswirtschaftlichen Hochschulunterrichts steht im Mittelpunkt des fünften Kapitels. Nach einer Begriffsabgrenzung und der Darstellung unterschiedlicher Fallmethodenvarianten erfolgt die Bestimmung der wesentlichen Ziele des Fallstudieneinsatzes. Aufbauend darauf werden die einzelnen Bestandteile von Fallstudien näher betrachtet und dargestellt. Hierbei wird zwischen einer didaktischen und einer strukturellen Sichtweise differenziert. Abschließend erfolgt die Ausarbeitung der spezifischen Besonderheiten, die bei der Integration von Fallstudien in den Lehr-/Lernprozess berücksichtigt werden müssen. Als Rahmenkonzept zur Systematisierung von Fallstudien liegt hierbei der betriebswirtschaftliche Entscheidungsprozess zugrunde.

Vor dem Hintergrund der getroffenen Aussagen zu computerunterstützten Lehr-/Lernsystemen sowie dem Aufbau und Einsatz von betriebswirtschaftlichen Fallstudien können im sechsten Kapitel konkrete Anforderungen an eine problemlösungsorientierte Interaktionskomponente ausgearbeitet werden. Differenziert wird hierbei zwischen funktionalen Anforderungen und solchen, die in unmittelbarem Zusammenhang mit der Speicherung und Verwaltung von Fallstudien sowie der Dialoggestaltung stehen.

Aufbauend auf den in Kapitel sechs dargestellten Anforderungen erfolgt in Kapitel sieben ein Entwurf für eine problemlösungsorientierte Interaktionskomponente zur Abbildung betriebswirtschaftlicher Fallstudien innerhalb von hypermedialen Lehr-/Lernsystemen. Nach Vorstellung des zugrundeliegenden Systemkonzepts werden hierzu die einzelnen Teilbereiche, die aus Sicht der Fallstudienerstellung und -bearbeitung von Bedeutung sind, dargestellt und erläutert. Der erstgenannte Teilbereich beinhaltet dabei schwerpunktmäßig die mit dem Erstellungsprozess verbundene Speicherung und Verwaltung von betriebswirtschaftlichen Fallstudien. Im Vordergrund steht hierbei der Aufbau einer betriebswirtschaftlichen Wissensbasis als Grundlage für die Erstellung von Fallstudienvarianten. Im zweiten Teilbereich steht darauf aufbauend die Bearbeitung von Fallstudien durch einen Anwender im Dialog mit dem Lehr-/Lernsystem im Mittelpunkt der Betrachtung.

Im achten Kapitel wird der konzeptionelle Entwurf aus Kapitel sieben durch die Implementierung eines Prototypen konkretisiert. Aufbauend auf einem am Lehrstuhl für BWL und Wirtschaftsinformatik der Universität Würzburg entwickelten hypermedialen Lehr-/Lernsystem werden dazu sowohl die zur Erstellung von Fallstudien notwendigen Werkzeuge als auch die Integration in das vorhandene Lehr-/Lernsystem umgesetzt. Auf Basis der implementierten Werkzeuge folgt abschließend die Entwicklung einer beispielhaften Fallstudie aus dem Bereich der strategischen Unternehmensführung.

Das abschließende neunte Kapitel beinhaltet eine kritische Beurteilung des vorgeschlagenen Konzepts sowie einen Ausblick auf absehbare Entwicklungen im Umfeld von problemlösungsorientierten Lehr-/Lernsystemen.

Lernen heißt nicht nur, mit dem Gedächtnis die Worte
auswendig lernen – die Gedanken anderer können
nur durch das Denken aufgefasst werden, und
dieses Nach-Denken ist auch Lernen.
George Bernard Shaw

2 Psychologisch-didaktische Grundlagen des Lehrens und Lernens

Die Zielsetzung beim Einsatz computerunterstützter Lehr-/Lernsystemen besteht in der Unterstützung und Ergänzung klassischer Lehr-/Lernszenarien, wie sie sich beispielsweise im Schul- oder Hochschulunterricht etabliert haben, sowie in der Förderung neuer Formen der Wissensvermittlung. Den Ausgangspunkt für die Konzeption und Entwicklung geeigneter Werkzeuge bildet demzufolge zunächst die Analyse und Beschreibung der zugrundeliegenden Theorien über das Lehren und Lernen. Erst hierdurch ist eine hinreichende Konkretisierung der Vorschläge zur Systembeschreibung und -gestaltung möglich.

Maßgeblich für die Ableitung konkreter Gestaltungsmaßnahmen ist insbesondere die Ausarbeitung der grundlegenden Theoriemerkmale, die zur Entwicklung und Anwendung unterschiedlicher Lehr-/Lernformen geführt haben. Diese Eigenschaften determinieren jeweils die Anforderungen für die Gestaltung der verschiedenen Lehr-/Lernformen und bestimmen dadurch die Konzeption computerunterstützter Lehr-/Lernsysteme.

Obwohl zwischen den Tätigkeiten des Lehrens und Lernens sowie den zugrundeliegenden Theorien ein enger, interdependenter Zusammenhang besteht, werden im Nachfolgenden die theoretischen Annahmen zunächst separat betrachtet, bevor in einem zweiten Schritt mit der Untersuchung und Beschreibung der verschiedenen Lehr-/Lernformen näher auf die wechselseitigen Beziehungen eingegangen wird.

2.1 Lerntheorien

Der Lernbegriff wird in der Pädagogik und Psychologie unterschiedlich definiert und kontrovers diskutiert. Ohne alle einzelnen Aspekte zu berücksichtigen wird an dieser Stelle eine allgemein anerkannte Definition des Lernbegriffs von BOWER und HILGARD aufgegriffen. Demnach bezieht sich Lernen auf eine Veränderung im Verhalten eines Individuums, die sich auf wiederholte Erfahrung zurückführen läßt [BOWE81, 11].

Die unterschiedlichen Annahmen über die Art der Verhaltensveränderung und das Zustandekommen von Erfahrung haben zur Entwicklung verschiedener theoretischer Erklärungsmodelle geführt, die für die Gestaltung einer Lernumgebung von Bedeutung sind. Nach wie vor existieren jedoch keine eindeutigen Abgrenzungskriterien zwischen den einzelnen Lerntheorien, so daß einzelne Teilaspekte in den ansonsten gegensätzlichen Theorien übereinstimmen [LEFR94, 15f.]. Im Rahmen der nachfolgenden Untersuchung liegt der Schwerpunkt demnach auf der Darstellung von Unterschieden und Gemeinsamkeiten der einzelnen Lerntheorien.

2.1.1 Behavioristische Theorien

Die historisch betrachtet am weitesten zurückliegenden Annahmen über das tierische und menschliche Lernen werden in den behavioristischen Theorien zusammengefasst. Ausgehend von der Ablehnung der Introspektion als zentrale Erkenntnisquelle über psychische Zusammenhänge beinhaltet der Behaviorismus die externe Beobachtung des Verhaltens von Organismen [LEFR94, 15; SCHW88, 33]. Folglich werden Vorgänge, die innerhalb des Organismus ablaufen und sich dadurch der direkten Beobachtung entziehen, vernachlässigt und als sog. black box dargestellt.

Im Mittelpunkt der behavioristischen Theorien steht die Grundannahme, daß Lernen durch externe Reize gesteuert werden kann [ROSE74, 15]. Das Verhalten eines Organismus wird als Reaktion auf diese Umwelteinflüsse interpretiert und beobachtet. Ziel dieser Untersuchungen ist die Ableitung von Gesetzmäßigkeiten zwischen Reiz und Reaktion sowie die Kontrolle und Vorhersage zukünftigen Verhaltens.

2.1.1.1 Klassische Konditionierung

Die Theorie der klassischen Konditionierung ist auf I. P. PAWLOW zurückzuführen und versteht Lernen als Verhaltensänderung, die durch bekannte Reize ausgelöst wird [LEFR94, 17f.]. Den Ausgangspunkt stellen dabei angeborene bzw. unkonditionierte Reize dar, die mit neutralen Reizen gekoppelt werden. Durch die mehrfache Wiederholdung dieses Vorgangs erfolgt eine Konditionierung des anfangs neutralen Reizes, so daß nach Beendigung des Lernprozesses beide Reize zur gleichen Reaktion führen.

Die Grundlage der Theorie der klassischen Konditionierung bilden Pawlows Verhaltensexperimente mit Tieren, in denen Hunde bei der Fütterung beobachtet wurden [SCHW88, 41-48]. Ausgehend von der ungelernten Reiz-Reaktions-Einheit „Futter-Speichelabsonderung" wurden verschiedene neutrale Reize (Licht, Summtöne, Glocken etc.) zeitlich nahe mit der Futterverabreichung gekoppelt. Diese wiederholte Reizpaarung führte dazu, daß nach einem gewissen Zeitraum die alleinige Präsentation des ursprünglich neutralen Reizes zur gleichen Reaktion (Speichelabsonderung) führte, wie der ungelernte Reiz.

Die anfangs von PAWLOW in Tierexperimenten nachgewiesene Theorie der klassischen Konditionierung konnte später von WATSON und anderen auch auf den Menschen übertragen werden [SCHA93, 20]. Trotz dieser grundsätzlichen Eignung zur Erklärung menschlichen Lernens bleibt die Aussagekraft der Theorie beschränkt, da lediglich Hinweise über vergleichsweise einfache Reiz-Reaktions-Verbindungen abgeleitet werden können, die jedoch nicht den komplexen menschlichen Denk- und Verhaltensstrukturen gerecht werden [SCHA93, 21].

2.1.1.2 Verbindungslernen

Die zentrale These des auf den Psychologen E. L. THORNDIKE zurückzuführenden Verbindungslernens beinhaltet die Aussage, daß Lernen als Assoziation zwischen Reizen und Reaktionen aufgefasst werden kann [LEFR94, 27]. Im Unterschied zu PAWLOWS klassischer Konditionierung steht somit nicht die Kopplung verschiedener Reize, sondern die Herstellung und Verstärkung von Reiz-Reaktions-Verbindungen im Vordergrund der Betrachtung.

Den Ausgangspunkt für die von THORNDIKE aufgestellte Theorie bildet die Annahme, daß die Wahrscheinlichkeit für die Wiederholung einer Reaktion zunimmt, wenn durch ein Verhalten ein befriedigender Zustand erreicht wird [ROSE74, 20]. Verhalten wird dabei nicht zielgerichtet angewendet, sondern nach dem Versuch und Irrtum Prinzip („trial and error") als zufällige Reaktion auf einen Reiz geäußert. Erfolgt dabei eine Belohnung bzw. die Erreichung eines befriedigenden Zustandes, der als positiv empfunden wird, so führt dies zu einer Verbindung bzw. Verstärkung zwischen der gezeigten Reaktion und dem vorausgegangenen Reiz. Tritt dagegen ein unbefriedigender Zustand ein, werden mit großer Wahrscheinlichkeit die Reaktionen nicht wiederholt [LEFR94, 27].

Analog zu PAWLOW's klassischer Konditionierung basierten die Aussagen von THORNDIKE zunächst auf Tierexperimenten, die später auf den Menschen übertragen und zur Erklärung einfacher Verhaltensweisen herangezogen wurden [BOWE81, 25]. Zu den bekanntesten Tierexperimenten gehören die Katzenversuche, bei denen eine Katze in einen Käfig mit einen Öffnungsmechanismus eingeschlossen wurde. Nach anfänglichem Herumprobieren gelang es der Katze zufällig, den Öffnungsmechanismus des Käfigs zu betätigen, worauf sie sich befreien konnte und eine Belohnung durch Futter erhielt. Bei anschließenden wiederholten Versuchsdurchgängen gelang es der Katze immer schneller, den Öffnungsmechanismus zu betätigen und dadurch einen für sie befriedigenden Zustand zu erreichen.

2.1.1.3 Operantes Konditionieren

Aufbauend auf der klassischen Konditionierung von PAWLOW und der Verbindungslehre THORNDIKES entwickelte B. F. SKINNER die Theorie des operanten Konditionierens. Im Mittelpunkt von SKINNERS Theorie steht die Annahme, daß nicht alles menschliche und tierische Verhalten auf externe Stimuli zurückzuführen ist, sondern Verhalten auch von einem Organismus selbst ausgehen kann [SKIN65, 65]. In Anlehnung an die von PAWLOW und THORNDIKE entwickelten Reiz-Reaktions-Theorien differenziert SKINNER zwei Arten von Verhalten [CORR66, 9]:

- Reaktives bzw. respondentes Verhalten, das als Reaktion auf externe Stimuli aus der Umwelt interpretiert werden kann und
- operantes Verhalten, das spontan durch das Individuum selbst erzeugt wird.

Ein Großteil des Verhaltens von Organismen läßt sich nach SKINNER durch den operanten Verhaltensansatz erklären, bei dem ein Organismus direkt auf seine Umwelt einwirkt. Entscheidend ist dabei, durch welche Umweltreize die Wahrscheinlichkeit des Auftretens eines Verhaltens erhöht werden kann. SKINNER bezeichnet diese Art der Reaktion als Verstärkung und differenziert grundsätzlich zwischen positiver und negativer Verstärkung [SKIN65, 73]. Während eine positive Verstärkung eine Erhöhung der Auftretenswahrscheinlichkeit des Verhaltens bewirkt führt eine negative Verstärkung nur dann zu einer höheren Wahrscheinlichkeit des Wiederauftretens eines Verhalten, wenn ein als negativ empfundener Reiz eliminiert wird.

Die Überprüfung der von SKINNER aufgestellten Theorien wurde zunächst anhand von verschiedenen Tierexperimenten mit Ratten durchgeführt. Ein typischer Konditionierungsplan besteht dabei aus den folgenden vier Phasen [SCHA93, 21f.]:

- Bestimmung der normalen Basisrate des zu verstärkenden Verhaltens,
- gezielte und schrittweise Verstärkung des Verhaltens in einer Trainingsphase,
- Löschungsphase, in der Verhalten nicht weiter verstärkt wird und
- Wiederholungsphase nach zeitlicher Verzögerung.

In späteren Versuchen konnte Skinner die Ergebnisse aus den Tierexperimenten auf den Menschen übertragen. Im Vordergrund standen dabei die Anwendung in der klinischen Verhaltenstherapie sowie im Rahmen der Unterrichtsgestaltung [SCHA93, 22]. Letzteres Anwendungsgebiet führte in den sechziger Jahren zur Methode der „Programmierten Unterweisung", bei der Unterrichtssituationen in kleine Lernschritte eingeteilt und richtige Antworten durch positive Rückmeldung verstärkt werden [SPAD90, 340].

2.1.2 Kognitive Theorien

Im Gegensatz zu den behavioristischen Theorien, bei denen interne Vorgänge, als black box von weiteren Untersuchungen ausgeschlossen werden, stellen die kognitiven Theorien die Prozesse, die innerhalb des menschlichen Gehirns ablaufen, in den Vordergrund der Betrachtung [BAUM94, 103; LEFR94, 15]. Lernen wird in Analogie zur computerunterstützten Informationsverarbeitung als Eingabe-, Verarbeitungs- und Ausgabeprozess betrachtet. Im Mittelpunkt steht dabei die Wechselwirkung zwischen bereits vorhandenem Wissen und der Integration neuer Informationen [SCHA93, 25]. Ausgehend von Modellen über die Kodierung und Repräsentation von Wissen innerhalb des menschlichen Gehirns werden Verfahren und Formen der medialen Präsentation im Hinblick auf deren Wirkung und Lerneffekt untersucht [SCHA93, 26-32].

PIAGET beschreibt den Austauschvorgang zwischen dem Lernenden und seiner Umwelt anhand zweier Handlungsweisen, die als sog. Schemata bezeichnet werden [HASE95, 164]. Beim Prozess der Akkomodation wird ein bestehendes Schema durch die Umwelt angepasst, d. h. die Umweltgegebenheiten führen zur Veränderung des Individuums. Die Assimilation dagegen beschreibt die Anwendung eines Schemas auf die Umwelt und beinhaltet die damit verbundene Anpassung der Umwelt.

Eine besondere Bedeutung innerhalb der kognitiven Theorien spielt die Rolle des Lernenden. Während die behavioristischen Theorien von der Annahme ausgehen, daß der Lernprozess in erster Linie durch externe Reize gesteuert werden kann, basiert der Kognitivismus auf der selbstständigen und aktiven Verarbeitung von Informationen [TULO96, 43]. Lernen im Sinne des Kognitivismus stellt somit keinen passiven, von außen steuerbaren Vorgang dar, sondern beinhaltet die Unterstützung durch geeignet aufbereitete Informationen. Diese werden über Sinnesorgane aufgenommen und auf Basis des vorhandenen Wissens interpretiert.

2.1.3 Konstruktivistische Theorien

Die konstruktivistischen Lerntheorien gehören zu den in jüngster Vergangenheit verstärkt diskutierten Lerntheorien und beinhalten verschiedene Ideen, die sich mit der Selbstregulierung, Autonomie und der Situiertheit von Lernen beschäftigen [GERS94, 5]. In Anlehnung an die Erkenntnistheorie geht der Konstruktivismus von der Grundannahme aus, daß die externe Welt nicht in einer absoluten und objektiven Weise wahrgenommen werden kann [KNUT91, 166]. Lernen im Sinne des Konstruktivismus erfolgt demnach nicht durch Instruktion und der damit verbundenen passiven Abbildung der Wirklichkeit, sondern durch deren eigenständige und aktive Konstruktion.

Eng verbunden mit der Aktivität des Lernenden steht der Zusammenhang, in dem neues Wissen vermittelt wird. Während bei den kognitiven Theorien die Präsentation vorgegebener Problemsituationen im Vordergrund steht, basieren die konstruktivistischen Theorien auf der selbstständigen Erarbeitung von Problemen in komplexen und realen Lebenssituationen [BAUM94, 107]. Lernen aus Sicht des Konstruktivismus bedeutet demnach, daß neues Wissen immer im Bezug auf bereits vorhandene Erfahrungen und die Aktivierung dieser Vorkenntnisse konstruiert wird [BAUM94, 107].

Im Unterschied zu den bisher betrachteten Lerntheorien wird beim Konstruktivismus davon ausgegangen, daß ein Individuum als ein selbstorganisiertes und strukturell geschlossenes System betrachtet werden kann [KNUT91, 165]. Lernen erfolgt somit nicht durch einen informationellen Input- und Outputprozess, sondern vielmehr werden die Informationen vom System selbst erzeugt. Die eigentliche Wahrnehmung findet demnach nicht in den Sinnesorganen statt, sondern ist das Ergebnis kognitiver Prozesse in den mit den Sinnesorganen vernetzten Hirnregionen [GERS94, 11]. Der Kognitivismus steht demnach im klaren Wiederspruch zum Informationsverarbeitungsansatz der kognitiven Theorien.

2.2 Lehrtheorien

Der Begriff Lehren beschreibt zielgerichtete Tätigkeiten zur Förderung von Lernprozessen und grenzt dadurch absichtsvolle Verhaltensveränderungen vom zufälligen und beiläufigen Lernen ab [SCHU72, 28]. Im Unterschied zu den oben dargestellten Lerntheorien, die anhand theoretischer und empirischer Beschreibungen den Lernprozeß erklären sollen, versuchen Lehrtheorien effektive Methoden zur Erreichung einer bestimmten pädagogischen Zielsetzung darzulegen. Während Lerntheorien somit deskriptiv sind, besitzen Lehrtheorien einen präskriptiven Charakter.

Im Folgenden werden zunächst die einzelnen Bestandteile der unterschiedlichen Lehrtheorien näher betrachtet und im Hinblick auf die Gestaltungsmaßnahmen von Unterrichtssituationen analysiert, um anschließend die darauf aufbauenden verschiedene Lehr-/Lernformen darzustellen.

2.2.1 Lehrziele und -inhalte

Die Hauptaufgabe eines Lehrenden besteht darin, den Lernenden beim Erreichen geeigneter Lehrziele zu unterstützen [NIEG95, 122]. Den Ausgangspunkt jeglicher Überlegungen zur Gestaltung von Unterrichtsmaßnahmen bildet demzufolge die Definition und Auswahl von Lehrzielen, sowie die damit im Zusammenhang stehende Bestimmung der Lehrinhalte. In der Fachliteratur zur Psychologie und Didaktik findet sich eine große Variantenanzahl an Klassifikationsansätzen zu diesem Themenbereich (z. B. [MERR87; GAGN85; BLOO76; KRAT75; GAGN65]). In Anlehnung an die oben dargestellten Lerntheorien werden im folgenden die Taxonomievorschläge von GAGNÉ, BLOMM ET AL. und MERRILL näher betrachtet und analysiert.

Ausgehend von den Grundlagen des behavioristischen Reiz-Reaktionslernen beschreibt Gagné insgesamt acht Lerntypen, aus denen unterschiedliche Lehrziele und -inhalte für die Unterrichtsgestaltung abgeleitet werden können [GAGN65, 62-171]. Im einzelnen handelt es sich dabei um:

- **Signallernen:** Lernen als Reaktion auf externe Signale,
- **Reiz-Reaktionslernen:** Lernen als Verknüpfung von Reiz und Reaktion,
- **Kettenbildung:** Verbindung mehrerer Reiz-Reaktionsschemata,
- **Lernen sprachlicher Assoziationen:** Bildung verbaler Assoziationen,
- **Multiple Diskrimination:** Differenzierung unterschiedlicher Reiz-Reaktionsschemata,
- **Begriffslernen:** Lernen abstrakter Konzepte,
- **Regellernen:** Verkettung von zwei oder mehreren Konzepten und
- **Problemlösen:** Lernen durch Überlegen und Anwenden.

Als Voraussetzung für die Erlernung einer der von Gagné aufgeführten Verhaltensformen ist die Beherrschung der mit den vorgelagerten Lerntypen verbundenen Fähigkeiten erforderlich [GAGN65, 60]. Demzufolge bauen höhere Lerntypen wie z. B. das Regellernen oder Problemlösen auf der Beherrschung vergleichsweise einfacher Verhaltensformen, wie dem Signallernen oder der Kettenbildung auf.

Ein anderer weit verbreiteter Ansatz zur Klassifikation von Lehrzielen ist die von BLOOM ET AL. entwickelte Lehrzieltaxonomie, die auf Standardisierungsbemühungen im Umfeld der Qualifikationsbeschreibung von Schülern Anfang der fünfziger Jahre zurückzuführen ist [BLOO76, 18]. Unter Berücksichtigung kognitiver Lerntheorien erfolgt dabei eine stärkere Fokussierung kognitionspsychologischer Vorgänge. Demzufolge werden Lehrziele in drei Hauptkategorien untergliedert, von denen die ersten beiden wiederum durch verschiedene Unterkategorien gekennzeichnet sind. Im einzelnen handelt es sich dabei um folgende Bereiche [BLOO76, 20f.]:

- **Kognitiver Bereich:** Umfaßt Lehrziele, die intellektuelle Fertigkeiten und Fähigkeiten, wie beispielsweise Wissen, Verstehen oder Anwenden sowie deren Entwicklung behandeln,

- **affektiver Bereich:** Lehrziele, die Interessen, Einstellungen und Werte sowie deren Entwicklung und Anpassungsmöglichkeiten beschreiben und
- **psychomotorischer Bereich:** Beinhaltet Lehrziele, die motorische Fähigkeiten im Umgang mit Materialien oder Gegenständen zum Inhalt haben.

Während die von GAGNÉ und BLOOM ET AL. vorgestellten Lehrzielklassifikationen eindimensionale Modelle beschreiben und die Ableitung von Lehr-/Lerninhalten lediglich implizit behandeln, verwendet MERRILL in Anlehnung an GAGNÉ ein zweidimensionales Schema, in dem Lehrziele durch eine Verhaltens- und Inhaltsdimension klassifiziert werden [MERR87, 26]. Die Kombination der einzelnen Dimensionsausprägungen führt zu der in Abbildung 2-1 dargestellten Matrix.

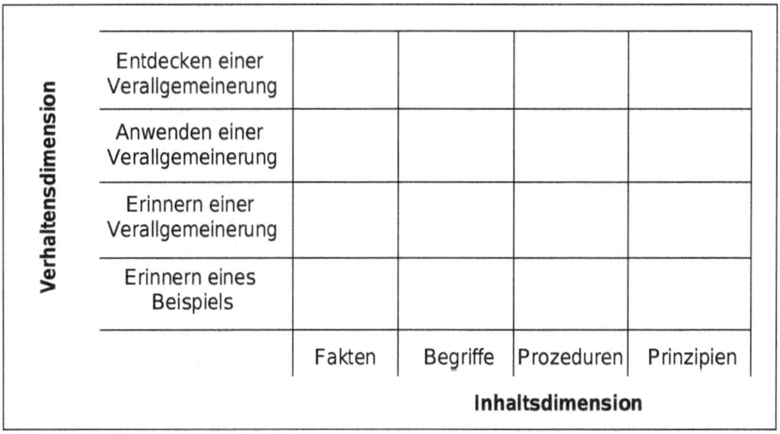

Abbildung 2-1: Lehrziel/-inhaltsklassifikation nach [MERR87, 26]

Anhand dieser Klassifikation lassen sich nach MERRILL verschiedene Maßnahmen für die Gestaltung von Lehr-/Lerninhalten sowie deren Vermittlungsform ableiten [MERR87, 27-33]. Insgesamt bietet das Modell somit eine gute Ausgangsbasis für die lehrzielorientierte Unterrichtsgestaltung.

2.2.2 Lehrmethoden

Aufbauend auf der Definition von Lehrzielen und der damit verbundenen Bestimmung der Lehrinhalte, beschreiben Lehrmethoden die Art und Weise, wie bei der Erreichung der Lehrziele vorgegangen werden soll. Demnach bestehen Lehrmethoden aus wiederkehrenden Verhaltensmustern eines Lehrers, die unabhängig von einem bestimmten Fachgebiet angewandt werden können [GAGE69, 1446].

Bei einer vergleichenden Analyse von unterschiedlichen Lehrmethoden lassen sich aufgrund historischer und kultureller Entwicklungen zahlreiche Varianten identifizieren. Ohne auf alle einzelnen Formen einzugehen, wird an dieser Stelle der Systematisierungsansatz von JOYCE und WEIL aufgegriffen, der insgesamt sechzehn Kategorien von Lehrmethoden zu vier Gruppen verdichtet. Im Mittelpunkt der abgeleiteten Gruppen stehen dabei folgenden Kriterien [JOYE72, 8-11]:

- **Informationsverarbeitung:** Unterrichtsmodelle, bei denen die intellektuelle Entwicklung, wie z. B. deduktive und induktive Denkprozesse im Vordergrund stehen,
- **soziale Interaktion:** Lernmethoden, bei denen ein kooperatives Arbeiten mit anderen Menschen gelehrt werden soll,
- **Person:** Formen der Unterrichtsgestaltung, die individuelle Bedürfnisse eines Lernenden, wie z. B. Identität, Kreativität oder emotionale Wärme betonen und
- **Verhaltensmodifikation:** Unterrichtsformen, die Veränderungen bei den Lernenden durch Stimuli und Verstärkungen bewirken sollen.

Wenngleich zwischen den einzelnen Gruppen keine Unabhängigkeit besteht und sich auch innerhalb der Kategorien einzelne Lehrmethoden überlappen, gibt der Ansatz erste wichtige Hinweise für eine zielgerichtete Selektion von Lehrmethoden. Voraussetzung für eine präzisere Auswahl von Lehrmethoden zur Gestaltung von Unterrichtsszenarien ist jedoch die Einbeziehung weiterer Entscheidungskriterien, wie beispielsweise die Gruppengröße [GAGE86, 455f.] oder die oben dargestellten Lehrziele. Um konkrete Aussagen über die Wahl einer Lehrmethode zu treffen, entwickelte GAGE in Anlehnung an die von BLOOM ET AL. definierte Lehrzieltaxomomie eine zweidimensionale Matrix (s.Tabelle 2-1).

Im Mittelpunkt des von GAGE vorgestellten Schemas steht die gewichtete Zuordnung von Lehrmethoden zu einzelnen Lehrzielen. Die Stärke der Zuordnung ist jeweils durch entsprechende Symbole visualisiert, die auf Basis empirischer Untersuchungen sowie theoretischer Überlegungen abgeleitet wurden [GAGE86, 457]. Bei einer kritischen Bewertung des Schemas läßt sich analog zu dem Systematisierungsansatz von JOYCE und WEIL feststellen, daß zwischen den einzelnen Ausprägungen der Dimensionen Interdependenzen bestehen, die eine apodiktische Zuordnung von Lehrmethoden zu -zielen verhindert. Dennoch können bei der Vorgabe von Lehrzielen anhand des in Tabelle 2-1 abgebildeten Schemas Tendenzaussagen bezüglich der Auswahl von geeigneten Lehrmethoden abgeleitet werden.

Tabelle 2-1: Lehrmethoden und -zielmatrix [GAGE86, 457]

Lehrmethoden / Lehrziele	Vortrag	Diskussion	Individuell ausgerichtet	Humanistisch	Unterrichtsgespräch
Kognitive Ziele					
Kenntnisse	+	–	++	–	+
Verständnis	+	+	++	–	+
Anwendung	–	++	++	+	+
Analyse	–	++	++	+	+
Synthese	–	++	++	+	+
Bewertung	– –	++	–	+	+
Affektive Ziele					
Aufnahme	+	++	++	++	+
Reagieren	– –	++	+	++	+
Werte bilden	+	++	– –	++	+
Organisation von Werten	+	+	– –	++	+
Charakterisierung durch Werte	– –	+	– –	++	+
Psychomotorische Ziele					
Grobe Körpermotorik	– –	– –	++	–	– –
Koordinierte Feinmotorik	– –	– –	++	–	– –
Nichtverbale, kommunikative Haltung	– –	+	–	++	+
Sprachverhalten	– –	++	–	+	+

Legende: ++ =ausgezeichnet; + = gut; – = mäßig; – – = schlecht

2.3 Lehr-/Lernformen

Die Anwendung der theoretischen Annahmen über das Lehren und Lernen hat zur Entwicklung unterschiedlicher Lehr-/Lehrformen geführt, die als Grundlage zur Gestaltung von Unterrichtsmaßnahmen dienen (z. B. [AEBL81]). Lehren und Lernen werden dabei nicht als separate und voneinander unabhängige Tätigkeiten aufgefaßt, sondern stehen in einer engen wechselseitigen Beziehung zueinander [GUYE60, 253]. In Abhängigkeit der Rollenverteilung zwischen den Akteuren können demzufolge sowohl Situationen identifiziert werden, in denen Lernende Lehrtätigkeiten übernehmen als auch solche, bei denen Lehrende während der Lehrtätigkeit Lernprozesse durchlaufen.

Bei der genauen Betrachtung der in der Literatur aufgeführten Lehr-/Lernformen lassen sich verschiedene Varianten identifizieren, die unterschiedliche Elemente der oben dargestellten Theorien fokussieren. Das Spektrum der Ausprägungen reicht dabei von vollständig offenen bis hin zu geschlossenen Lehr-/Lernformen. Dabei muß berücksichtigt werden, das die einzelnen Lehr-/Lernformen zwischen diesen beiden Extremen keine klaren Begrenzungen aufweisen, sondern vielmehr als überlappende Ausprägungen aufzufassen sind.

Nachfolgend werden verschiedene Lehr-/Lernformen dargestellt und hinsichtlich ihrer spezifischen Charakteristika analysiert. Die hier vorgenommene Auswahl orientiert sich dabei an den in der Fachliteratur aufgeführten Erscheinungsformen.

2.3.1 Instruktionsorientierte Formen

Kennzeichen instruktionsorientierter Lehr-/Lernformen ist die weitgehende Planung und Steuerung von Lerntätigkeiten durch einen Lehrenden [KLAU73, 14f.]. In Anlehnung an die behavioristischen Lerntheorien werden Verhaltensveränderungen bei Lernenden demnach durch externe, vom Lehrer ausgehende Reize induziert. Grundlage für die Selektion geeigneter Reize bildet dabei die Definition von Lehrzielen sowie die damit verbundene Auswahl von Lehr-/Lerninhalten.

Der präskriptive Charakter instruktionsorientierter Lehr-/Lernformen spiegelt sich in der Regel in einem mehrstufigen Unterrichtsablauf wider. Unter Bezugnahme auf GAGNÉ [GAGN85, 317] formuliert NIEGEMANN insgesamt neun Lehr-/Lernschritte, auf deren Grundlage die Gestaltung von instruktionsorientierten Unterrichtsmaßnahmen realisiert werden soll. Im einzelnen handelt es sich dabei um folgende Schritte [NIEG95, 174-176]:

1. Gewinnung der Aufmerksamkeit der Lernenden.
2. Mitteilung der Ziele der Unterrichtseinheit.
3. Aktivierung des relevanten Vorwissens.
4. Präsentation der Inhalte.
5. Anleitung des Lernprozesses.
6. Zielgerichtete Ausführung des Verhaltens durch Lernende.
7. Ergebnisbezogene Rückmeldung an die Lernenden und ggf. Wiederholung der Schritte (4)-(6).

8. Beurteilung der Leistung.

9. Unterstützung des Behaltens und Transfers durch Übungen.

Aus der Zielsetzung, eine möglichst effektive Vermittlung von Lehr-/Lerninhalten zu erreichen, entwickelte REIGELUTH die sog. Elaborationstheorie, nach der ein systematischer Übergang von einfachen zu komplexen Inhalten vorteilhaft ist [REIG79, 8f.]. Demzufolge sollte Instruktion zunächst mit einem Überblick über die grundlegenden Aspekte des Stoffes beginnen und anschließend spezifische Einzelheiten behandeln und vergleichen. Dabei kann zwischen den beiden Perspektiven gewechselt werden, so daß nach der Bearbeitung einzelner Details eine Zusammenfassung der grundlegenden Merkmale erfolgt.

Hinsichtlich der Berücksichtigung unterschiedlicher Lernereigenschaften werden vermehrt zusätzliche Fördermaßnahmen im Rahmen der instruktionsorientierten Unterrichtsgestaltung eingesetzt. Hierzu gehören beispielsweise unterschiedliche Formen der Adaption, wie sie z. B. innerhalb der Aptitute-Treatment-Interaktion (ATI) formuliert werden (z. B. [CRON77]).

2.3.2 Entdeckenlassende Formen

Vor dem Hintergrund der starken Passivität der Lernenden bei instruktionsorientierten Lehr-/Lernformen wurden im Rahmen der Verbreitung kognitiver Theorien verschiedene Formen des Lehrens und Lernens entwickelt, bei denen der Lernende aktiv an der Wissensvermittlung partizipiert. Ziel der entdeckenlassenden Formen ist demnach die Förderung der Selbstständigkeit des Lernenden bei der Suche von Fakten und Zusammenhängen und deren Einbindung in vorhandenes Wissen [BRUN75, 16].

Im Mittelpunkt des entdeckenlassenden Lehren und Lernen steht häufig der Prozeß des Problemlösens. Ausgehend von einer realen Problemsituation werden hierbei unterschiedliche Phasen durchlaufen, die zu einer intensiven Auseinandersetzung eines Lernenden mit einem realen Lerngegenstand führen. Aus der Analyse organisatorischer Problemlösungsprozesse leitet LYLES ein fünfstufiges Phasenmodell ab, das zur Gestaltung von Unterrichtsmaßnahmen zugrundegelegt werden kann. Im einzelnen handelt es sich dabei um folgende Schritte, die typischerweise iterativ durchlaufen werden [LYLE81, 65]:

- **Problemkonfrontation:** Erkennung des Problems,
- **Problemdefinition:** Abgrenzung des Problembereichs,
- **Alternativensuche:** Generierung unterschiedlicher Lösungsvorschläge,
- **Alternativenauswahl:** Auswahl einer Lösungsalternative und
- **Kontrolle:** Verifikation der Alternativenauswahl.

Wenngleich entdeckenlassende Lehr-/Lernformen in hohem Maße auf der Selbstständigkeit eines Lernenden beruhen, kann auf unterstützende Tätigkeiten eines Lehrenden nicht verzichtet werden. Nach AUSUBEL gehört hierzu in erster Linie die starke Vorstrukturierung des Lernprozesses sowie die Darbietung verschiedener Beispiele mit unterschiedlichen Schwierigkeitsgraden [AUSU75, 54f.]. Darüber hinaus ist bei der Gestaltung von Maßnahmen die Berücksichtigung verschiedener Determinanten seitens eines Lernenden, wie beispielsweise das Vorwissen oder die Planungskompetenz erforderlich (z. B. [NEBE87, 39-64]).

2.3.3 Kooperative Formen

Analog zu den entdeckenlassenden Lehr-/Lernformen erfolgt die Steuerung des Lernprozesses bei kooperativen Formen in erster Linie nicht durch eine zentrale Instanz, sondern durch die Lernenden selber. Nach Darstellung von SLAVIN bilden kleine Gruppen, die sich gegenseitig bei der Bearbeitung der Inhalte unterstützen, die Grundlage von kooperativen Lehr-/Lernformen [SLAV89, 129]. Lernen bedeutet in diesem Zusammenhang nicht nur die Aufnahme und Verarbeitung von Informationen, sondern auch die aktive Vermittlung und Erklärung von Sachzusammenhängen an andere Lernende.

Unter dem Begriff der kooperativen Lehr-/Lernformen lassen sich in der Ausbildungspraxis unterschiedliche Verfahren subsumieren. Zur Systematisierung der verschiedenen Kooperationsformen verwendet SLAVIN ein zweidimensionales Modell, das durch die beiden Dimensionen „teambezogene Belohnung" und „aufgabenbezogene Spezialisierung" charakterisiert wird [SLAV90, 29-31]. Während die teambezogene Belohnung durch die Ausprägungen vorhanden bzw. nicht vorhanden gekennzeichnet ist, beschreibt die aufgabenbezogene Spezialisierung die Rolle der einzelnen Teammitglieder bei der Lösung von Problemen. Empirischen Untersuchungen zufolge besteht dabei ein positiver Zusammenhang zwischen der teambezogenen Belohnung durch z. B. Gruppenzertifikate sowie dem Verzicht auf eine aufgabenbezogene Spezialisierung und den damit erzielten Lernerfolgen in kooperativen Lehr-/Lernsituationen [SHAR88, 65-99].

Die Umsetzung kooperativer Lehr-/Lernformen, orientiert sich in der Regel an folgendem Ablaufzyklus [SLAV90, 3f.]:

- Lehrervortrag,
- Aufarbeitung des vorgetragenen Stoffs in kooperativen Teams,
- individuelle Überprüfung der Lernleistung und
- teambezogene Belohnung.

Im Mittelpunkt des dargestellten Phasenmodells steht die kooperative Bearbeitung des vorgetragenen und zur Verfügung gestellten Lernstoffs. Der Aufgabenschwerpunkt besteht hierbei in der Diskussion der Probleme, dem Vergleich der erarbeiteten Lösungen sowie der Aufklärung von Mißverständnissen bei einzelnen Teammitgliedern [SLAV90, 55]. Die verschiedenen Aufgabenschritte werden dabei ohne Unterstützung eines Lehrers selbstständig von den beteiligten Teammitgliedern durchgeführt. Voraussetzung hierfür ist eine Teamgröße, die zwischen vier und fünf Mitgliedern liegt [SLAV90, 54].

2.3.4 Offene Formen

Im Gegensatz zu den instruktionsorientierten Formen beinhalten offene Lehr-/Lernformen, die auch häufig unter dem Begriff des selbstgesteuerten Lernens zusammengefaßt werden, eine weitgehende Selbststeuerung des Lernens bzw. einzelner Lernphasen. Im Mittelpunkt steht dabei der Lernende als Handelnder, der selbstständig über die Ziele, Inhalte, den Zeitpunkt sowie die Vorgehensweise beim Lernen bestimmt [WEIN82, 102]. Bei diesem auch unter dem Begriff des selbstgesteuerten Lernens bekannten Konzept übernimmt der Lehrer lediglich eine beratende Funktion und gewährleistet die Verfügbarkeit von Arbeitsmaterialien sowie eine funktionierende Kommunikation zwischen den Lernenden untereinander.

Voraussetzung für die erfolgreiche Anwendung offener Lehr-/Lernformen sind verschiedene Eigenschaften seitens der Lernenden. Im Vordergrund stehen hierbei [FRIE97, 241-252]:

- **Kognitive Komponenten:** Der Lernende verfügt über konzeptuelles und prozedurales Wissen und ist in der Lage dieses anzuwenden,
- **motivationale Komponenten:** Die Initiierung und Aufrechterhaltung der Lernaktivitäten erfolgt durch den Lernenden und
- **metakognitive Komponenten:** Der Lernende ist zur Planung, Überwachung, Anpassung und Bewerten des eigenen Lernverhaltens fähig.

Für die Umsetzung des selbstgesteuerten Lernens eignen sich verschiedene Verfahren, die zur Förderung der aufgeführten Eigenschaften beitragen. Als Beispiel hierfür nennt ZIMMERMAN ein mehrstufiges Trainingsmodell, welches in iterativen Zyklen durchlaufen wird [ZIMM98, 73]. Ausgehend von der Selbstbeobachtung des eigenen Lernverhaltens sowie der Formulierung von Zielen und der Auswahl von Methoden zur deren Erreichung, basiert das Modell auf der selbstständigen Überwachung und Bewertung der Vorgehensweise sowie der Erreichung der vorher definierten Ziele. Innerhalb der einzelnen Phasen werden Techniken, wie

z. B. das Zeitmanagement auf Basis von Protokollen oder die Bewertung des Lernverhaltens mittels Beobachtungsbögen, angewandt [ZIMM96, 112].

Im Zusammenhang mit den offenen Formen des Lehrens und Lernens werden in der Literatur häufig auch Elemente kooperativer und entdeckendlassender Lehr-/Lernformen erwähnt (z. B. [FRIE97, 267f.]). Darüber hinaus finden sich in der aktuellen Diskussion neuere Ansätze, die Merkmale, wie die soziale Interaktion und Konstruktion sowie den Situationsbezug in den Vordergrund stellen. Als Beispiele seien hier das sog. situierte Lernen [GREE93], der Cognitive Apprenticeship-Ansatz [COLL89] oder der Anchored Instruction-Ansatz [COGN93] genannt.

Ein Mann der recht zu wirken denkt,
muß auf das beste Werkzeug halten.
Johann Wolfgang von Goethe
Faust I

3 Computerunterstütztes Lehren und Lernen

Die Entwicklung von Softwarewerkzeugen zur Unterstützung der im vorangegangenen Kapitel dargestellten Lehr-/Lernformen wird durch die steigende Leistungsfähigkeit von Computersystemen beeinflußt. Zu unterscheiden ist hierbei zwischen der zunehmenden Verarbeitungsgeschwindigkeit einzelner Rechner durch höhere Prozessorleistung und Hauptspeichergröße und der Verbindung verschiedener Computer zu weltweit verfügbaren Netzwerken.

Die Einsatzfähigkeit und Qualität eines computerunterstützten Lehr-/Lernsystems hängt jedoch nicht nur von den technischen Gegebenheiten ab, sondern wird in entscheidendem Maße von der Möglichkeit geprägt, den Lernenden in eine intensive Interaktion mit dem System einzubinden. Unter Verwendung des Multimediabegriffs (s. Abschnitt 4.1.1) hebt THOME die Bedeutung der Interaktion hervor, indem er feststellt: „Nicht die Reproduktionsfähigkeit von Informationen in unterschiedlichen medialen Darstellungsformen, sondern die direkte Manipulations- und Steuerungsmöglichkeiten durch den Anwender macht aus einem Betrachtungsapparat ein medienbasiertes Informationsverarbeitungssystem" [THOM97b, 258]. Demzufolge müssen bei der Konzeption und Implementierung hypermedialer Lehr-/Lernsysteme sowohl technische als auch didaktische und psychologische Aspekte berücksichtigt werden.

Den Ausgangspunkt jeglicher Entwicklungen in diesem Umfeld bildet die Untersuchung der zentralen Eigenschaften computerunterstützter Lehr-/Lernsysteme. Anhand der daraus abgeleiteten Erkenntnisse können im nächsten Schritt bereits verfügbare Softwareprodukte hinsichtlich der Erfüllung dieser Kriterien getestet und analysiert werden. Die Ergebnisse dieser Untersuchung bilden wiederum die Grundlage für eine abschließende Typologisierung, in der die zentralen Eigenschaften von computerunterstützten Lehr-/Lernsystemen systematisch dargestellt und verdeutlicht werden.

3.1 Interaktivität

Der Begriff „Interaktivität" bzw. das davon abgeleitete Adjektiv „interaktiv" wird von vielen Autoren als zentrales Merkmal computerunterstützter Lehr-/Lernsysteme herausgestellt (z. B. [FELD95, 25; ISSI96, 30; SACH96, 1; KERR95, 32]). Trotz dieses weitreichenden Konsens herrscht in der wissenschaftlichen Literatur keine Einigkeit über die Bedeutung des Begriffs. Vor einer Darstellung der unterschiedlichen Interaktionsformen sowie deren Umsetzung innerhalb von computerunterstützten Lehr-/Lernsystemen wird deshalb der Terminus „Interaktivität" zunächst geklärt und abgegrenzt.

3.1.1 Begriffsabgrenzung

Die Diskussion um den Begriff „Interaktivität" ist durch verschiedene Meinungen und Sichtweisen geprägt. Bei einem Vergleich der in der Literatur verwendeten Definitionsansätze wird deutlich, daß je nach Wissenschaftsdisziplin unterschiedliche Aspekte hervorgehoben werden.

In der Informatik steht der Ausdruck Interaktivität als Sachbegriff für die „technische Fähigkeit eines Geräts, wahlfreien Zugriff auf mediale Informationen zu ermöglichen" [KERR95, 33]. Ein interaktives Medium ist demnach durch die Entkopplung der logisch-temporalen Strukturierung der Informationen von der physikalischen Speicherorganisation gekennzeichnet [KERR95, 33]. Ähnliche Definitionen, bei denen die Eingriffs- und Steuerungsmöglichkeiten als konstitutive Merkmale von interaktiven Computerprogrammen genannt werden, sind bei HAACK und STRZEBKOWSKI zu finden [HAAC95, 153; STRZ95, 269].

Im Unterschied zu dieser technisch geprägten Sichtweise hebt GIARDINA die kognitiven Prozesse hervor, die mit dem Begriff Interaktivität verbunden sind. Demnach kann zwischen einer physikalischen und einer kognitiven Interaktivität differenziert werden [GIAR92, 52f.]. Während unter physikalischer Interaktivität die oben genannten Aspekte subsummiert werden beinhaltet die kognitive Interaktivität die gedankliche Auseinandersetzung mit den Lerninhalten eines Computerprogramms.

ISSING dagegen betrachtet Interaktivität aus einer psychologisch-didaktischen Perspektive und versteht darunter die individuelle Aktivierung und Einbeziehung des Nutzers in Wahrnehmungs-, Kognitions-, Erlebnis- und Lernprozesse [ISSI96, 30]. Diese Umschreibung ist jedoch im Hinblick auf den Gegenstandsbereich dieser Arbeit nicht hinreichend präzise und wird daher bei den weiteren Ausführungen nicht berücksichtigt.

In Anlehnung an die sozialwissenschaftliche Bedeutung wird innerhalb der Didaktik der Begriff Interaktivität häufig als Eigenschaft zur Erleichterung von Interaktion verstanden [SACH96b, 2]. Ursprünglich aus dem Lateinischen abgeleitet (inter „zwischen" und agere „handeln") beschreibt der Terminus Interaktion eine wechselseitige Beziehung zwischen zwei oder mehreren Menschen [NN94a, 645]. Die Übertragung des Ausdrucks auf den Kommunikationsvorgang zwischen Mensch und Computer wird als Mensch-Maschine-Interaktion bezeichnet und beinhaltet die wechselseitige Beeinflussung zwischen diesen beiden Einheiten, wobei die Aktion des Menschen als Handeln bezeichnet wird [CHAR93, 288].

Eine umfassende und übergreifende Definition ist bei SACHER zu finden. Demzufolge beschreibt Interaktivität die Qualität eines Multimedia-Systems und setzt sich aus folgenden Bestandteilen zusammen [SACH95, 8]:

- **Reaktivität** als Merkmal eines Computersystems, Informationen über verschiedene Bedienelemente aufzunehmen,
- **Navigabilität** als Angebot an Verfahren zur Informationssuche und Orientierung innerhalb des Informationsangebots,
- **Adaptivität** als Ausmaß für die Anpassung an verschiedene Benutzertypen,
- **Kommunikabilität** als Ähnlichkeitsmaß für die Alltags-Kommunikation und
- **Didaktische Portabilität** als Merkmal für den Einsatz in unterschiedlichen Lernumgebungen.

Analog zur der Umschreibung von ISSING erlaubt die Charakterisierung durch SACHER keine präzise Definition des Ausdrucks Interaktivität. Unter Berücksichtigung der genannten Teilaspekte wird in der vorliegenden Arbeit unter Interaktion ein wechselseitiger Austausch zwischen Menschen oder Mensch und Computer verstanden, dem eine intentionale und interpretative Handlung zugrunde liegt [SCHU96, 40]. Interaktivität wird dagegen als technische Eigenschaft von Computerprogrammen aufgefaßt und bildet demnach die Grundlage für die Realisierung einer zielgerichteten Interaktion.

3.1.2 Interaktionsformen

Im Umfeld der Implementierung computerunterstützter Lehr-/Lernsysteme wurden verschiedene Formen der Interaktion entwickelt. Eine allgemeine Systematisierung der vielfältigen Ausprägungen beschreibt ISSING, indem er die Interaktion zwischen einem Nutzer und einem Multimediasystem sowie die Interaktion mit anderen Nutzern über ein Netz differenziert und in die drei Teilbereiche taktile, verbal-taktile und verbal-akustische Interaktion untergliedert [ISSI96, 30]. Während die taktile Interaktion die Steuerung über Eingabegeräte, wie z. B. einer Maus, einem Touchscreen oder einem Datenhandschuh beinhaltet, wird der Aspekt der Verbalität einerseits auf taktiler Ebene (z. B. Schreiben eines Textes) oder über akustische Eingabemöglichkeiten (z. B. Mikrofon) realisiert.

Ein konkreterer Systematisierungsansatz wird dagegen von HAACK beschrieben [HAAC95, 153]. Demzufolge lassen sich folgenden Grundformen der Interaktion in multimedialen Lehr-/Lernsystemen differenzieren:

- Implizite Interaktion durch passives Rezipieren,

- Informationszugriff,
- geschlossene Frage-Antworttypen,
- Informationsmarkierung,
- offene Frage-Antworttypen und
- offener Dialog mit einem Tutor.

Obwohl in der von HAACK dargestellten Auflistung ein breites Spektrum an unterschiedlichen Interaktionsformen erfasst wird, lassen sich keine eindeutigen Klassifikationsmerkmale erkennen. Im weiteren Verlauf der Arbeit werden daher die verschiedenen Interaktionsformen hinsichtlich ihrer Gemeinsamkeiten untersucht und zu Gruppen zusammengefaßt. Aufbauend auf den dargestellten Systematisierungsansätzen können insgesamt vier Formen der Interaktion in computerunterstützten Lehr-/Lernsystemen differenziert werden.

3.1.2.1 Auswahl- und Steuerungsmöglichkeiten

Zu den am häufigsten genannten Formen der Interaktion zwischen einem Lerner und einem computerunterstützten Lehr-/Lernsystemen gehören die Möglichkeiten des Anwenders, in die Präsentation der Lerninhalte steuernd einzugreifen (z. B. [HAAC95, 153; KERR95, 33]). Im Gegensatz zu behavioristischen Ansätzen, bei denen das Verhalten eines Individuums durch externe Reize gesteuert wird (s. Abschnitt 2.1.1), steht hier der Lerner als aktiver Gestalter im Mittelpunkt des Lernprozesses.

Hinsichtlich der Art des Eingriffs unterscheiden BAUMGARTNER und PAYR drei Auswahl- und Steuerungsmöglichkeiten [BAUM94, 128]:

- Inhaltliche Auswahl,
- Sequenzierung und
- zeitliche Steuerung.

Die inhaltliche Auswahl umfaßt die anwendergesteuerte Selektion von Lerninhalten. Der Anwender wählt hierbei auf Basis seines Vorwissens und unter Verwendung verschiedener Hilfsmittel diejenigen Lerninhalte aus, die zur Erreichung seiner Lernziele dienen. Eng verbunden mit der inhaltlichen Auswahl ist dabei die Sequenzierung der Lerninhalte. In diesem Schritt werden die einzelnen Inhaltsseiten des Lernsystems entsprechend der gewünschten Reihenfolge aufgerufen. Die zur Bearbeitung der selektierten Lerninhalte zur Verfügung stehende Zeit wird dabei durch die zeitliche Steuerung determiniert.

Voraussetzung für die Nutzung der genannten Interaktionsmöglichkeiten ist eine entsprechende Interaktionskompetenz seitens des Anwenders. Diese beruht in erster Linie auf der Wahrnehmung und richtigen Interpretation der entsprechenden Interaktionsangebote [SACH96a, 7]. Darüber hinaus wird von einem Anwender die Fähigkeit zur inhaltliche Bewertung der Lerninhalte sowie das methodische Wissen zur Bestimmung der Reihenfolge und Zeitdauer erwartet.

Die aufgeführten Auswahl- und Steuerungsmöglichkeiten können in Abhängigkeit der verwendeten Medien in unterschiedlichen Formen implementiert werden. Zu den bekanntesten Verfahren gehört hierbei die Einbindung von Verweisen in Texte oder Grafiken sowie die damit verbundene Auswahl und Steuerung der Lerninhalte (s. Abschnitt 4.2.2). Stellvertretend für die vielfältigen Ausgestaltungsmöglichkeiten bei Videos und Animationen sei an dieser Stelle die Synchronized Multimedial Integration Language (SMIL) erwähnt, mit der eine zeitgesteuerte Medienpräsentation umgesetzt werden kann. Ein Beispiel hierfür ist die Auszeichnung von digitalisierten Vorlesungen mittels SMIL. Hierbei hat der Anwender die Möglichkeit, anhand der computerunterstützten Selektion von Folien oder Gliederungspunkten die entsprechende Stelle innerhalb der Videoaufzeichnung anzusteuern, um somit zielgerichtet dem Vorlesungsstoff zu folgen.

3.1.2.2 Direkte Manipulation

Der Begriff „direkte Manipulation" bzw. „direct manipulation" ist auf die Entwicklungen im Umfeld der graphischen Oberflächengestaltung von Computersystemen zurückzuführen. In Anlehnung an den Umgang mit Gegenständen der realen Welt beinhaltet die direkte Manipulation nach SHNEIDERMAN die graphische Abbildung und Bearbeitung realer Objekte innerhalb eines Computersystems [SHNE83, 63]. Grundlage hierfür bilden häufig Metaphern, die einem Benutzer den Umgang mit dem zugrundeliegenden System erleichtern sollen. Ein bekanntes Beispiel hierfür ist die Verwendung eines stilisierten Papierkorbs zum Löschen von Dateien.

Die wesentlichen Eigenschaften der direkten Manipulation lassen sich anhand von drei zentralen Prinzipien zusammenfassen. Im einzelnen sind dies die [SHNE98, 205]:

- Computerbasierte Repräsentation von Objekten und Aktionen,
- Ausführung von Aktionen durch Manipulation der graphischen Objekte und
- sofortige Rückmeldung durch Veränderung der graphischen Darstellung.

Die einzelnen Prozesse, die im Zusammenhang mit der Interaktion innerhalb und zwischen Benutzer und System ablaufen, werden häufig in Anlehnung an die Systematisierung des menschlichen Verhaltens als formales Modell zusammengefasst (s. Abbildung 3-1). In der dargestellten Konstellation können geeignete Interaktionstechniken aus der Analyse der notwendigen Transformationsschritte zwischen der konzeptionellen und der Eingabe-/Ausgabeebene abgeleitet werden [ZIEG88, 125f.].

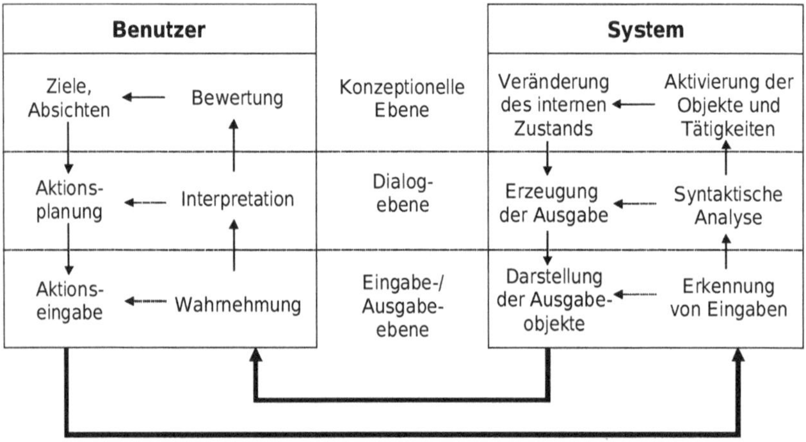

Abbildung 3-1: Formales Modell der direkten Manipulation nach [ZIEG88, 125]

Für die Umsetzung direkt-manipulativer Techniken innerhalb von Softwaresystemen wurden verschiedene Gestaltungsregeln entwickelt. Im Vordergrund stehen hierbei Maßnahmen, die sich auf das Design der Benutzeroberfläche sowie der Eingabegeräte beziehen. Beispiele hierfür sind die Menügestaltung innerhalb von Anwendungsprogrammen oder Datenhandschuhe, mit denen Objekte in virtuellen Räumen erfasst und bearbeitet werden können. Für eine ausführliche Darstellung von Gestaltungsregeln sei an dieser Stelle auf [SHNE98] oder [FOLE00] verwiesen.

3.1.2.3 Test- und Übungsaufgaben

Aus der Zielsetzung heraus, multimediale Lehr-/Lernsysteme nicht nur zur Wissensvermittlung, sondern auch zur Überprüfung, Festigung und Anwendung der erlernten Sachzusammenhänge einzusetzen [EULE92, 128], wurden unterschiedliche Test- und Übungsaufgaben in computerunterstützte Lehr-/Lernsysteme integriert (s. Abschnitt 4.4). Bei dieser Form der Interaktion steht insbesondere die gedankliche Auseinandersetzung mit den dargestellten Lerninhalten im Vordergrund, die von GIARDINA mit dem Ausdruck der „kognitiven Interaktivität" bezeichnet wird (s. Abschnitt 3.1.1).

Das Grundprinzip einer auf Test- und Übungsaufgaben basierenden Interaktion beruht auf dem in Abbildung 3-2 dargestellten Interaktionsprozeß. Den Ausgangspunkt bildet dabei die Frage- bzw. Aufgabenstellung, durch die der Anwender zur aktiven Bearbeitung aufgefordert wird. Aufbauend darauf erfolgt in Abhängigkeit des zugrundeliegenden Aufgabentyps die Beantwortung durch den Anwender in einem dafür vorgesehenen Antwortbereich. Dabei muß der Anwender entweder eine richtige Lösung aus einer vorgegebenen Alternativenliste auswählen oder eine selbstständig erarbeitete Lösung eingeben. Im Rahmen der Antwortanalyse steht die computerunterstützte Auswertung der Lernerantwort im Mittelpunkt. Während Aufgaben mit einer begrenzten Anzahl an Lösungsalternativen mit vergleichsweise geringem Aufwand analysiert werden können, gestaltet sich die Auswertung von offenen Fragen, bei denen der Lösungsraum nicht eingeschränkt ist, entsprechend schwierig. Vielfach ist daher bei der Auswertung von offenen Aufgaben der Eingriff eines menschlichen Betreuers notwendig. Im letzten Schritt erfolgt die Rückmeldung der Auswertungsergebnisse an den Anwender sowie darauf aufbauend eventuelle Hilfestellungen zur richtigen oder besseren Beantwortung der Frage bzw. Aufgabe.

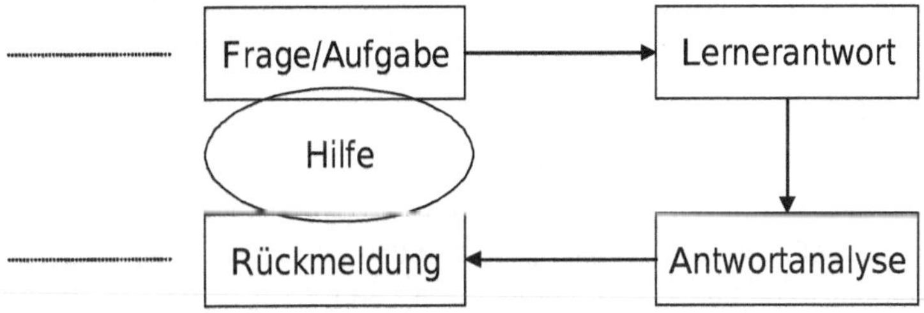

Abbildung 3-2: Interaktionsprozeß auf Basis von Test- und Übungsaufgaben [EULE92, 127]

Im Hinblick auf die Differenzierung der verschiedenen Test- und Übungsaufgaben lassen sich unterschiedliche Aspekte herausstellen. Bei einer prozeßbezogenen Betrachtungsweise unterscheiden GLOWALLA und SCHOOP Einleitungs- und Kontrollfragen [GLOW92, 28]. Während Einleitungsfragen vor der eigentlichen Wissensvermittlung gestellt werden und in erster Linie zur Überprüfung des vorhandenen Wissens sowie der darauf abgestimmten Empfehlung von Lerninhalten dienen, wird mit Kontrollfragen der Lernerfolg nach der Wissensvermittlung gemessen.

Unter Verwendung der formalen Aufgabenstruktur können Test- und Übungsaufgaben in offene, halboffene und geschlossene Typen untergliedert werden. Eine genaue Betrachtung und Analyse dieses Differenzierungsmerkmals wird in Abschnitt 4.4 vorgenommen.

3.1.2.4 Kommunikationsmöglichkeiten

Unter dem Oberbegriff der Kommunikationsmöglichkeiten werden verschiedene Verfahren subsummiert, bei denen zwei oder mehrere Nutzer über ein Computersystem interagieren. Im Unterschied zu den bisher betrachteten Interaktionsformen übernimmt hierbei das Computersystem nicht die Rolle eines aktiven Interaktionsteilnehmers, sondern dient lediglich als Übermittler von Informationen zwischen zwei oder mehreren Anwendern.

Je nach Art der übermittelten Informationen sowie dem Zeitpunkt des Informationsaustausches lassen sich unterschiedliche Kommunikationsverfahren differenzieren. Unter Berücksichtigung der Informationsart können textuelle, graphische video- und audiobasierte Kommunikationsverfahren unterschieden werden. Während zu den textuellen Anwendungen eMail, Chat oder Diskussionsforen gehören, beinhalten graphische Verfahren häufig die gemeinsame Bearbeitung von Darstellungen oder Folien, wie z. B. bei den sog. Whiteboard-Systemen. Demgegenüber steht bei den video- und audiobasierten Verfahren die Übermittlung von dynamisch-visuellen und akustischen Informationen im Vordergrund. Der Einsatz dieser Verfahren erfolgt häufig in Form von Audio- oder Videokonferenzen, die z. B. zur Übertragung von Lehr-/Lernveranstaltungen eingesetzt werden [LEHN01, 1150].

Hinsichtlich des Zeitaspektes können synchrone und asynchrone Verfahren unterschieden werden. Während bei synchronen Verfahren eine zeitgleiche Übermittlung der Informationen stattfindet, basieren asynchrone Kommunikationsverfahren auf einem zeitversetzten Informationsaustausch. Der Verzicht auf Synchronität hat demnach zur Folge, daß Kommunikationsteilnehmer keine direkte Rückmeldung über ihre Aktivitäten erhalten.

3.2 Adaptionsverfahren

Während im Rahmen der klassischen Unterrichtsdurchführung die Berücksichtigung individueller Fähigkeiten und Eigenschaften der Lernenden nur in relativ begrenztem Umfang möglich ist, beinhalten computerunterstützte Lehr-/Lernsysteme das Potential, sich den Bedürfnissen einzelner Anwender anzupassen. Im Umfeld der informatikorientierten Wissenschaften werden die dafür verwendeten Verfahren und Techniken häufig unter dem Begriff der Adaption zusammengefaßt. Gleichzeitig finden sich in der Literatur zur computerunterstützten Informationsverarbeitung jedoch andere Definitionsansätze für den Terminus Adaption, so daß es zunächst notwendig erscheint, die spezifische Bedeutung des Ausdrucks im Kontext mit computerunterstützten Lehr-/Lernsystemen klarzustellen.

Der Begriff Adaption leitet sich aus dem Lateinischen ab (aus adaptatio „Anpassung") und bedeutet allgemein „Anpassung an die Umwelt" [NN94b, 33]. Aus Sicht des Softwareengineerings wird unter dem Ausdruck Adaption die werkzeugunterstützte Auswahl, Anpassung und Ergänzung von Standardsoftware an die unternehmerische Umwelt verstanden [HUFG93, 13]. Steinmetz betrachtet Adaption dagegen aus dem Blickwinkel des Anwenders und unterscheidet zwischen adaptierbaren und adaptiven Systemen [STEI99, 824]. Demnach handelt es sich bei adaptierbaren Systemen um solche, die durch eine explizite Individualisierbarkeit in Form von Parametereinstellungen für bestimmte Merkmale (z. B Vorkenntnisse, Darstellungsformen etc.) an den Anwender angepasst werden können. Adaptive Systeme dagegen erkennen die Eigenschaften des Anwenders implizit und passen sich diesen automatisch an. Grundlage für die automatische Systemanpassung bildet dabei häufig die Analyse des Interaktionsverhaltens sowie die darauf aufbauende Generierung von Benutzermodellen [STEI99, 824f.] (s. Abschnitt 4.5.2).

Der vorliegenden Arbeit wird aufgrund der zentralen Stellung des Anwenders im Rahmen von Lehr-/Lernprozessen die von Steinmetz beschriebene Definition für den Begriff der Adaption zugrundegelegt. Im Vordergrund stehen dabei Verfahren und Techniken zur automatischen Anpassung von hypermedialen Lehr-/Lernsystemen. Folglich werden adaptierbare Systeme innerhalb der weiteren Ausführungen nicht näher betrachtet.

In der Literatur zur Gestaltung adaptiver hypermedialer Lehr-/Lernsysteme werden zahlreiche Beispiele für die Anwendung automatischer Anpassungsverfahren aufgeführt (z. B. [BRUS01, 90f.;TIMM98; NICH97]). Hinsichtlich der verfügbaren Adaptionsmöglichkeiten lassen sich dabei Verfahren zur Inhalts- und Verweisanpassung differenzieren [BRUS98, 13f.]. Ausgehend von dieser groben Klassifikation unterschiedlicher Adaptionsverfahren werden nachfolgend die verschiedenen Ausprägungen sowie deren Umsetzung innerhalb computerunterstützter Lehr-/Lernsysteme genauer betrachtet und analysiert.

3.2.1 Inhaltsadaption

Die Inhaltsadaption steht als Oberbegriff für verschiedene Verfahren zur differenzierten Auswahl und Anzeige von Lehr-/Lerninhalten. Der grundlegende Gedanke besteht dabei darin, Inhalte in Abhängigkeit von relevanten Benutzereigenschaften, wie z. B. dem Vorwissen oder den Lehr-/Lernzielen zu präsentieren [BRUS98, 14]. Unter der Annahme, daß es sich bei einem Anwender um einen Anfänger handelt, können beispielsweise zunächst einfache Sachzusammenhänge dargestellt werden, wohingegen ein Experte entsprechend komplexere Informationen erhält.

Grundlage für die Umsetzung unterschiedlicher Formen der Inhaltsadaption innerhalb von hypermedialen Lehr-/Lernsystemen bildet die Auswahl eines Anpassungsverfahrens. Unter Berücksichtigung der spezifischen Benutzereigenschaften können dabei folgende Methoden differenziert werden [BRUS98, 18-20]:

- **Zusätzliche Erklärungen:** Einbindung zusätzlicher Erklärungsdetails und Ausblendung irrelevanter Informationen,
- **vorausgesetzte Erklärungen:** Anzeige von Erklärungen, die zur Bearbeitung von Lehr-/Lerninhalten vorausgesetzt werden,
- **vergleichende Erklärungen:** Präsentation von Konzepten mit hohem Ähnlichkeitscharakter und
- **alternative Erklärungen:** Darstellung und Beschreibung alternativer Erklärungsvarianten.

Angesichts des breiten Spektrums an Anpassungsverfahren lassen sich bei näherer Betrachtung verfügbarer Systeme häufig kombinierte Ansätze beobachten. Ausgehend von dem Vorwissen eines Anwenders werden beispielsweise bei dem von KAY und KUMMERFELD vorgestellten adaptiven Hypertextsystem zur Vermittlung von Kenntnissen der Programmiersprache C vergleichende und alternative Erklärungen implementiert [KAY97, 48f.]. Grundlage für die Darstellung vergleichender Erklärungen bilden dabei Vorkenntnisse mit anderen Programmiersprachen, wie z. B. Pascal. Alternative Erklärungen werden dagegen durch die Integration ähnlicher Übungsaufgaben realisiert.

Im Gegensatz zu dem von KAY und KUMMERFELD entwickelten System stellt AHA (**A**daptive **H**ypermedia **A**rchitecture) ein domänenunabhängiges Framework zur Entwicklung anpassbarer Lernsysteme dar [DEBR98]. Die Adaption von Lerninhalten beruht dabei auf einzelnen Textfragmenten, die dynamisch während der Laufzeit des Systems zu Inhaltsseiten zusammengesetzt werden. Die Auswahl und Anzeige der inhaltlich abgeschlossenen Fragmente erfolgt anhand von Vorkenntnissen eines Anwenders, so daß der Inhalt einer Lernseite je nach bereits vorhandenem Wissen dynamisch angepasst werden kann.

3.2.2 Verweisadaption

Während die Inhaltsadaption die Auswahl und Darstellung der präsentierten Informationen beinhaltet, steht bei der Anpassung von Verweisen die Unterstützung des Anwenders im Rahmen der Navigation durch die Lehr-/Lerninhalte im Vordergrund. Ausgehend von der Art und dem Gegenstand der Anpassung differenziert BRUSILOVSKY insgesamt fünf Formen der Verweisadaption [BRUS98, 15-18]:

- **Direkte Führung:** Verfahren zur systemgesteuerten Auswahl und Anzeige von Folgeseiten,
- **Angepaßte Reihenfolge:** Form der Anpassung, bei der Verweise innerhalb einer Seite gemäß ihrer Relevanz sortiert werden,
- **Verdeckte Verweise:** Ausblendung von Verweisen, die für einen Benutzer keine Relevanz haben,
- **Angepaßte Anmerkung:** Ein- oder Ausblendung von Detailinformationen in Form von Anmerkungen und
- **Angepaßte Landkarten:** Anpassungsform, bei der Knoten innerhalb von Landkarten ein- oder ausgeblendet werden.

Analog zur Inhaltsanpassung ist bei der Untersuchung vorhandener Systeme häufig die Kombination verschiedener Verweisadaptionsverfahren zu beobachten. Als Beispiel sei an dieser Stelle das von RÖSSEL entwickelte Adaptive Multimediale PräsentationsSystem (AMPreS) genannt, bei dem in Abhängigkeit von Benutzerpräferenzen und dem Interaktionsverhalten Verfahren zur angepaßten Reihenfolge und adaptive Landkarten enthalten sind [ROES98, 71-73]. Während der sog. „Intelligent Tour Guide" eine individuelle Tour durch das System generiert, beinhaltet die sog. „Adaptive Overwiev Map" Verfahren zur Erstellung eines visuellen Übersichtsdiagramms über die gesamte Wissensdomäne.

Eine weitere Anwendung von Verfahren zur Verweisadaption innerhalb hypermedialer Lehr-/Lernsysteme ist in dem von SPECHT und OPPERMANN entwickelten Adaptive Teaching System (ATS) zu finden [SPEC98, 81-83]. Neben der Anpassung der Lernsequenz auf Basis von Wissenstests werden angepaßte Anmerkungen und verdeckte Verweise zur Adaption des Systems eingesetzt. Letztere erlauben eine wissensabhängige Anzeige von Verweisen auf Lehr-/Lerninhalte, die von einem Anwender bearbeitet werden können.

3.3 Computerunterstützte Lehr-/Lernsysteme

Maßgeblich für die Beurteilung computerunterstützter Lehr-/Lernsysteme und die darauf aufbauende Entwicklung neuer Systeme ist die Analyse bereits existierender Softwareprogramme. Vor einer Strukturierung relevanter Merkmale im nachfolgenden Abschnitt werden deshalb zunächst verschiedene computerunterstützte Lehr-/Lernsysteme untersucht und anhand ihrer charakteristischen Eigenschaften erläutert. Im Mittelpunkt der Betrachtung stehen hierbei insbesondere Gestaltungsmaßnahmen zur Umsetzung interaktiver und adaptiver Lehr-/Lernsysteme.

Bei der Darstellung werden in Anlehnung an BODENDORF [BODE90, 47-70; BODE93, 67-82] zunächst die theoretischen Grundannahmen der jeweiligen Lehr-/Lernsystemkategorie aufgeführt und erörtert. Stellvertretend für das breite Spektrum existierender Systeme erfolgt im Anschluss an die abstrakten Ausführungen die Darstellung und Analyse ausgewählter computerunterstützter Lehr-/Lernsysteme hinsichtlich der relevanten Merkmale.

3.3.1 Präsentationssysteme

Präsentationssysteme dienen in erster Linie der Darstellung von Informationen, die entweder als Text, Grafik, Animation oder Video codiert und anhand einer domänenspezifischen Systematik strukturiert sind. Während bei den reinen Präsentationssystemen die Auswahl, Reihenfolge und Dauer der Präsentation systemgesteuert erfolgt, hat ein Lerner bei den sog. Navigationssystemen die Möglichkeit, die Auswahl der Lerninhalte und deren Abfolge über Verweise selber zu bestimmen [BODE90, 52].

Hinsichtlich der Art der Informationsauswahl können sequentielle und hypertext- bzw. hypermediabasierte Systeme differenziert werden. Die sequentielle Navigation beinhaltet eine fest vorgegebene Reihenfolge der Lerninhalte durch den Autor und erlaubt einem Anwender somit nur Eingriffe in die zeitliche Steuerung der Präsentation. Demgegenüber erfolgt die Navigation bei hypertext- bzw. hypermediabasierten Systemen über Verweise (hyperlinks), die eine nicht-lineare Verknüpfung von Lerninhalten ermöglichen und dadurch assoziative Sprünge zulassen.

Präsentationssysteme orientieren sich in erster Linie an behavioristischen und kognitiven Lerntheorien und gehen von einer instruktionsorientierten und überwiegend passiven Rolle des Lernenden bei der Wissensvermittlung aus. Im Unterschied dazu erlauben Navigationselemente eine höhere Aktivität bei der Informationsauswahl, wobei jedoch die Auswahlmöglichkeiten durch den Inhaltsautor vorgegeben werden. Gleichzeitig wird bei der anwendergesteuerten Navigation vorausgesetzt, daß der Lernende in der Lage ist, die angebotenen Informationen hinsichtlich ihrer Relevanz zu beurteilen.

APHRODITE ist ein Lernsystem zur Präsentation hypermedial aufbereiteter Lerninhalte und wurde am Lehrstuhl für BWL und Wirtschaftsinformatik der Universität Würzburg konzipiert und entwickelt. Grundlegendes Konzept von APHRODITE ist die dynamische Generierung von Lernbeiträgen aus einzelnen, in Standardformaten hinterlegten Medienobjekten (Texte, Grafiken, Videos etc.). Diese werden zur Laufzeit über eine Stücklistenauflösung in einen hierarchisch strukturierten Lernbeitrag überführt, der sich in Seiten, Abschnitte und Kapitel gliedert [POHL96, 151-154]. Durch den modularen und dynamischen Aufbau von Lernbeiträgen können verschiedene Lernpfade generiert und als Navigationshilfen genutzt werden. Die Navigation erfolgt dementsprechend entweder sequentiell innerhalb der hierarchisch strukturierten Lernbeiträgen oder auf Basis der vorgegebenen Lernpfade. Darüber hinaus besteht über Hyperlinks die Möglichkeit, assoziative Sprünge in die ansonsten lineare Navigation einzubinden.

3.3.2 Trainingssysteme

Bei Trainigssystemen, die häufig auch als Drill & Practice-Programme bezeichnet werden, wird davon ausgegangen, daß der Lernende bereits über ein bestimmtes Vorwissen verfügt und dieses durch Übungen gefestigt werden soll [EULE92, 21; BODE90, 55]. Die eigentliche Wissensvermittlung ist somit prinzipiell nicht Bestandteil dieser Lehr-/Lernsysteme und erfolgt lediglich im Rahmen der Rückmeldung durch das System (s.u.).

Die ablauforientierte Betrachtung von Trainingssystemen setzt typischerweise bei der Fragestellung durch das Lernsystem an. Einzelne Fragen werden dazu aus einem Aufgabenpool selektiert und dem Lernenden präsentiert. Die Auswahl der Fragen erfolgt dabei entweder zufallsgesteuert oder wird an das Antwortverhalten des Lernenden angepasst, wobei verschiedene Selektionsstrategien möglich sind [BODE90, 56]. Nach der Beantwortung der Fragen erfolgt die systeminterne Antwortanalyse sowie die darauf aufbauende Rückmeldung an den Lernenden. Die Ergebnisse der Antwortanalyse können sowohl in Form einer Statistik an den Lernenden zurückgeliefert werden als auch für die Auswahl der nächsten Fragen dienen. Der Frageprozess wird abgeschlossen, sobald der Lernende die Sitzung beendet oder ein systeminterner Abbruchzustand, wie z. B. ein Zeitlimit oder eine bestimmte Anzahl von Fragen, erreicht wird.

In Anbetracht der starken externen Beeinflussung des Lernenden können Trainigssysteme den behavioristischen Lerntheorien zugeordnet werden. Wenngleich nach Euler diese Art von Lehr-/Lernsystemen in erster Linie zur Überprüfung von Grundkenntnissen und zur Identifikation von Lerndefiziten geeignet sind [EULE92, 22], spricht Bodendorf Trainingssystemen auch das Potential zur Vermittlung von Handlungswissen im Rahmen von komplexen Problemstellungen zu [BODE90, 57].

Beispielhaft wird an dieser Stelle der Vokabeltrainer Coach genannt, der zur Vermittlung von englischen Fachbegriffen für Angehörige von Transportunternehmen konzipiert wurde [KUEF92]. Zu den Funktionen von Coach gehört neben dem Auffrischen bereits erlernter Fachwörter die Erweiterung des vorhandenen Wortschatzes. Vokabeln werden dazu in einem sachbezogenen Kontext abgefragt und können vom Anwender über eine Bildschirmmaske eingegeben werden. Neben exakten Wörtern erlaubt das Programm auch die Eingabe von Synonymen bzw. amerikanischer und englischer Schreibweise. Das Feedback erfolgt in Form einer falsch/richtig-Rückmeldung, wobei typische Fehler auch vom System korrigiert werden können.

Neben dem hier genannten Vokabeltrainer sind in der Praxis zahlreiche weitere Trainingsysteme zu finden. Hierzu gehören beispielsweise Trainingsprogramme zur Vorbereitung auf die Führerscheinprüfung [NN96a] oder Systeme zur Erlernung theoretischer Kenntnisse im Rahmen der Pilotenausbildung [NN02a].

3.3.3 Problemlösungssysteme

Eine den Trainingssystemen sehr ähnliche Gruppe von Lernwerkzeugen sind Problemlösungssysteme, die analog zu den Trainingssystemen prinzipiell nicht für den Wissenstransfer konzipiert sind, sondern auf die Anwendung vorher erworbenen Wissens in konkreten Problemsituationen abzielen [BODE90, 68]. Insofern können Problemlösungssysteme auch als Weiterentwicklung von Trainingssystemen betrachtet werden.

Ausgehend von der Präsentation einer realen Problemstellung besteht die Aufgabe des Lernenden darin, die enthaltenen Teilprobleme zu erkennen und schrittweise zu bearbeiten. Während des Bearbeitungsprozesses erfolgt in der Regel eine intensive Systemunterstützung in Form von Kritik bzw. Hinweisen zu den vom Lernenden getroffenen Entscheidungen. Die Grundlage für die systemgenerierten Rückmeldungen bilden dabei häufig Expertensysteme, die auf Basis eines Lösungsmodells das Antwortverhalten des Lernenden beurteilen [BODE93, 79].

Hinsichtlich der Vorgehensweise bei der Problemlösung lassen sich synthetische und analytische Ansätze differenzieren [BODE93, 78]. Als synthetisch werden Problemlösungsansätze bezeichnet, bei denen der Lernende unter Zuhilfenahme einzelner Bausteine einen Lösungsweg konstruiert. Im Gegensatz dazu beinhalten analytische Ansätze die schrittweise Zerlegung eines komplexen Gesamtproblems in seine einzelnen Bestandteile.

Problemlösungssysteme behandeln komplexe Fragestellungen, zu deren Lösung Zusammenhangswissen und integratives Denken notwendig sind [BODE90, 70]. Aufgrund der hohen Interaktion zwischen dem Lernenden und dem Lernsystem und der damit verbundenen selbstgesteuerten Lösung realer Problemstellungen durch den Lernenden lassen sich Problemlösungssysteme den konstruktivistischen Lerntheorien zuordnen.

THYROIDEA ist ein computerunterstütztes Lernsystem zur fallbasierten Diagnose von Schilddrüsenerkrankungen und wird im Rahmen der Medizinerausbildung an der Universität München eingesetzt [FISC94]. Die lerntheoretische Grundlage von THYROIDEA bilden konstruktivistische Lernansätze, nach denen Lernen innerhalb von konkreten Problemsituationen durch selbstständige und aktive Konstruktion erfolgt.

Ausgehend von der multimedialen Darstellung und Beschreibung eines Patientenfalls besteht die Aufgabe des Fallbearbeiters darin, innerhalb der vier Aufgabenbereiche Anamnese, klinische Untersuchung, Labor und technische Untersuchung Krankheitssymptome zu erkennen und zu analysieren. Die darauf aufbauende Bewertung und Interpretation der Symptome erfolgt durch Auswahl von Verdachtsdiagnosen, die über Multiple-Choice-Aufgaben selektiert werden. Zusätzlich besteht die Möglichkeit, getroffene Verdachtsdiagnosen durch Eingabe von Freitextantworten zu begründen. Nach Abarbeitung der vier genannten Aufgabenbereiche wird der Bearbeiter aufgefordert, eine endgültige Diagnose zu stellen und therapeutische Strategien zur Behandlung der Krankeit auszuwählen.

Die Auswertung der im Rahmen der Fallbearbeitung gestellten Fragen erfolgt in THYROIDEA systemintern und wird durch eine informative Rückmeldung, in der die richtigen Antworten aufgeführt und erklärt werden, abgeschlossen. Die Bewertung von Freitextantworten, wie sie zur Begründung von Verdachtsdiagnosen eingesetzt werden, beinhaltet dagegen lediglich die Anzeige eines Expertenkommentars, der als Musterlösung dient. Die Interpretation bzw. der Vergleich mit der eigenen Lösung bleibt dabei dem Bearbeiter der Fallstudie überlassen.

Der Ablauf der Fallbearbeitung ist in THYROIDEA stark an die sequentielle Abfolge der Aufgabenbereiche, in denen die Fallinformationen und Fragen präsentiert werden, gebunden. Der Fallbearbeiter kann zwar prinzipiell durch Vor- und Rücksprünge die Reihenfolge der Bearbeitung verändern, eine explizite Auswahl der Vorgehensweise findet jedoch nicht statt. Insgesamt betrachtet wird dadurch ein hoher Führungsgrad erreicht.

3.3.4 Tutorsysteme

Im Vordergrund bei der Betrachtung von Tutorsystemen steht der Gedanke, die didaktische Kompetenz eines menschlichen Lehrers innerhalb eines Lehr-/Lernsystems abzubilden [LUST92, 18]. Neben der Kombination von Wissensvermittlungs- und -übungsbestandteilen zeichnen sich solche Systeme durch eine aktive Führungsrolle gegenüber dem Lernenden aus. Je nach erreichbarem Grad an Flexibilität hinsichtlich der Anpassung an die individuellen Fähigkeiten und Bedürfnisse des Lernenden, lassen sich bei der Betrachtung der unterschiedlichen Systemvarianten konventionelle und intelligente Tutorsysteme differenzieren [BODE93, 68-71].

3.3.4.1 Konventionelle Tutorsysteme

Ein konventionelles Tutorsystem beinhaltet in der Regel linear organisierte Lerninhalte, die durch den Programmentwickler in einer festen Sequenz vorgegeben werden. Die Übung und Wissensüberprüfung basiert üblicherweise auf verschiedenen Fragen, die dem Lernenden gestellt und anschließend vom System ausgewertet werden. Eine typische Instruktionssequenz orientiert sich demnach an folgenden Phasen [BODE90, 59]:

- Präsentation der Lerninhalte,
- Stellung von Fragen,
- Analyse der Antworten,
- Rückmeldung des Systems und
- Präsentation weiterer Lerninhalte.

Nach der Präsentation der Informationen werden dem Lernenden verschiedene Fragen zum Lerninhalt gestellt, wobei je nach Art der Frage unterschiedliche Fragetypen differenziert werden können [MERT99a, 196-200]. Einen entscheidenden Schritt bildet die anschließende Antwortanalyse, deren Ergebnis als Grundlage für korrektive Rückmeldungen oder unterstützende Lernhilfen dient [EULE92, 17]. In Abhängigkeit des Ergebnisses folgt anschließend die Präsentation weiterer Lerninhalte, die wiederum durch Fragen ergänzt werden.

Aufgrund des präskriptiven Charakters hinsichtlich der Gestaltung von Lernprozessen lassen sich konventionelle Tutorsysteme analog zu Präsentationssystemen den behavioristischen und kognitiven Lerntheorien zuordnen. Im Gegensatz zu reinen Präsentationssystemen ist durch die Einbindung von Fragen- und Aufgabenbestandteilen dabei allerdings eine stärkere Fokussierung kognitiver Prozesse zu beobachten.

HERMES (**H**ypertextbasiertes o**E**konomieorientiertes **R**etrival **M**ultimedial **E**rklärter **S**achverhalte) ist ein am Lehrstuhl für BWL und Wirtschaftsinformatik der Universität Würzburg entwickeltes hypermediales Tutorsystem zur Vermittlung und Überprüfung betriebswirtschaftlicher Sachzusammenhänge [SCHO92, 152-158]. Im Mittelpunkt des Systems steht die Darstellung multimedialer Lehr-/Lerninhalte, die auf Basis von Text, Grafik, Sprach- und Videosequenzen zu seitenbasierten Informationsknoten zusammengefaßt und präsentiert werden. Neben der multimedialen Erklärung beinhaltet HERMES unterschiedliche Fragetypen zur Übung und Kontrolle der dargestellten Lehr-/Lerninhalte. Die dabei gewonnenen Erkenntnisse werden vom System zur Generierung von Vorschlägen für die weitere Bearbeitung von Informationsknoten genutzt.

Für die Navigation stehen innerhalb von HERMES zahlreichen Hilfsmittel zur Verfügung. Neben der Nutzung von sog. Hyperlinks beinhaltet das System verschiedene vorgegebene Lernpfade, einen graphischen Übersichtsbrowser sowie eine Historienliste, mit der zuletzt betrachtete Informationsknoten angezeigt werden. Darüber hinaus wird eine Schlagwort- und Volltextsuche angeboten, die eine zielgerichtete Auswahl von Wissensbausteinen erlaubt. Die Nutzung sämtlicher Navigationshilfsmittel erfolgt innerhalb von HERMES benutzergesteuert. Lediglich durch die Vorgabe von verschiedenen Lernpfaden sowie die Generierung von Reihenfolgevorschlägen auf Basis der Antwortanalyse werden Autoren bzw. Systemempfehlungen für die Bearbeitung der Informationsknoten eingebunden.

3.3.4.2 Intelligente Tutorsysteme

Im Gegensatz zu den oben dargestellten konventionellen Tutorsystemen basieren intelligente Tutorsysteme bzw. intelligente tutorielle Systeme (ITS) auf einer integrierten Wissensbasis, die eine flexible Anpassung des Systems an den individuellen Lerner ermöglicht. Ein wesentlicher Unterschied besteht nach WENGER in der differenzierten Behandlung von Wissen und Methodik [WENG87, 5]. Während bei konventionellen Systemen durch die feste Verknüpfung der Informationseinheiten sowohl das Wissen als auch die Vorgehensweise zur Vermittlung des Wissens implizit miteinander verbunden sind, erfolgt bei intelligenten Tutorsystemen eine logische Trennung dieser beiden Wissensformen. Entscheidungen darüber, welches Wissen in welcher Reihenfolge präsentiert wird, werden somit nicht durch den Autor fest vorgegeben, sondern können dynamisch auf Basis individueller Kenntnisse des Lernenden sowie der in der Wissensbasis hinterlegten Methodik getroffen werden.

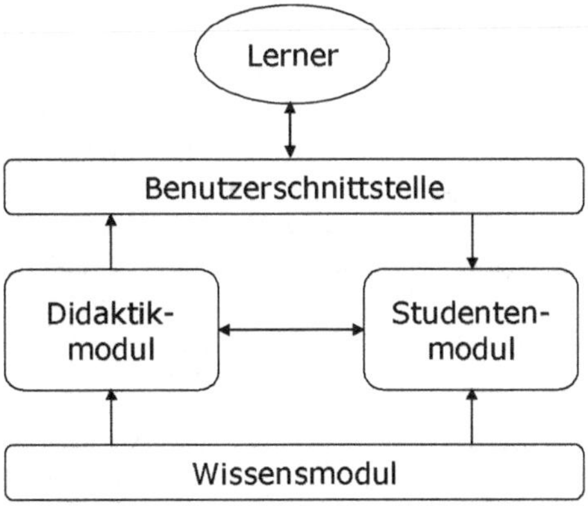

Abbildung 3-3: Aufbau intelligenter Tutorsysteme in Anlehnung an PUPPE [PUPP92, 196]

Intelligente Tutorsysteme basieren in der Regel auf unterschiedlichen Wissensmodulen, in denen das Wissen und die Methodik zur Wissensvermittlung hinterlegt ist. Wenngleich in der Realität häufig keine trennscharfe Abgrenzung zwischen den einzelnen Modulen möglich ist [LUST92, 18], lassen sich stellvertretend die in Abbildung 3-3 dargestellten Module differenzieren. Im einzelnen handelt es sich dabei um folgenden Komponenten:

- **Wissensmodul:** Das Wissensmodul stellt die zentrale Wissenskomponente dar und beinhaltet Fakten und Regeln, die das Domänenwissen eines Lehrers bzw. Experten repräsentieren. Grundlage für die Anwendung dieses Expertenwissens bilden verschiedene Lösungsstrategien, anhand derer das Wissen für den jeweiligen Lernenden selektiert und aufbereitet wird. Beinhaltet das Wissensmodul darüber hinaus auch eine Erklärungskomponente, die zur Erläuterung der vorgeschlagenen Problemlösung dient, so werden diese Modelle als glass-box-model bezeichnet [BODE90, 120].

- **Studentenmodul:** Im Mittelpunkt des Studenten- bzw. Benutzermoduls steht die formale Repräsentation des Wissensstandes eines Lernenden. Den Ausgangspunkt für die Erstellung und dynamische Anpassung von Studentenmodellen bildet dabei häufig eine sog. Beobachtungskomponente, die der Datensammlung über den Lerner dient [BODE90, 122]. Maßgeblich für die Beurteilung des Wissens sind unterschiedliche Lernermerkmale (z. B. Bildungsgrad, Alter etc.), auf deren Basis anschließend ein formales Modell abgeleitet und gespeichert wird. J e nach Zielsetzung können unterschiedliche Arten von Studenten- bzw. Benutzermodellen differenziert werden [PUPP92, 198]. Für eine ausführliche Darstellung dieser Benutzermodellarten sei auf Abschnitt 4.5.2 verwiesen.

- **Didaktikmodul:** Das Didaktik- bzw. Unterrichtsmodul beinhaltet als zentrales Element verschiedene Strategien zur Gestaltung des Dialogs zwischen Lerner und intelligentem Tutorsystem. Die Forderung nach einer individuellen Anpassung der Lerninhalte an den jeweiligen Lernenden wird dabei durch die Berücksichtigung von Informationen aus dem Studenten- und Wissensmodell erfüllt [BODE90, 122]. Im Vordergrund bei der flexiblen Gestaltung des Lernprozesses stehen dabei häufig die Reihenfolge der Inhaltspräsentation sowie die Art und Weise der Gestaltung von Rückmeldungen [LUSTI92, 23]. Als typisches Beispiel für eine tutorielle Strategie ist der sokratische Dialog zu nennen [PUPP92, 200].

- **Benutzerschnittstelle:** Während das Didaktikmodul der Planung des Wissensvermittlungsdialogs dient, erfolgt die eigentliche Umsetzung über die Benutzerschnittstelle. Ein zentrales Merkmal bilden hierbei die möglichen

Interaktionsformen, die zur Kommunikation zwischen dem Lernenden und dem intelligenten Tutorsystem angeboten werden. Das Spektrum der Möglichkeiten zur Dialoggestaltung umfaßt neben einfachen Menü- und Fenstertechniken auch natürlichsprachliche Ein- und Ausgabeformen [BODE90, 122]. Im Mittelpunkt steht dabei die Forderung nach einer Minimierung der Diskrepanz zwischen der realen Problemsituation und deren Darstellung und Vermittlung über die Benutzerschnittstelle [PUPP92, 201].

Für die Formalisierung und Repräsentation von Wissen innerhalb der unterschiedlichen Wissensmodule werden üblicherweise Techniken aus dem Bereich der künstlichen Intelligenz aufgegriffen, wie sie häufig auch in Expertensystemen Anwendung finden. Anhand der Art der Wissensrepräsentation können diese in deklarative und prozedurale Techniken untergliedert werden [BODE90, 123f.]. Deklarative Techniken bilden das Wissen in Form von einzelnen Fakten ab, die über Folgerungsbeziehungen miteinander verknüpft und als statische Wissensbasis gespeichert werden. Die Wissensanwendung erfolgt durch eine aktive Komponente, die anhand der Fakten und Folgerungsbeziehungen Lösungen herleitet. Ein typischer Vertreter der deklarativen Techniken ist die Programmiersprache PROLOG, die beispielsweise in dem System JA-TUTOR eingesetzt wird [LUST87]. Dagegen basieren prozedurale Repräsentationstechniken auf der Zusammenfassung von Fakten und deren Verarbeitung zu sog. Prozeduren. Eine formale Trennung von Wissen und dessen Verarbeitung findet demnach nicht statt [KOBS82, 29].

Analog zu konventionellen Tutorsystemen liegt bei der Gestaltung intelligenter Tutorsysteme der Gedanke zugrunde, daß Lernen durch externe Eingriffe beeinflußt werden kann. Die Basis für die Gestaltung intelligenter Systeme bilden demzufolge behavioristische und kognitive Lerntheorien. Im Gegensatz zu konventionellen Tutorsystemen wird jedoch Lernen als individueller Prozeß betrachtet und durch geeignete Anpassungsmaßnahmen gefördert.

Das ADAPTIVE TEACHING SYSTEM (ATS) ist ein WWW-basiertes Framework zur Implementierung individualisierbarer Lerninhalte. Als anwendungsneutrale Entwicklungsumgebung dient das Produkt zur Erstellung zahlreicher adaptiver Lehr-/Lernsysteme, wie beispielsweise einem adaptiven Statistik Tutor oder dem Programm ELM-ART (Episodic Learner Model - Adaptive Remote Tutor), welches zur Vermittlung von LISP-Grundlagen eingesetzt wird [BRUS96].

Auf Grundlage der Programmiersprache Common LISP werden innerhalb des ATS folgende Module zur Repräsentation der unterschiedlichen Wissensarten differenziert [SPEC98, 78-80]:

- **Wissensmodul:** Enthält das domänenspezifische Wissen in Form von unterschiedlichen Texten, die als konzeptionelles Netzwerk aufgebaut und hierarchisch strukturiert sind,
- **Didaktikmodul:** Beinhaltet neben den Lernstrategien sowie den dazugehörigen Merkmalen zur Auswahl einer Strategie eine diagnostische Komponente zur Überprüfung des Wissenstand eines Lerners und
- **Studentenmodul:** Speichert die von einem Lernenden bearbeiteten Lerneinheiten sowie Informationen über den Erfolg der Bearbeitung.

Den Ausgangspunkt einer Lernsitzung innerhalb eines mit dem ATS erzeugten Lernsystem bildet die Initialisierung verschiedener Parameter. Grundlage hierfür ist neben der Einstellung individueller Präferenzen, die zur Auswahl einer geeigneten Lernstrategie sowie zur Bestimmung eines Schwierigkeitsgrades dienen, die Bearbeitung eines Wissenstests. Anhand der dabei erfassten Informationen über den Anwender erfolgt in einem zweiten Schritt die angepasste Darstellung und Bearbeitung der Lerninhalte.

In Bezug auf die Adaptionsmöglichkeiten werden innerhalb des ATS verschiedene Verfahren zur Präsentationsreihenfolge- und Navigationsanpassung unterstützt [SPEC98, 81-83]. Die Sequenzierung der Lerninhalte erfolgt auf Basis eines Wissenstests, indem die zur Bearbeitung einer Lerneinheit notwendigen Vorkenntnisse überprüft werden. Unter Verwendung eines probabilistischen Überlagerungsmodells (s. Abschnitt 4.5.2) wird darauf aufbauend ein Lernpfad generiert, der die fehlenden Wissensinhalte zusammenfaßt. Darüber hinaus wird die Präsentationsreihenfolge der Lerninhalte durch die zugrundeliegende Lernstrategie beeinflußt.

Im Bereich der Navigationsanpassung wird zwischen der Anmerkungs- und Verweisadaption differenziert. Grundlage des ersten Verfahrens bildet das Wissen eines Anwenders, welches in Bezug zu den noch zu lernenden Inhalten gesetzt wird. Anmerkungen zu Hyperlinks, die in Form von farblich markierten Zeichen dargestellt werden, symbolisieren in Abhängigkeit des Anwenderwissens die Relevanz der referenzierten Lerninhalte. Während beispielsweise die Farbe grün Lerneinheiten kennzeichnet, die zur weiteren Bearbeitung empfohlen werden, repräsentiert die Farbe rot Konzepte, zu denen die erforderlichen Vorkenntnisse noch nicht vorhanden sind. In ähnlicher Weise wird bei der Verweisadaption die Sichtbarkeit von Hyperlinks angepaßt. Lerninhalte, die bereits erfolgreich durch einen Anwender bearbeitet wurden bzw. zur Bearbeitung geeignet sind, werden innerhalb des Systems mit entsprechenden Hyperlinks versehen, so daß dadurch das Denken in Zusammenhängen gefördert wird. Verweise auf Sachzusammenhänge, deren Bearbeitung noch nicht gelernte Vorkenntnisse voraussetzen, werden dagegen nicht angezeigt.

Zu den weiteren in der Literatur beschriebenen ITS gehören beispielsweise das Werkzeug SHERLOCK II, bei dem ein Anwender Diagnoseprobleme bei Navigationseinrichtungen von Flugzeugen lösen muß [GABR93] oder der JA-TUTOR, ein Programm zur Lösung von Aufgaben im Zusammenhang mit dem betrieblichen Jahresabschluß [LUST87].

3.3.5 Simulationssysteme

Zu den Simulationssystemen werden Programme gezählt, bei denen ein Anwender durch Veränderungen einer modellhaften Abbildung der Realität verschiedene Systemzustände und -verhaltensweisen durchprobieren kann [BODE93, 73]. Grundlage eines Simulationssystems bildet dabei ein formales Modell, welches anhand von mathematischen Relationen die für die Simulation relevanten Aspekte der Realität beschreibt. Innerhalb dieses Realitätsausschnitts kann der Anwender durch Auswahl und Veränderung von Modellparametern aktiv in das Systemverhalten eingreifen und sein erworbenes Wissen anwenden [BODE93, 73].

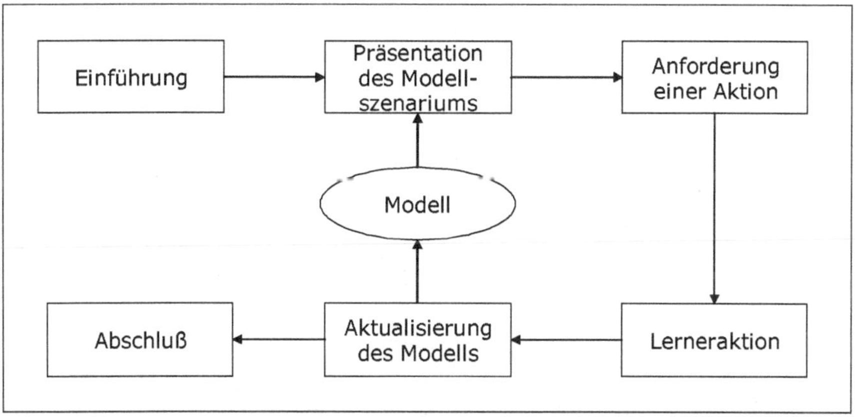

Abbildung 3-4: Ablauf von Simulationssystemen in Anlehnung an EULER [EULE92, 23]

Bei näherer Betrachtung von Simulationssystemen sind die in Abbildung 3-4 dargestellten Ablaufphasen zu erkennen. Ausgehend von einer Einführung in das Simulationssystem wird dem Anwender zunächst das Modellszenarium präsentiert. Auf Basis der zur Verfügung stehenden Parameter erfolgt anschließend die Aufforderung, das Modell innerhalb der erlaubten Parameterbereiche zu verändern. Die darauffolgende Neuberechnung des Modells bildet die Grundlage für weitere, lernergesteuerte Anpassungen oder den Abschluß des Simulationslaufs.

Aus lernpsychologischer Sicht besteht das Ziel von Simulationssystemen in der Anwendung von Wissen und der aktiven Auseinandersetzung des Lernenden mit abstrakt dargestellten Realitätsausschnitten. Im Vordergrund steht hierbei die selbstgesteuerte Modell-Analyse und die darauf aufbauende Modell-Synthese, in der durch Veränderung von Modellparametern die Problemlösung erfolgt [EULE92, 24]. Simulationssysteme können somit den konstruktivistischen Lerntheorien zugeordnet werden.

STATISTIK INTERAKTIV! ist ein multimediales Lehr-/Lernsystem zur deskriptiven Statistik und wurde im Rahmen des Dialekt-Projektes am Center für digitale Systeme (CEDIS) entwickelt [NN00a]. Das Programm baut auf drei Bestandteilen auf und beinhaltet neben einer Videogeschichte und einem Theorieteil ein Labor zur Simulation und Bearbeitung statistischer Problemstellungen.

Im Rahmen der Videogeschichte wird der Anwender zunächst mit einer realen Problemsituation konfrontiert, deren Zielsetzung die Ausarbeitung verschiedener statistischer Auswertungen beinhaltet. Die Geschichte dient dabei sowohl zur Erstellung eines authentischen Zusammenhangs zwischen Theorie und Praxis als auch der damit verbundenen Steigerung der Motivation. Darüber hinaus erfüllt die Videogeschichte auch eine navigatorische Funktion, indem einzelne Szenen inhaltlich mit dem Theorieteil verbunden sind.

Innerhalb des Theorieteils werden die Grundlagen der deskriptiven Statistik mittels geeigneter Darstellungselemente (Text, Grafik und Animation) veranschaulicht. Die Navigation erfolgt auf Basis einer linearen Kapitelstruktur anwendergetrieben. Neben der systematischen Darstellung der theoretischen Lerninhalte beinhaltet jedes Kapitel Kontrollfragen und Übungsaufgaben zur Überprüfung und Anwendung des vermittelten Wissens. Während Übungsaufgaben im Statistiklabor bearbeitet werden können (s. u.) umfassen Kontrollaufgaben Multiple-Choice-Tests zu den theoretischen Grundlagen der deskriptiven Statistik.

Als dritter Bestandteil erlaubt das Statistiklabor die Bearbeitung von Übungsaufgaben. Hierzu gehören in erster Linie statistische Problemstellungen, die durch geeignete Elemente (z. B. Häufigkeitstabellen, Urlisten etc.) modelliert und über verschiedene Parameter vom Anwender verändert werden können. Alle Parameterveränderungen führen dabei zur Aktualisierung des Modells und können über entsprechende Grafiken verfolgt werden (s. Abbildung 3-5).

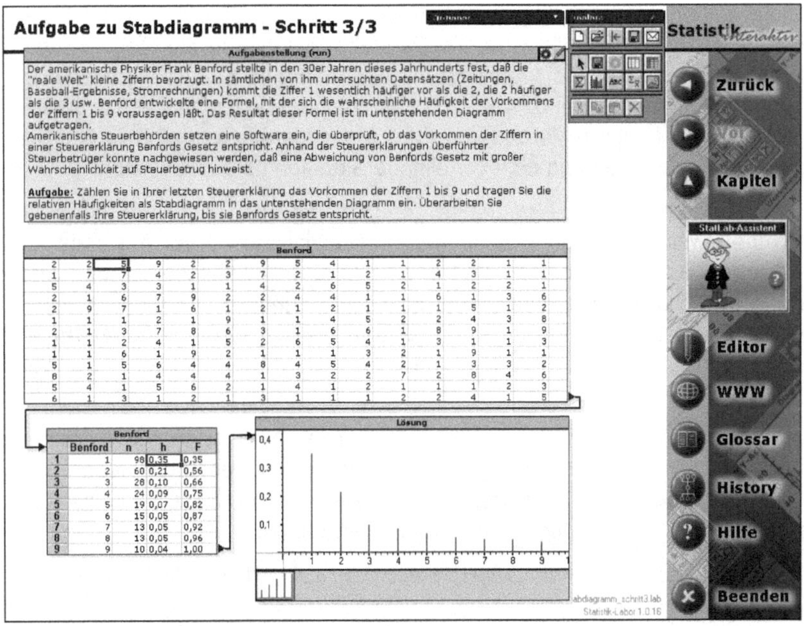

Abbildung 3-5: Statistik interaktiv!

Ein weiteres zur Gruppen der Simulationssysteme zuzurechnendes Programm ist das Lernsystem ORWELT, welches zur Vermittlung arithmetischer Grundlagen aus dem Bereich Operations Research eingesetzt wird [BLUM90; BLUM97].

3.3.6 Spielsysteme

Spielsysteme ähneln vom Aufbau und der Funktion den oben dargestellten Simulationssystemen und lassen sich häufig nur schwer von diesen trennen. Im Unterschied zu Simulationssystemen steht jedoch bei Spielsystemen ein hoher Grad an Unterhaltungswert im Vordergrund, der oft durch eine Wettbewerbssituation gegen einen Computer oder andere Mitspieler erzielt wird [BODE93, 77]. Darüber hinaus können Spielsysteme durch folgende motivatorischen Eigenschaften charakterisiert werden [OSHE86, 81]:

- **Herausforderung:** Beinhaltet die Definition eines Ziels, das der Anwender erreichen kann,
- **Neugier:** Weckt das Interesse durch verschiedenartige Informationsangebote und
- **Phantasie:** Bewirkt die Aktivierung von gedanklichen Assoziationen.

Grundlage von Spielsystemen bildet ein Modell, auf dessen Basis ein reales oder fiktives Szenario abgebildet wird. Die Darstellung erfolgt in der Regel mittels anspruchsvoller Grafiken und Animationen, durch die eine Steigerung des Unterhaltungswertes angestrebt wird. Analog zu Simulationssystemen hat der Anwender die Möglichkeit, über die Veränderung von Modellparametern aktiv in den Verlauf des Spiels einzugreifen und eine vorteilhafte Situation herauszuspielen.

Zu den Varianten von Spielsystemen gehören sog. Planspiele, wie sie häufig in der betriebswirtschaftlichen Ausbildung eingesetzt werden. Der Anwender nimmt hierbei in der Regel eine bestimmte Rolle ein (z. B. Produktionsleiter) und versucht das System (z. B. Produktionsbereich eines Unternehmens) im Hinblick auf ein zu erreichendes Ziel zu beeinflussen. Dabei wird vorausgesetzt, daß der Anwender über bestimmte Fertigkeiten verfügt und diese auf die Problemstellung anwenden kann.

Spielsysteme und Planspiele greifen Gedanken konstruktivistischer Lerntheorien auf und betrachten Lernen als weitgehend eigenständige Konstruktion von Wissen. Im Mittelpunkt steht dabei der reale Situationsbezug sowie die selbstständige Erarbeitung von verschiedenen Sachzusammenhängen.

MARKSTRAT3 ist ein Planspiel des Herstellers StratX und wird zur Vermittlung strategischer Marketingkonzepte für den Konsumgüterbereich eingesetzt [COOK89]. Das seit 1984 an der Internationalen Business School INSEAD entwickelte System basiert auf dem Gedanken des problemorientierten Lernens und verbindet diesen mit kooperativen Lehr-/Lernansätzen.

Grundlage von MARKSTRAT3 bildet die Zusammenstellung unterschiedlicher Teams, die innerhalb einer simulierten Marktumgebung als konkurrierende Unternehmen auftreten. Ein Markt wird durch verschiedene Merkmale, wie z. B. die Anzahl der Unternehmen, die Struktur und das Verhalten der Nachfrager oder verschiedener finanzieller Größen (z. B. Inflationsrate etc.) charakterisiert und kann als vordefiniertes Szenario geladen oder selbst konstruiert werden. Die Aufgabe der einzelnen Teams besteht darin, Unternehmensentscheidungen zu treffen und deren Auswirkungen auf das eigene Unternehmen sowie den Markt zu analysieren. Das Spektrum der möglichen Entscheidungen eines Teams umfasst schwerpunktmäßig die Produktpolitik mit den Bereichen Produktentwicklung bzw. -modifikation, Preis-, Absatz- und Kommunikationspolitik sowie der Forschung und Entwicklung. Grundlage für die Entscheidungsfindung bilden zahlreiche Berichte und Newsletter, die Informationen über die aktuelle Unternehmens- und Marktsituation beinhalten. Zusätzlich können von den einzelnen Teams Marktstudien erworben werden, die kundenspezifische Informationen über die Wahrnehmung bestimmter Produkteigenschaften oder -faktoren und andere Einkaufsgewohnheiten beinhalten. Für die Darstellung dieser Informationen werden die dafür üblichen Marktforschungsanalyseverfahren, wie z. B. die Multidimensionale Skalierung (MDS) oder die Conjoint-Analyse eingesetzt.

MARKSTRAT3 ist ein periodenbasiertes Planspiel, bei dem die unterschiedlichen Teamentscheidungen nach der Beendigung einer Periode durch einen Betreuer zusammengeführt und simuliert werden. Die Konsequenzen der vorher getroffenen Entscheidungen können anschließend von den einzelnen Teams anhand der Unternehmens- und Marktberichte analysiert und bewertet werden. Obwohl die quantitativen Ergebnisse der Entscheidungen sichtbar werden, findet keine direkte Verknüpfung zwischen einzelnen Entscheidungen und deren Auswirkungen auf das Unternehmen oder den Markt statt, so daß die Interpretation den Teammitglieder oder einem Betreuer überlassen wird.

Als weitere Beispiel für Spielsysteme können das auf Initiative verschiedener Unternehmen entwickelte Verkehrssimulationsspiel MOBILITY [NN01b] oder die beiden Planspiele CABS (Computer Aided Business Simulation) [NN01c] sowie J EANSFABRIK [PREI94] genannt werden.

3.3.7 Kooperative Systeme

Wie die Bezeichnung bereits impliziert, werden unter dem Begriff der kooperativen Systeme in jüngster Vergangenheit Werkzeuge zusammengefaßt, die zur Unterstützung gruppenbasierter Lehr-/Lernprozesse eingesetzt werden. Diese auch häufig unter dem Ausdruck des Computer Supported Cooperative Learning (CSCL) bekannten Werkzeuge zielen in erster Linie darauf ab, Nachteile klassischer Lehr-/Lernsysteme, wie z. B. fehlende Motivation, durch den Einsatz unterschiedlicher Kooperationsformen zu vermindern [MCCO94, 12]. Aus theoretischer Perspektive können diese Systeme demnach den kooperativen Lehr-/Lernformen zugeordnet werden.

Die technologische Grundlage von kooperativen Systemen bildet in der Regel eine vernetzte Systemumgebung, in der geographisch verteilte Gruppenteilnehmer über unterschiedliche Technologien kommunizieren. In Anlehnung an die computerunterstützte Zusammenarbeit von Personen in Unternehmen (Computer Supported Cooperative Work - CSCW) werden im Rahmen von CSCL häufig verschiedene Werkzeuge zur Unterstützung von Lehr-/Lernaufgaben und -prozessen eingesetzt. Hierzu gehören beispielsweise eMail-, Chat-, Audio- und Videokonferenzsysteme oder gemeinsam genutzte Applikationen, wie z. B. das Whiteboard oder kooperative Textverarbeitungswerkzeuge [LEHN01, 1149-1151].

Kooperative Lehr-/Lernsysteme beinhalten neben gruppenbasierten Bestandteilen verschiedene Elemente der konstruktivistischen Lerntheorien. Im Mittelpunkt steht hierbei die starke Aktivierung der einzelnen Lernenden bei der Erarbeitung des Wissens sowie der hohe Grad an Selbstorganisation.

VITAL (**Vi**rtual **Tea**ching and **L**earning) ist eine vom Institut für Integrierte Publikations- und Informationssysteme (IPSI) der Fraunhofer-Gesellschaft entwickelte computerunterstützte Lernumgebung zur Umsetzung kooperativer Lehr-/Lernformen [NN01d]. Das System dient in erster Linie zur gemeinsamen Erstellung und Anpassung von Hypermediadokumenten und erlaubt die während des Erstellungsprozesses auftretenden Fragen und Probleme mit anderen Teilnehmern zu diskutieren.

Im Mittelpunkt von VITAL steht das Konzept der virtuellen Räume. Diese beschreiben logisch abgeschlossene Bereiche innerhalb der Lernumgebung, in denen sich mehrere Benutzer treffen und gemeinsam bestimmte Aufgaben durchführen können. Je nach Art des Raumes (Gruppenräume, Auditorien etc.) und Rolle des Teilnehmers (Lerner, Trainer etc.) können innerhalb der Räume verschiedene Aktivitäten, wie z. B. das Diskutieren oder Präsentieren von Lehrstoffen oder die kooperative Bearbeitung von Hypermediadokumenten durchgeführt werden. Dazu befinden sich innerhalb der jeweiligen Räume bestimmte Objekte, wie z. B. Texte, Grafiken oder Diagramme, die zu einzelnen Seiten kombiniert und mittels Verweisen verknüpft werden können.

Maßgeblich für die Kooperation innerhalb von VITAL sind unterschiedliche synchrone und asynchrone Kommunikationsverfahren, die einzelnen Gruppenmitgliedern in- und außerhalb der virtuellen Räume zur Verfügung stehen. Neben einem eMail-System und Diskussionsforen gehört hierzu das Versenden von Nachrichten an verschiedene Teilnehmer sowie ein textbasierter Chat. Über Audiokonferenzen, die einzelnen virtuellen Räumen zugeordnet werden können, lassen sich natürlichsprachliche Diskussionen durchführen.

Andere Beispiele für kooperative Systeme sind die im Rahmen des vom BMBF geförderten Leitprojekts „Lebenslanges Lernen" entwickelte Lernumgebung L^3 [NN01e] oder die auf dem VITAL-System aufbauende CROCODILE-Umgebung (**Cr**eative **O**pen **Co**operative **Di**strubuted **L**earning **E**nvironment) [NN01d].

3.4 Klassifikation computerunterstützter Lehr-/Lernsysteme

Das breite Spektrum computerunterstützter Lehr-/Lernsysteme hat zur Entwicklung zahlreicher Systematisierungsansätze geführt. Bei Betrachtung der unterschiedlichen Typologien lassen sich je nach Intention des Autors häufig nachfolgende Klassifikationsmerkmale identifizieren, unter denen wiederum verschiedene Ausprägungen zusammengefasst werden:

- **Technische Plattform:** Beinhaltet die Unterscheidung zwischen Online- und Offlinesystemen [KOLB96, 50],
- **Interaktionsform**: Unterscheidet zwischen reaktiver, interaktiver und proaktiver Interaktion [LUCA92, 7f.],
- **Interaktionsfreiheit**: Beschreibt den Grad der Eingriffsmöglichkeiten des Anwenders [SCHU96, 62] und
- **Systemflexibilität und Lernerinitiative:** Während die Systemflexibilität die angebotenen Aktionsmöglichkeiten beschreibt, beinhaltet die Lernerinitiative mit den Ausprägungen systemgesteuerter, lernergesteuerter und gemischt-initiativer Dialog die unterschiedlichen Interaktionsstile [BODE93, 64-66].

Im Unterschied zu diesen ein- und zweidimensionalen Kategorisierungen vereinen sog. Würfelmodelle insgesamt drei Klassifikationsmerkmale [BAUM94, 95]. Ein wesentliches Ziel dieser Ansätze besteht in der Überwindung rein hierarchischer Merkmalsstrukturen bei gleichrangiger Berücksichtigung von drei Klassifikationsmerkmalen.

Ausgehend von einem dreidimensionalen Würfelmodell differenziert HAMMOND zwischen den folgenden Merkmalen [HAMM93, 64f.]:

- **Control:** Beinhaltet mit den Ausprägungen „Learner" und „Teacher/Systems" den Grad der Lernerkontrolle,
- **Engagement:** Umfasst die Ausprägungsmerkmale „acitve" und „passive" und bezeichnet den Grad der Aktivierung eines Lernenden und
- **Syntesis:** Beschreibt die Produktionsart des Lernmaterials und enthält die Ausprägungen „Presentation" und „Creation".

Das Schema von HAMMOND liefert eine gute Ausgangsbasis zur Einordnung computerunterstützter Lehr-/Lernsysteme. Ansatzpunkt einer kritischen Würdigung der Systematik ist insbesondere die grobe Untergliederung der einzelnen Merkmalsdimensionen, die nur eine unscharfe Abgrenzung verschiedener Systeme erlaubt. Enger am Lehr-/Lernkontext orientiert knüpft der Vorschlag von BAUMGARTNER und PAYR an. Unter Zugrundelegung der Dimensionen Lernziele, Lerninhalte und Lehrstrategien wird zwischen den in Abbildung 3-6 dargestellten Merkmalsausprägungen unterschieden. Im Vordergrund stehen hierbei didaktische Prinzipien der Unterrichtsgestaltung, die zur Systematisierung computerunterstützter Lehr-/Lernsysteme herangezogen werden.

Im Gegensatz zu dem von HAMMOND entwickelten Klassifikationsschema erlaubt das Modell von BAUMGARTNER und PAYR eine detailierte Einordnung computerunterstützter Lehr-/Lernsysteme. Gleichzeitig führt jedoch die starke Fokussierung auf didaktisch-orientierte Klassifikationsmerkmale zur Vernachlässigung technischer Systemeigenschaften. Die Anforderungen an ein zukünftiges computerunterstütztes Lehr-/Lernsystem können durch dieses Modell daher nur unvollständig wiedergegeben werden.

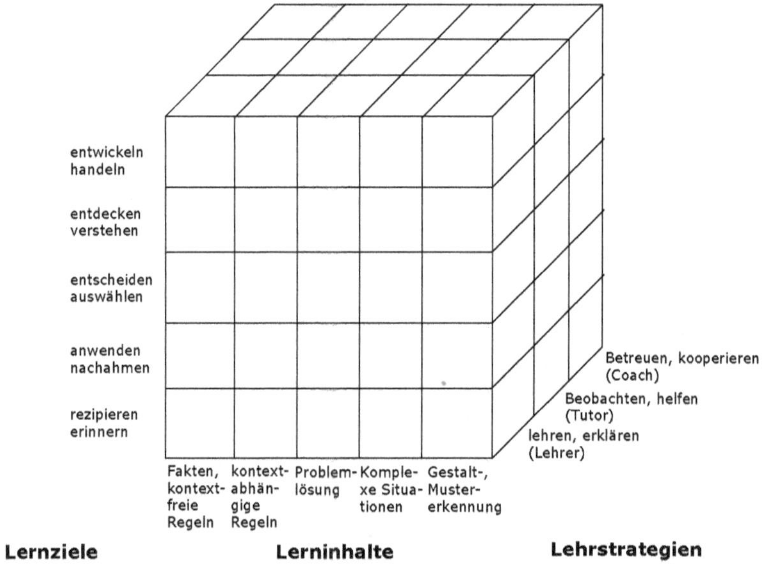

Abbildung 3-6: Heuristisches Klassifikationsmodell [BAUM94, 142]

Im Rahmen der vorliegenden Arbeit wird aufbauend auf den dargestellten Klassifikationsansätzen ein zweidimensionales Modell entwickelt, um das Spektrum funktionaler Anforderungen an ein computerunterstütztes Lehr-/Lernsystem zu erfassen. In Anlehnung an BODENDORF und LUCAS werden die Steuerung des Lernprozesses und die Interaktionsform als Klassifikationsdimensionen zugrundegelegt.

Die Steuerung des Lernprozesses, die bei BODENDORF als Lernerinitiative bezeichnet wird [BODE93, 64], beinhaltet die Ausprägungen systemgesteuerter, lernergesteuerter und gemischt-initiativer Dialog. Letzterer Ausdruck wird in der vorliegenden Arbeit mit dem Begriff adaptiv bezeichnet, so daß sich folgende Merkmalsausprägungen differenzieren lassen:

- **Systemgesteuert:** Der Lernprozess ist durch vorgegebene Dialogschritte gekennzeichnet, so daß der Lerner eine passive Rolle übernimmt und lediglich auf Informationen des Systems reagiert,
- **Lernergesteuert:** Im Gegensatz zum systemgesteuerten Dialog agiert der Lernende beim lernergesteuerten Dialog, während das System lediglich auf die Aktionen des Lernende reagiert und
- **Adaptiv:** Das Lernsystem passt sich an die Aktionen des Lernenden an, so daß sowohl der Lernende als auch das System aktive und passive Rollen übernehmen können.

Enger an den Lerntheorien und den damit verbundenen Aktivitäten des Lerners knüpft die Interaktionsform als zweite Dimension an. Zur Kennzeichnung der unterschiedlichen Formen nennt LUCAS folgende Ausprägungen [LUCA92, 7f.]:

- **Reaktiv:** Wird im Sinne der Instruktionstheorie als das Reagieren auf bestimmte Lernanweisungen verstanden,
- **Proaktiv:** Beschreibt aus Sicht des Konstruktivismus den Lerner als Entscheidungsträger, der aktiv an der Lösung von Problemstellungen beteiligt ist und
- **Interaktiv:** Der Lerner agiert auf Basis von wechselseitigen Dialogen, wie sie beispielsweise dem sokratischen Dialog zugrundeliegen.

Die Zusammenführung der beiden Merkmalsdimensionen führt zur Bildung einer zweidimensionalen Matrix, in der die in Abschnitt 3.3 dargestellten computerunterstützten Lehr-/Lernsysteme entsprechend ihrer Ausprägung eingeordnet werden können (s. Abbildung 3-7). Bei näherer Betrachtung der Systeme wird deutlich, daß nicht alle computerunterstützten Lehr-/Lernsysteme einem einzelnen Systemtyp zugeordnet werden können. Vielmehr finden sich in einzelnen Fällen auch Beispiele, bei denen einzelne Systemeigenschaften für eine Mehrfachzuordnung sprechen. Dies gilt beispielsweise für Simulationssysteme, bei denen eine dem Vorwissen eines Lernenden angepasste Darbietung von Parametern erfolgt. Unter diesen Voraussetzungen können Simulationssysteme auch zu den adaptiven Systemen gezählt werden.

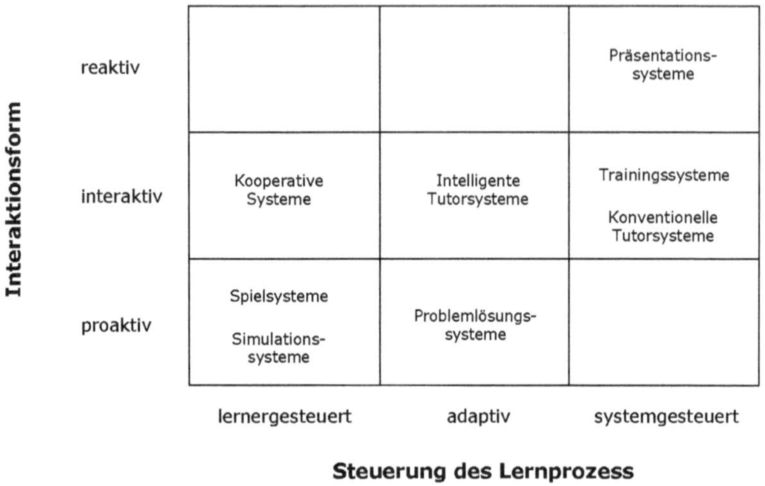

Abbildung 3-7: Klassifikation von computerunterstützten Lehr-/Lernsystemen

Um die Dinge ganz zu kennen,
muß man um ihre Einzelheiten wissen.
François de la Rochefaucauld
Reflexionen

4 Adaptive hypermediale Lehr-/Lernsysteme

Die im vorangegangenen Kapitel vorgestellten Konzepte zur Umsetzung computerunterstützter Lehr-/Lernsysteme stellen einen groben Gestaltungsrahmen dar. Voraussetzung für die Konzeption und Entwicklung einer problemlösungsorientierten Interaktionskomponente als Grundlage für ein adaptives hypermediales Lehr-/Lernsystem ist die nähere Beschreibung der relevanten Komponenten eines solchen Systems. Zu unterscheiden sind hierbei Bestandteile zur Strukturierung und Präsentation von hypermedialen Lehr-/Lerninhalten sowie Komponenten zur Gestaltung des Dialogs zwischen Computer und Anwender.

Unter Berücksichtigung der zentralen Eigenschaften von hypermedialen Lehr-/Lernsystemen liegt der Schwerpunkt der nachfolgenden Darstellung auf Verfahren und Techniken der Interaktions- und Adaptionsgestaltung. Diese bestimmen in zunehmendem Maße die Eignung solcher Systeme für die aktive Vermittlung von Lehr-/Lerninhalten und stellen damit ein zentrales Qualitätskriterium bei der Gestaltung einer problemlösungsorientierten Interaktionskomponente dar.

4.1 Begriffsklärung

Die Beschreibung hypermedialer Lehr-/Lernsysteme ist in der Literatur durch unterschiedliche Interpretationen und Begriffsauslegungen geprägt. Um Mehrfachauslegungen und Mißverständnissen vorzubeugen, ist es vor der Erläuterung der einzelnen Systembestandteile zunächst erforderlich, die spezifische Bedeutung der Begriffe Multimedia, Hypertext und Hypermedia klarzulegen und deren Zusammenhang darzustellen.

4.1.1 Multimedia

Der Begriff Multimedia leitet sich aus dem Lateinischen ab (aus multi „viel, vielfach" und medium „Mitte, Mittler") und bedeutet sinngemäß „viele Medien". Aus Sicht der elektronischen Datenverarbeitung beschreibt der Ausdruck zunächst die Integration unterschiedlicher digitaler Daten (Text, Grafik, Video, Animation und Ton) in einem Computer [FELD95, 19; GLOW95, 418; HORN94, 2]. STEINMETZ spezifiziert diese allgemeine Definition, indem er Medien anhand ihrer zeitlichen Ausdehnung differenziert. Multimedia ist demzufolge die Kombination von mindestens einem diskreten und einem kontinuierlichen Medium [STEIN99, 12].

In der Psychologie steht der Ausdruck Multimedia für den Prozess der Informationsaufnahme über mehrere Sinneskanäle, der auch unter dem Begriff der Multimodalität zusammengefaßt wird [KLIM95, 7]. Darauf aufbauend sind primär die Verarbeitung und die mentale Repräsentation der wahrgenommenen Informationen sowie die Ableitung verschiedener theoretischer und empirischer Modelle Gegenstand kognitionspsychologischer Untersuchungen [WEID95, 69-73].

SCHULMEISTER nennt als zentrale Merkmale von Multimedia die multiple Repräsentation und den Informationszugang. Demnach handelt es sich bei Multimedia um eine „interaktive Form des Umgangs mit symbolischem Wissen in einer computergestützten Interaktion" [SCHU96, 18]. Im Vordergrund steht hierbei die aktive Handlung des Lernenden sowie die Interpretation der dargestellten Sachzusammenhänge (s. Abschnitt 3.1.1).

In Anlehnung an BULLINGER [BULL92, 6f.] charakterisiert POHL den Ausdruck Multimedia anhand der drei Merkmale Medienvielfalt, Integration und Interaktion [POHL97a, 259f.]:

- **Medienvielfalt:** Beinhaltet die Kombination mehrere unterschiedlicher Darstellungsformen,
- **Integration:** Bezieht sich sowohl auf die gleichzeitige Darstellung unterschiedlicher Medien auf dem Bildschirm als auch auf die Integration innerhalb eines Computersystems (Speicherung, Verwaltung etc.) und
- **Interaktion:** Beschreibt die individuelle und selektive Informationsauswahl und -steuerung.

Unter Berücksichtigung der unterschiedlichen Teilaspekte wird der Multimediabegriff im Rahmen der vorliegenden Arbeit in Anlehnung an die von POHL genannten Merkmale definiert. Der Aspekt der Medienvielfalt wird dabei um eine psychologische Sichtweise ergänzt. Demnach besteht das Ziel der Medienvielfalt in der Informationsaufnahme über unterschiedliche Sinneskanäle und der darauf aufbauenden kognitiven Verarbeitung und Speicherung der Informationen. Der Begriff Interaktion beinhaltet dagegen nicht nur die technisch geprägte Informationsauswahl und -steuerung, sondern auch den damit verbundenen zielgerichteten Handlungsaspekt sowie die Interpretation der Informationen (s. Abschnitt 3.1.1).

4.1.2 Hypertext und Hypermedia

Auch für den Hypertext- und den damit verbundenen Hypermediabegriff haben sich infolge der heterogenen Verwendung keine einheitlichen Definitionen durchgesetzt. Im Vordergrund der in der Literatur vorhandenen Definitionsansätze für den Begriff Hypertext steht der Aspekt der Nichtlinearität. Im Gegensatz zu linearen Texten basiert ein Hypertext demnach auf einzelnen Textknoten, die über Verweise zu einer nicht-linearen Struktur verknüpft werden [SIEB94, 35]. KUHLEN dagegen betrachtet neben Textknoten auch graphische und audiovisuelle Knoten als zentrale Bestandteile von Hypertext und erweitert das Konzept dadurch um multimediale Elemente [KUHL91, 13].

Allinson und Hammond heben neben der Nichtlinearität den Aspekt der Interaktion zwischen Anwender und Hypertext-System hervor. Hypertext erlaubt demzufolge die anwendergesteuerte Navigation innerhalb nichtlinearer Wissensstrukturen und unterscheidet sich somit von der rein systemgesteuerten Informationspräsentation [ALLI90, 141].

Ferner wird von Nelson hervorgehoben, daß eine sinnvolle Nutzung von Hypertext ohne die Unterstützung von Computersystemen nicht möglich ist [NELS67, 195]. Analog zum Integrationsaspekt bei der Definition des Ausdrucks Multimedia kann somit die computerunterstützte Speicherung und Verwaltung von Textknoten und Verweisen als zentrale Eigenschaft von Hypertext betrachtet werden.

Im Gegensatz zu Kuhlen wird aufbauend auf den Merkmalen von Hypertext der Ausdruck Hypermedia häufig als Hypertext mit multimedialen Bestandteilen beschrieben [HAAN92, 38; MAYE92, 3; STRE90, 14; YANK88, 81]. Während Hypertext auf untereinander verknüpften Textknoten basiert, können hypermediale Systeme neben Text- auch Video-, Animations- und Grafikknoten beinhalten, die über Verweise miteinander verbunden sind. Eine weitere Spezifizierung dieser Sichtweise enthält die Definition von Steinmetz, der Hypermedia als nicht-lineare Verkettung von mindestens einem kontinuierlichen und einem diskreten Medium versteht [STEI99, 702].

Weitere Definitionen beinhalten zusätzliche Aspekte, wie beispielsweise die Generierung von unterschiedlichen Lernpfaden oder den Mehrbenutzerzugriff auf Hypermedia-Systeme [JONA89, 7-20], tragen aber nicht wesentlich zur Konkretisierung des Hypertext- bzw. -mediabegriffs bei.

Unter Berücksichtigung der relevanten Teilaspekte wird der Hypertextbegriff in der vorliegende Arbeit als nicht-lineares und textbasiertes Medium zur anwendergesteuerten Navigation innerhalb einer computerunterstützten Umgebung definiert. Hypermedia dagegen erweitert das Hypertextkonzept um multimediale Elemente und beinhaltet neben Textbestandteilen auch Grafik-, Audio-, Video- und Animationsknoten, die über eine nicht-lineare Struktur verknüpft werden.

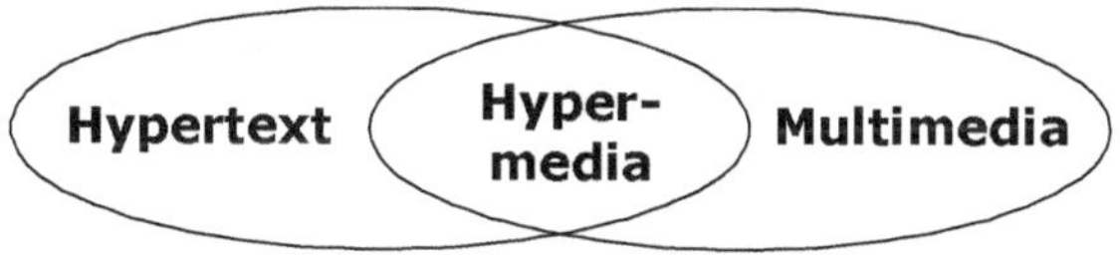

Abbildung 4-1: Zusammenhang zwischen Hypertext, Hypermedia und Multimedia [STEI99, 702]

Neben der Begriffsdefinition werden häufig auch die Zusammenhänge zwischen den Termini Hypertext, Hypermedia und Multimedia unterschiedlich dargestellt. WOODHEAD betrachtet Hypertext als eine Untermenge von Hypermedia und sieht Hypermedia wiederum als Subset von Multimedia [WOOD91, 2-4]. Da nach dieser Beschreibung kein Hypertext existiert, der nicht gleichzeitig multimediale Bestandteile enthält, wird im Rahmen der vorliegenden Arbeit die Abgrenzung von STEINMETZ aufgegriffen, der Hypermedia als Schnittmenge von Hypertext und Multimedia beschreibt (s. Abbildung 4-1).

4.2 Bestandteile von Hypermedia

Der Entwurf und die Implementierung des Hypermedia-Konzepts basiert auf verschiedenen Bestandteilen, die als konstitutive Merkmale den Aufbau von Hypermedia-Systemen bestimmen. Eine wichtige Rolle in bezug auf die Modularisierung von Informationen fällt dabei den unterschiedlichen Knoten zu, die als zentrale Einheiten die Basis von Hypermedia-Systemen bilden. Die Verknüpfung dieser Informationseinheiten basiert dagegen auf sog. Verweisen, die assoziative Verbindungen zwischen den einzelnen Knoten abbilden und dadurch den nicht-linearen Charakter definieren.

4.2.1 Knoten

In Anlehnung an die Graphentheorie werden Text- und andere Datenelemente innerhalb von Hypermedia-Systemen als Knoten bezeichnet [SCHN92, 34]. Voraussetzung für die systematische Anwendung entsprechender Gestaltungsmaßnahmen ist die Typisierung möglicher Knoten innerhalb eines Hypermedia-Systems. Ausgehend von der Form der Codierung werden häufig folgende Knotentypen differenziert, die sowohl diskrete als auch kontinuierliche Elemente beinhalten [STRE90, 14]:

- Text,
- Grafik,
- Audio,
- Animation und
- Video.

Aus der Zielsetzung, einen möglichst hohen Grad an Wiederverwendung einzelner Knoten in unterschiedlichen Zusammenhängen zu erreichen, ergibt sich die Frage nach der Größe bzw. Granularität der Knoten. Maßgeblich für die Wahl einer geeigneten Knotengröße sind dabei sowohl technische Restriktionen, wie z. B. die Dateigröße oder die Bildschirmdiagonale zur Darstellung der Knoten, als auch psychologische und didaktische Aspekte. Letztere treten insbesondere dann in den Vordergrund, wenn es um den Entwurf von inhaltlich abgeschlossenen Informationseinheiten geht, die als eigenständige Knoten in unterschiedlichen Sachzusammenhängen dargestellt werden sollen.

Als Beispiel für den Einsatz sog. atomarer Knotentypen sei an dieser Stelle das hypermediale Lehr-/Lernsystem APHRODITE genannt, bei dem Knoten als Text-, Grafik-, Audio-, Animations- oder Videoatom gespeichert und verwaltet werden und dadurch in unterschiedliche Zusammenhänge einbindbar sind [MERT99a, 202]. Dagegen basieren andere Hypermedia-Systeme auf karteikartenähnlichen Knoten, die mehrere atomare Knotentypen zu einer festen Einheit verbinden (z. B. [NN01f]).

4.2.2 Verweise

Unter Verwendung der verschiedenen Knoten innerhalb eines Hypermedia-Systems stellen Verweise, die häufig auch als Links bezeichnet werden, Verbindungen zwischen zwei oder mehreren Knoten dar [SCHN92, 34]. Als zentrale Elemente von hypermedialen Systemen definieren Verweise somit die Gesamtstruktur und bestimmen dadurch die möglichen Navigationspfade für einen Endanwender.

Grundlage für die Erstellung von Verweisen bilden Beziehungen zwischen einem Quell- und einem oder mehreren Zielknoten [SCHN92, 34]. Je nach Art der Beziehung kann es sich dabei um referenzielle oder semantische Verknüpfungen handeln [KUHL91, 21]. Während referenzielle Verknüpfungen zwischen Knoten in erster Linie auf syntaktischen bzw. assoziativen Kriterien beruhen, bilden semantische Verkettungen zusätzlich inhaltliche Beziehungsaspekte ab. Letztere werden häufig auch als typisierte Verweise bezeichnet und liegen beispielsweise dem Konzept der sog. Topic Maps zur Repräsentation von Wissensstrukturen zugrunde [WIDH02, 11-13].

Ein weiteres Differenzierungskriterium von Verweisen bildet das Beziehungsverhältnis zwischen den an einer Verknüpfung beteiligten Knoten. KUHLEN unterscheidet hierbei insgesamt vier Formen [KUHL91, 112f.]:

- **1:1-Beziehungen:** Ein Quellknoten hat genau einen Zielknoten und umgekehrt,
- **1:m-Beziehungen:** Ein Quellknoten kann zu mehreren Zielknoten führen,
- **n:1-Beziehungen:** Ein Quellknoten hat genau einen Zielknoten; ein Zielknoten kann aber von mehreren Quellknoten erreicht werden und
- **n:m-Beziehungen:** Zu einem Knoten können mehrere Verweise hin- und wegführen.

Eng verbunden mit dem Beziehungsverhältnis ist die Richtung, in die ein Verweis zeigen kann. Ausgehend von einem Quellknoten bedeutet der Ausdruck unidirektional, daß ein Verweis nur zu einem Zielknoten führen kann, nicht aber in die umgekehrte Richtung. Ein Beispiel für diese Form von Verweisen sind Hyperlinks innerhalb der Dokumentenauszeichnungssprache HTML (s. Abschnitt 4.3.3). Im Gegensatz dazu erlauben bidirektionale Verweise die Navigation in beide Richtungen, d. h. vom Quell- zum Zielknoten sowie vom Ziel- zum Quellknoten. Ein Beispiel für die Anwendung bidirektionaler Verweise ist in der vom W3C konzipierten Sprache XLink zu finden [NN01g].

4.3 Dokumentenauszeichnungssprachen

Aufbauend auf den zentralen Konzepten von Hypermedia werden häufig sog. Dokumentenauszeichnungssprachen zur Beschreibung inhaltlicher und struktureller Bestandteile von hypermedialen Lerninhalten eingesetzt. Der Dokumentenbegriff wird dabei nicht in seiner ursprünglichen Bedeutung als „in Papierform vorliegenden Informationen" [BERN94, 20] verstanden, sondern umfaßt nach RIEGER sämtliche aufgezeichneten Informationen, die sowohl in statischer als auch dynamischer Form vorliegen und mittels eines Computers gespeichert und verwaltet werden [RIEG95, 13].

Grundlage der folgenden Charakterisierung von Dokumentenauszeichnungssprachen und deren Bedeutung für die Markierung hypermedialer Lerninhalte ist die Betrachtung der einzelnen Bestandteile von Dokumenten. RIEGER differenziert insgesamt drei zentrale Elemente, die zusammen den Inhalt und die Darstellung eines Dokuments bestimmen (s. Abbildung 4-2).

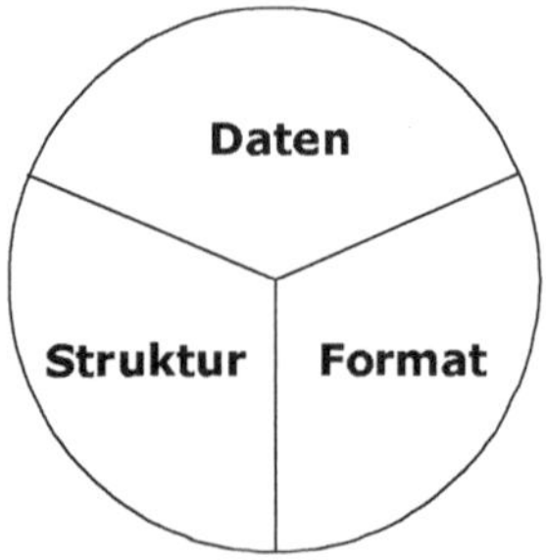

Abbildung 4-2: Dokumentenbestandteile in Anlehnung an RIEGER [RIEG95, 13]

Daten stellen nach RIEGER den Informationsgehalt von Dokumenten dar [RIEG95, 13]. Aus Sicht der klassischen Datenverarbeitung repräsentieren Daten zunächst Zeichenfolgen, die zum Zweck der maschinellen Verarbeitung zusammengefaßt werden. Je nach Art der Daten lassen sich hierbei unterschiedliche Klassifizierungsansätze differenzieren. THOME gruppiert Daten anhand der Zeichenart in numerische, alphabetische und alphanumerische Daten [THOM90, D 1.1, 2]. Eine andere Definition stellt die Erscheinungsform in den Vordergrund und differenziert sprachliche, bildliche und schriftliche Daten [MERT95, 54]. Unter Berücksichtigung der von RIEGER vorgenommenen Erweiterung des klassischen Dokumentenbegriffs wird in der vorliegenden Arbeit die Klassifikation nach der Erscheinungsform aufgegriffen und den weiteren Ausführungen zugrundegelegt.

In der Betriebswirtschaftslehre findet zur Differenzierung von Daten und Informationen häufig der Begriff der Zweckbindung Verwendung [WITT80, 894]. Demzufolge erlangen Daten, die im Kontext einer Entscheidungssituation gestellt werden, Informationscharakter. Dokumente beinhalten somit für den Betrachter Informationen, wenn die darin enthaltenen Daten auf einen konkreten Problemzusammenhang bezogen werden.

Der Begriff Struktur bezeichnet im allgemeinen Sprachgebrauch die Anordnung der Teile eines Ganzen zueinander [NN96b, 282]. Übertragen auf ein Dokument werden darunter die Beziehungen der einzelnen Dokumentenelemente untereinander verstanden [RIEG95, 13]. Beziehungsgefüge innerhalb eines Rechnungsdokuments könnten beispielsweise in der Form definiert werden, daß eine Rechnungsposition jeweils nur einen Artikel beinhalten darf, eine Rechnung selber aber mehrere Rechnungspositionen enthält.

Die Struktur eines Dokuments weist enge Affinitäten zu dem Klassen-/Objektkonzept der objektorientierten Programmierung (z. B. [BOOC94]) auf. Während z. B. das Datenelement Rechnungsposition sowie dessen Beziehungen zu anderen Dokumentenelementen zunächst eine abstrakte Struktur (Dokumententyp) darstellt, repräsentieren Rechnungsdokumente konkrete Ausprägungen dieser Struktur. Hieraus resultiert eine hohe Flexibilität im Hinblick auf die Nutzung von Dokumententypen zur Erstellung gleichartig strukturierter Dokumente.

Die Darstellung einer Dokumentenstruktur erfolgt formal betrachtet in Anlehnung an die Graphentheorie häufig als geordneter Baum [ROTH01, 98]. Den Ausgangspunkt bildet dabei der sog. Wurzelknoten, der per Definition keinen Vorgängerknoten besitzt. Knoten, die unterhalb des Wurzelknotens liegen, können entweder andere Knoten oder als sog. Blätter die Daten des Dokuments beinhalten. Die Anordnung der Knoten folgt dabei einer streng hierarchischen Struktur, d. h. alle Knoten außer dem Wurzelknoten besitzen genau einen Vorgängerknoten.

Die Forderung nach einer nicht-hierarchischen Strukturierung von Dokumentenbestandteilen zur flexiblen Navigation wird in der Regel über Verweise realisiert (s. Abschnitt 4.2.2). Verweise bilden unabhängig von der zugrundeliegenden Baumstruktur Beziehungen zwischen Dokumentenelementen ab und erlauben dadurch eine weitere Strukturierung von Dokumenten.

Das Format bildet neben den Daten und der Struktur den dritten Bestandteil eines Dokumentes. Im Rahmen der Formatierung von Dokumenten werden sämtliche sinnlich wahrnehmbaren Eigenschaften festgelegt [RIEG95, 13]. Typischerweise handelt es sich hierbei um typographische Gestaltungseigenschaften, wie z. B. Schriftart, -größe oder Seitenposition, die zur Kennzeichnung der unterschiedlichen Dokumentenbestandteile genutzt werden.

4.3.1 SGML

Die Standard Generalized Markup Language (SGML) basiert auf der von GOLDFARB, MOSHER und LORIE 1969 entwickelten General Markup Language (GML) und wurde 1986 als ISO-Standard 8879 verabschiedet [GENN99, 29]. Zentrale Zielsetzung von SGML ist die Definition syntaktischer Regeln zur Entwicklung von Dokumentenauszeichnungssprachen. Aufgrund des semantikfreien Aufbaus eignet sich SGML zu Beschreibung inhaltlich und strukturell unterschiedlicher Dokumentenarten. Zu den bekanntesten Anwendungen, die auf Basis von SGML entwickelt wurden, gehören die Hypertext Markup Language (s. Abschnitt 4.3.3), die Text Encoding Initiative (TEI) und der HyTime-Standard [LOBI00, 187-193].

Die Grundlage von SGML bildet die logischen Trennung von Dokumentendaten und -struktur sowie deren formatierter Darstellung auf unterschiedlichen Medien. Während die Auszeichnung der Dokumentendaten und -struktur auf Basis einer sog. Dokumententyp-Definition (DTD) erfolgt, wird die formatierte Darstellung über die Document Style Semantics and Specification Language (DSSSL) realisiert, die seit 1996 ebenfalls als ISO-Standard 10179 vorliegt [NN02b].

Für diese Arbeit ist eine detaillierte Betrachtung der zugrundeliegenden Syntax von SGML nicht weiter von Bedeutung, zumal ein enger Zusammenhang zu der im folgenden Abschnitt beschriebenen Extensible Markup Language besteht. Für eine ausführliche Darstellung der einzelnen Bestandteile von SGML wird an dieser Stelle auf die Spezifikation des Standards verwiesen [NN02c].

4.3.2 XML

Auf Grundlage von SGML wurde die Extensible Markup Language (XML) entwickelt und 1998 durch das WORLD WIDE WEB CONSORTIUM (W3C) als Empfehlung verabschiedet [NN00c]. Im Unterschied zu SGML handelt es sich bei XML um eine funktional reduzierte Teilmenge von SGML. Deutlich wird dies insbesonders durch den verminderten syntaktischen Sprachumfang von XML, der eine Verringerung der Komplexität bewirkt und zu einfacheren und schnelleren Verarbeitung von XML-basierten Dokumenten beiträgt [LOBI00, 69].

Analog zu SGML basiert XML auf der logischen Trennung von Dokumentendaten und -struktur einerseits sowie deren formatierter Darstellung. Ein XML-Dokument wird demnach auf Basis von Markupelementen und einem Dokumententyp ausgezeichnet und kann über die Extensible Stylesheet Language (XSL) in verschiedene Darstellungsformen transformiert werden.

4.3.2.1 XML-Markup

In Anlehnung an SGML bildet die Generalisierung mehrerer gleichartiger Dokumente zu einem abstrakten Dokumententyp den Ausgangspunkt bei der Beschreibung semantischer Auszeichnungssprachen mittels XML [RIEG95, 53f.]. Die innerhalb der Dokumententyp-Definiton beschriebenen Markup-Elemente (tags) dienen als Basis für die Auszeichnung gleichartiger Dokumente und werden direkt in das Originaldokument eingefügt (s. Tabelle 4-1). Ein Markup-Element ist dabei jeweils durch ein Start- und ein Endtag gekennzeichnet und kann neben den eigentlichen Daten weitere Elemente oder zusätzliche Informationen in Form von Attributen beinhalten.

Tabelle 4-1: XML-Dokument

```
<buch>
<autor>Johann Wolfgang von Goethe</autor>
<titel>Italienische Reise</titel>
<kapitel nr="1"><ueberschrift>Karlsbad bis auf den Brenner</ueberschrift>
<abschnitt>Den dritten September früh drei Uhr stahl ich mich aus ...</abschnitt>
<abschnitt>...</abschnitt>
</kapitel>
</buch>
```

Zur Verdeutlichung des Auszeichnungsergebnisses ist in Tabelle 4-1 beispielhaft ein Ausschnitt aus einem XML-Dokument dargestellt. Um die unterschiedlichen Dokumentenbestandteile gemäß ihrer inhaltlichen Bedeutung zu spezifizieren, werden diese in entsprechende Markup-Elemente eingeschlossen. Dabei beschreibt beispielsweise das Element <buch> lediglich den strukturellen Aufbau des dargestellten Dokuments, während das <autor>-tag konkrete Dokumentendaten beinhaltet und diese als Buchautor kennzeichnet.

4.3.2.2 DTD

Die Definition der Markup-Elemente zur Auszeichnung der Dokumentenbestandteile sowie deren Beziehungen zueinander erfolgt innerhalb der Dokumententyp-Definition (DTD). Markup-Elemente werden in XML als abstrakte Einheiten abgebildet, die hinsichtlich ihres Inhalts in folgende Typen klassifiziert werden können [LOBI00, 9]:

- **Daten-Elemente:** Elemente, die konkrete Daten enthalten und
- **Container-Elemente:** Elemente, die andere Daten- oder Container-Elemente beinhalten können.

Die strukturellen Beziehungen der verschiedenen Elemente untereinander werden durch das sog. Inhaltsmodell festgelegt, das neben der Reihenfolge und Verschachtelung die Auftretungshäufigkeit der Markup-Elemente bestimmt. Zur Markierung dieser Informationen beinhaltet XML verschiedene Operatoren und Konnektoren, die zusätzlich zu den Elementen angefügt werden (s. Tabelle 4-2).

Neben den Daten- und Container-Elementen können innerhalb von Markup-Elementen auch Informationen in Form von Attributen eingefügt werden. Da diese Attribute den Inhalt der Elemente weiter spezifizieren, steht häufig die selektive Verarbeitung bestimmter Elementmengen im Vordergrund [LOBI00, 20]. Die Definition von Attributen erfolgt analog zur Elementdefinition innerhalb der DTD (s. Tabelle 4-3).

Tabelle 4-2: XML-Operatoren und -Konnektoren

Operatoren		Konnektoren	
a	Element a muss genau einmal auftreten.	a, b	Element b folgt Element a.
a?	Element a kann einmal auftreten (optional).	a | b	Element a oder Element b.
a+	Element a muss mindestens einmal auftreten.	a & b	Element a folgt auf Element b oder umgekehrt.
a*	Element a kann null, einmal oder beliebig of auftreten.		

Wie aus der in Tabelle 4-3 dargestellten DTD ersichtlich, wird das in Tabelle 4-1 abgebildete Dokument durch einen abstrakten Dokumenttyp beschrieben. Zentraler Bestandteil des vorliegenden Beispiels ist das <buch>-Element, das als Container-Element die Daten-Elemente <autor> und <titel> sowie das Container-Element <kapitel> beinhalten kann. Die Markup-Elemente <autor> und <titel> enthalten ihrerseits ausschließlich Text (Parsed Character Data – PCDATA). Ein Kapitel dagegen beinhaltet wiederum genau eine Überschrift und mindestens einen oder mehrere Abschnitte. Darüber hinaus muß über das Attribut ‚nr' die Kapitelnummer zu jedem Kapitel angegeben werden.

Tabelle 4-3: XML-DTD

```
<!ELEMENT     buch           (autor+, titel, kapitel+)>
<!ELEMENT     autor          (#PCDATA)>
<!ELEMENT     titel          (#PCDATA)>
<!ELEMENT     kapitel        (ueberschrift, abschnitt+)>
<!ATTLIST     kapitel nr     CDATA #REQUIRED>
<!ELEMENT     ueberschrift   (#PCDATA)>
<!ELEMENT     abschnitt      (#PCDATA)>
```

Augrund der Schwierigkeiten, die mit der Verarbeitung von nicht XML-Syntaxkonformen DTD´s verbunden sind, wurde vom W3C Anfang 1999 das Schema-Konzept entwickelt [NN02d]. Dieses verbessert in wesentlichen Punkten die semantische Ausdruckskraft von Dokumententypen durch ein erweitertes Datentyp-Konzept und nutzt darüber hinaus die XML-Syntax zur Abbildung der Dokumententypbeschreibung. Auf lange Sicht sollen dadurch die Nachteile des DTD-Konzept überwunden werden.

4.3.2.3 XSL

Als Konsequenz aus der logischen Trennung von Dokumenteninhalt und -formatierung wurde die Extensible Stylesheet Language (XSL) als Empfehlung von W3C verabschiedet [NN01h]. In Anlehnung an die in SGML verwendete DSSSL beinhaltet XSL zentrale Sprachkonstrukte für die Transformation und Formatierung von XML-Dokumenten. Auf Grundlage der zuvor dargestellten Konzepte lassen sich damit unterschiedliche Ausgabeformate, wie z. B. das Portable Document Format (PDF) oder das Rich Text Format (RTF) erstellen und mittels geeigneter Darstellungswerkzeuge präsentieren.

4.3.2.3.1 XSLT

Der als XSL Transformation (XSLT) bezeichnete Sprachumfang von XSL beinhaltet verschiedene Anweisungen und Funktionen, mit denen Elemente eines XML-Dokuments in einen anderen Dokumententyp transformiert werden können [NN99]. Den Ausgangspunkt bildet dabei die Repräsentation eines XML-Dokuments als hierarchisch-strukturierter Baum [LOBI00, 12-14]. Auf dieser Basis können einzelne Elemente eines XML-Dokuments selektiert und mittels entsprechender Anweisungen in ein Zieldokument überführt werden.

Die Grundlage für den Transformationsprozeß bilden formale Regeln, in denen verschiedene Umwandlungsschritte definiert werden. Mit der Möglichkeit, einzelne Regeln innerhalb einer separaten Datei zu komplexen Stylesheets zusammenzufassen, können ohne Veränderung der Ursprungsdokumente unterschiedliche XSLT-Dateien für einen Dokumententyp erzeugt werden. Die Abarbeitung der Transformationsregeln erfolgt durch Zuordnung eines XML-Dokuments zu einer entsprechenden XSLT-Datei über einen sog. XSLT-Prozessor.

Tabelle 4-4: XSLT-Regel

```
<xsl:template match="buch">
<html>
  <head>
    <title>Buch</title>
  </head>
  <body>
    <p><xsl:value-of select="autor" /></p>
    <p><xsl:value-of select="titel" /></p>
  </body>
</html>
</xsl:template>
```

Zur Verdeutlichung der Transformationstechnik von XSLT ist in Tabelle 4-4 beispielhaft eine Template-Regel zur Umwandlung der XML-Elemente <autor> und <titel> in ein HTML-Dokument dargestellt (s. Abschnitt 4.3.3). Die Auswahl der Regel erfolgt über den Regelnamen durch einem XSLT-Prozessor. Innerhalb der Regel werden die notwendigen HTML-Elemente sowie die Daten aus dem Quelldokument eingebunden. Anstelle der ‚value-of'-Anweisung erfolgt innerhalb des Zieldokuments die Anzeige der entsprechenden Dateninhalte der Ursprungselemente.

4.3.2.3.2 XSL-FO

Während mittels XSLT bereits die Möglichkeit besteht, XML-Dokumente in darstellungsorientierte Auszeichnungssprachen zu transformieren (z. B. HTML), beinhaltet XSL Formating Objects (XSL-FO) spezifische Anweisungen zur formatierten Darstellung von XML-Dokumenteninhalten [NN01h]. Im Unterschied zu XSLT erlaubt XSL-FO demnach eine genauere Positionierung und umfangreiche Formatierung von XML-Dokumenteninhalten.

Die Grundlage von XSL-FO bildet ein seitenorientiertes, hierarchisches Formatierungsmodell, das eine Darstellungsseite in unterschiedlich verschachtelte Bereiche (areas) gliedert. Einzelnen Seitenbereichen können auf Basis des in XSL-FO enthaltenen Sprachumfangs Formatierungseigenschaften zugeordnet werden, so daß die darin dargestellten XML-Dokumenteninhalte gemäß der Eigenschaftsausprägungen angezeigt werden. Analog zu XSLT ist dabei entscheidend, daß lediglich die Eigenschaften der Dokumentelemente in einer separaten Datei beschrieben werden, nicht aber das ursprüngliche XML-Dokument physisch verändert wird. Diese Unabhängigkeit von Dokumenteninhalt und dessen Formatierung ist Grundlage für die Generierung unterschiedlicher Ausgabeformate, wie z. B. PDF, RTF etc.

Tabelle 4-5: XSL-FO-Regeln

```
<fo:block
  font-size="12pt"
  font-family="sans-serif"
  space-after.optimum="15pt"
  text-align="left">
    <xsl:template match="buch">
      <xsl:value-of select="autor" />
    </xsl:template>
</fo:block>
```

Wie in Tabelle 4-5 zuerkennen, erfolgt die Formatierung von XML-Dokumenteninhalten durch Zuordnung von Eigenschaften zu entsprechenden Seitenbereichen. Innerhalb des hier dargestellten Beispiels werden dem Seitenbereich ‚block' z. B. eine Schriftgröße sowie eine Schriftfamilie zugewiesen. Die Einbindung der XML-Dokumenteninhalte erfolgt dagegen durch entsprechende XSLT-Anweisungen, die wiederum durch einen XSLT-Prozessor verarbeitet werden.

4.3.3 HTML

Die Hypertext Markup Language (HTML) wurde 1989 von BERNERS-LEE am CERN entwickelt und gehört zu den bekanntesten Anwendungen von SGML [NN02e]. Im Mittelpunkt von HTML steht die Auszeichnung und Verknüpfung von digitalen Dokumenten, die innerhalb eines sog. Web-Browsers formatiert dargestellt werden. Als Basis für die Bereitstellung und Verteilung von HTML-Dokumenten auf unterschiedlichen Rechnerplattformen dient das Hypertext Transfer Protocol (HTTP) [NN02f].

4.3.3.1 HTML-Markup

Im Gegensatz zu SGML bzw. XML beinhaltet HTML einen feststehenden Satz an vordefinierten Auszeichnungselementen, die zur Beschreibung von Dokumenten genutzt werden können und mittels einer SGML-DTD definiert sind. Ziel von HTML ist somit nicht die abstrakte inhaltliche Strukturierung digitaler Dokumente, sondern deren formale Beschreibung mittels abstrakter Markup-Begriffe [LOBI00, 190].

Die in HTML enthaltenen Markup-Elemente dienen einerseits zur Auszeichnung allgemeiner Dokumentenbestandteile, wie beispielsweise einem Titel (<title>), verschiedenen Gliederungsebenen (<h1>...<h6>) oder Absätzen (<p>). Darüber hinaus wurden zahlreiche, teils herstellerspezifische Erweiterungen entwickelt, die typografische Informationen, wie z. B. kursive Hervorhebungen (<i>) markieren. Analog zu SGML bzw. XML beginnt ein HTML-Markup-Element mit einem Starttag (z. B. <p>) und wird mit einem Endtag (z. B. </p>) abgeschlossen. Innerhalb eines Elementes werden die eigentlichen Daten oder weitere verschachtelte Elemente eingefügt. Darüber hinaus können über Attribute zusätzliche Informationen zu den Elementen angegeben werden (s. Tabelle 4-6).

Tabelle 4-6: HTML-Dokument

```
<html>
  <head>
    <title>Karlsbad bis auf den Brenner</titel>
  </head>
  <body>
    <p>Den dritten September früh drei Uhr stahl ich mich aus <a
          href="http://www.karlsbad.de">Karlsbad</a>, weil man mich sonst nicht
          fortgelassen hätte.</p>
  </body>
</html>
```

Eine zentrale Eigenschaft von HTML ist die Verknüpfung von Dokumenten bzw. Textpassagen innerhalb von Dokumenten über Verweise, die als sog. Hyperlinks bezeichnet werden. HTML stellt hierfür das Anker-Element (<a>) zur Verfügung, das einen Verweistext oder eine Verweisgrafik sowie ein Attribut (href - hyper reference) beinhaltet. Das Verweisziel wird dabei mittels einer Zieladresse angegeben, die entweder als dokumenteninterner Anker oder als externe URL (Universal Resource Locator) spezifiziert ist.

Aufgrund der primäre Ausrichtung von HTML auf die Darstellung von digitalen Dokumenten mittels eines Web-Browsers sowie der damit verbundenen Vermischung von Inhalts- und Formatierungselementen, eignet sich HTML nur in geringem Umfang zur inhaltlichen Auszeichnung von Dokumenten. Hinzu kommt, daß durch das eingeschränkte Spektrum der HTML-Markup-Elemente nur eine allgemeine Dokumentenstruktur abgebildet werden kann. Erst durch neuere Entwicklungen, die sich in der Verabschiedung der XHTML-Empfehlung (Extensible HMTL) durch das W3C dokumentieren, zeichnet sich eine klare und konsistente Trennung von Inhalt und Formatierung ab. Ein wesentliches Element von XHTML, das auf Basis von XML entwicklet wurde, ist die konsequente Anwendung von Stylesheets zur Formatierung von HTML-Dokumenten.

4.3.3.2 CSS

Während die formatierte Darstellung von HTML-Auszeichnungselementen häufig durch festverdrahtete Formatierungsanweisungen innerhalb eines Browsers realisiert wird, erlauben Cascading Stylesheets (CSS) einen ersten Schritt zur Trennung von Inhalt und Formatierung eines HTML-Dokuments [NN02g]. Grundlage hierfür bilden Regeln, in denen für einzelne oder mehrere HTML-Elemente Formatierungseigenschaften definiert werden. Eine Regel besteht dabei grundsätzlich aus einem Selektor und einem Deklarationsblock, wobei letzterer wiederum mehrere Deklarationen enthalten kann. Während der Selektor das entsprechende HTML-Element repräsentiert, werden innerhalb des Deklarationsblocks durch Eigenschaften und deren Ausprägungen die Formatierungen beschrieben. Hierfür stehen im Rahmen des CSS-Sprachumfangs verschiedene Eigenschaften zur Verfügung, über die beispielsweise Schriftart und -größe, Hintergrundfarbe oder Positionierung definiert werden können (s. Tabelle 4-7). Zur Erstellung komplexer Formatierungsvorlagen werden diese Eigenschaften innerhalb des Deklarationsblocks kombiniert und durch ein Semikolon voneinander getrennt.

Tabelle 4-7: CSS-Regeln

```
title { font-family: sans-serif; font-size: 16pt }
h1, h2, h3 { color: blue }
p { }
.absatzSpezial { }
.absatzKursiv
```

Die Speicherung der CSS-Regeln erfolgt entweder in einer separaten Datei, die über ein Attribut mit dem zugehörigen HTML-Dokument verknüpft wird oder direkt innerhalb des HTML-Dokuments. Dazu werden die Formatierungseigenschaften sowie deren Ausprägungen über das sog. style-Attribut dem jeweiligen HTML-Element hinzugefügt.

4.4 Test- und Übungsaufgaben

Im Unterschied zu den dargestellten Bestandteilen zur Strukturierung und Präsentation von Lerninhalten innerhalb hypermedialer Lehr-/Lernsystemen bilden Test- und Übungsaufgaben Komponenten zur Überprüfung und Anwendung von Wissen. Wie in Abschnitt 3.1.2.3 bereits gezeigt wurde, gehören Test- und Übungsaufgaben damit zu den zentralen Gestaltungsformen für die Interaktion zwischen Anwender und Lehr-/Lernsystem.

In der Literatur zur allgemeinen Gestaltung von Test- und Übungsaufgaben finden sich zahlreiche Ansätze zur Systematisierung der unterschiedlichen Aufgabenformen, die sich sowohl hinsichtlich der Klassifikationsmerkmale als auch des Detaillierungsgrades unterscheiden. So nennt RÜTTER neben der diagnostischen Intention die didaktischen Funktionen, die mit einer Test- bzw. Übungsaufgabe verbunden sind, als Beispiele für eine systematische Strukturierung [RUET73, 50]. Während die Klassifikation auf Basis der diagnostischen Intention zu kognitiven, affektiven und sensomotorischen Aufgabentypen führt, unterscheidet RÜTTER nach den didaktischen Funktionen zwischen Einleitungs- oder Einstimmungsaufgaben, Überleitungs- oder Steuerungsaufgaben sowie Wiederholungs- und Übungsaufgaben [RUET73, 50]. HERBIG führt dagegen allgemein Lernziele als Differenzierungsmerkmal von Test- und Übungsaufgaben auf und untergliedert diese in eine Inhalts- und eine Verhaltensdimension [HERB76, 44].

Die von RÜTTER und HERBIG aufgeführten Systematisierungsmöglichkeiten geben Anhaltspunkte zur konkreten Formulierung von Testaufgaben. Weitgehend unberücksichtigt bleibt dabei jedoch die grundlegende Aufgabenstruktur, deren Berücksichtigung Voraussetzung für eine Implementierung von Test- und Übungsaufgaben in ein multimediales Lehr-/Lernsystem ist. An dieser Stelle wird daher die Klassifizierung von Aufgabentypen anhand der formalen Aufgabenstruktur verfolgt, wie sie ebenfalls von RÜTTER vorgeschlagen wird [RUET73, 51]. Die formale Aufgabenstruktur läßt sich von dem konkreten Aufgabeninhalt logisch trennen und kann somit unabhängig von der inhaltlichen Formulierung als Grundgerüst einer Testaufgabe betrachtet werden.

RÜTTER untergliedert die formale Aufgabenstruktur in eine Makro- und eine Mirkostruktur [RUET73, 51]. Diese Differenzierung hebt die unterschiedlichen formalen Bestandteile hervor, die bei der Analyse von Test- und Übungsaufgaben identifiziert werden können. Die Makrostruktur beschreibt dabei die Elemente der Grobstruktur von Testaufgaben und setzt diese in Beziehung zueinander. Innerhalb der Mikrostruktur werden dagegen die einzelnen Aufgabenelemente der Markoebene weiter spezifiziert und detailliert beschrieben.

Im weiteren Verlauf der vorliegenden Arbeit wird die von RÜTTER beschriebene Makro- und Mikrostruktur detailliert dargestellt und bewertet. Der Schwerpunkt der Ausführung liegt dabei auf der formalen Aufgabenstruktur, da die inhaltliche Gestaltung von Test- und Übungsaufgaben von konkreten Lehr-/Lernzielen, didaktischen Funktionen, spezifischen Sachkenntnissen und einer guten sprachlichen Ausdrucksfähigkeit abhängt [WESM71, 81]. Diese Aspekte stehen jedoch nicht im Vordergrund der vorliegenden Arbeit und werden daher an dieser Stelle nicht weiter betrachtet. Hinweise zur konkreten inhaltlichen Gestaltung von Test- und

Übungsaufgaben können der einschlägigen Fachliteratur entnommen werden (z. B. [NIBB80, 181- 193; JONG83, 702-704]).

4.4.1 Makrostruktur

Anhand der Makrostruktur lassen sich nach RÜTTER Test- und Übungsaufgaben in die drei Bestandteile

- Informationsfeld,
- Fragefeld und
- Antwortfeld

untergliedern [RUET73, 51]. Innerhalb des Informationsfelds werden allgemeine Grundinformationen und Erläuterungen dargestellt, die zum Verständnis der Frage beitragen sollen. Hierzu gehören beispielsweise eine Problembeschreibung des Sachzusammenhangs, in dem die Test- bzw. Übungsaufgabe gestellt wird oder Hilfestellungen zur Vorgehensweise bei der Bearbeitung der Aufgabe (s. Abbildung 4-3). Die eigentliche Fragestellung ist Bestandteil des Fragefeldes und wird optisch getrennt von dem Informationsfeld dargestellt. Je nach Intention des Autors kann die Form der Fragestellung unterschiedliche Handlungen des Lernenden, wie z. B. die Bildung von Assoziationen, Ergänzungen oder Umformungen, bezwecken. Die Art der Handlung hängt dabei auch von dem Antwortfeld ab, das den letzten Bestandteil der von RÜTTER vorgeschlagenen Makrostruktur bildet. Dieser Bereich dient dem Lernenden letztendlich dazu, die in der Fragestellung enthaltenen Aufgaben zu lösen und je nach Frageform die entsprechenden Handlungen (z. B. auswählen, markieren, ergänzen etc.) vorzunehmen.

Im Gegensatz zu RÜTTER verzichtet NIBBRIG auf eine getrennte Betrachtung von Informations- und Fragefeld und fasst diese zu einem Aufgabenstellungsfeld zusammen [NIBB80, 143]. Zur weiteren Differenzierung unterschiedlicher Aufgabentypen erscheint es jedoch sinnvoll, die von RÜTTER vorgeschlagene Trennung beizubehalten. Dies gilt in besonderem Maße für Aufgaben, bei denen das Informationsfeld nicht nur zur Darstellung einfacher Erläuterungen dient, sondern zur Beschreibung komplexer Problemstellungen, wie beispielsweise bei der Abbildung von Fallstudien (s. Kapitel 7).

Weitgehend unberücksichtigt bleiben sowohl bei RÜTTER als auch bei NIBBRIG die Rückmeldung an den Lernenden, die entweder als Ergebnis auf die Beantwortung einer Frage oder als Hinweis während der Bearbeitung der Aufgabe erfolgt. Die Ursache für die Vernachlässigung dieser prozeß- und ergebnisbezogenen Rückmeldungen lässt sich damit begründen, daß die ursprünglichen Anwendungsgebiete von Test- und Übungsaufgaben im Bereich der schriftlichen Prüfungsabwicklung lagen. Rückmeldungen finden in diesen Situationen in der Regel nicht oder durch die Nachbesprechung der Prüfungsergebnisse nur zeitverzögert statt.

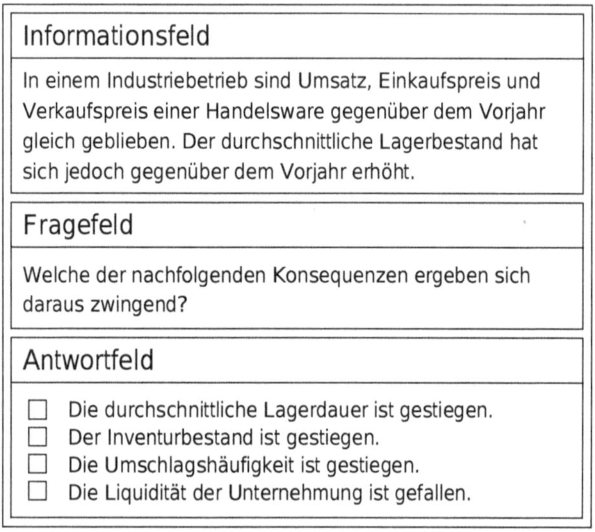

Abbildung 4-3: Makrostruktur von Testaufgaben

Werden jedoch Test- und Übungsaufgaben als Bestandteil von computerunterstützten Lehr-/Lernsystemen eingesetzt, rückt die Bedeutung einer direkten Rückmeldung zunehmend in den Vordergrund (s. Abschnitt 6.1.2.1.1). In der vorliegenden Arbeit wird daher ein Rückmeldefeld für die Darstellung von prozeß- und ergebnisbezogenen Rückmeldungen eingeführt, das neben den bereits erwähnten Informations-, Frage- und Antwortfeld den vierten Bestandteil der Makrostruktur von Test- und Übungsaufgaben bildet.

4.4.2 Mikrostruktur

Innerhalb der Mikrostruktur von Test- und Übungsaufgaben werden die Elemente der Makrostruktur aufgegriffen und weiter spezifiziert. In der Literatur hat sich dabei die Typisierung anhand der internen Struktur des Antwortfeldes durchgesetzt, wobei das Informations- und Fragefeld nicht weiter differenziert werden [GABE93, 243; EULE92, 129; HERB76, 44f.; RAPP75, 91; RUET73, 52; SCHW76, 219]. Obwohl bei der Wahl des Differenzierungsmerkmals bei den genannten Autoren Einigkeit herrscht, finden sich unterschiedliche Fragegruppen, die daraus abgeleitet werden. Nach NOWAK, GABELER, EULER und RAPP lassen sich offene und geschlossene Fragetypen unterscheiden [NOWA96, 58f.; GABE93, 243; EULE92, 129; RAPP75, 91].

Zur Gruppe der geschlossenen Fragetypen gehören Test- und Übungsaufgaben, bei denen der Lernende die Lösung nicht selber formuliert, sondern aus einer Menge von vorgegebenen Antwortalternativen auswählt. Der Antwortraum wird somit von vornherein bewusst auf die vom Aufgabenautor angegebenen Antwortalternativen eingeschränkt, wodurch sich der Prozess der Aufgabenkorrektur wesentlich vereinfacht.

Werden vom Lehrenden bzw. Aufgabenautor keine Antwortalternativen vorgegeben, so handelt es sich um offene Test- und Übungsaufgaben. Fragetypen, die dieser Gruppe angehören, sind dadurch gekennzeichnet, daß der Lernende selbstständig eine Lösung formulieren muss, ohne daß er auf vorgegebene Antwortalternativen zurückgreifen kann. Dabei ist entscheidend, daß weder der Lernende noch der Lehrende eine definierte Lösung kennt [RUET73, 56].

HERBIG und RÜTTER dagegen führen neben den genannten offenen und geschlossenen Fragetypen die Zwischenform der halboffenen Fragetypen auf [HERB76, 44; RUET73, 52]. Test- und Übungsaufgaben, die dieser Gruppe von Fragetypen zugeordnet werden, zeichnen sich dadurch aus, daß der Autor die Antwort an eine „bestimmte, vorgesehene Lösung bindet" [RUET73, 64]. Somit wird die Antwort zwar nicht explizit vorgegeben, jedoch durch teilweise Einschränkung der Antwortmöglichkeiten in eine vom Aufgabenautor gewünschte Richtung gelenkt. Beispiele für diesen Aufgabentyp sind Lückentext-, Silbenrätsel- oder Korrekturaufgaben.

In der vorliegenden Arbeit soll die Klassifikation von RÜTTER und HERBIG aufgegriffen und dargestellt werden, da eine genaue Differenzierung zwischen halboffenen und offenen Aufgabentypen strukturelle Konsequenzen nach sich zieht, die für die Implementierung im späteren Verlauf der Arbeit von Bedeutung sind. Die in Abbildung 4-4 dargestellte Klassifikation unterscheidet in Anlehnung an RÜTTER die drei Klassen geschlossene, halboffene und offene Fragen. Innerhalb der einzelnen Klassen werden die strukturell unterschiedlichen Fragetypen aufgeführt, wobei auf die Darstellung aller von RÜTTER vorgestellten Typen verzichtet wurde. Diese Vorgehensweise wird dadurch begründet, daß sich die von RÜTTER aufgeführten Aufgabentypen teilweise strukturell nicht voneinander unterscheiden.

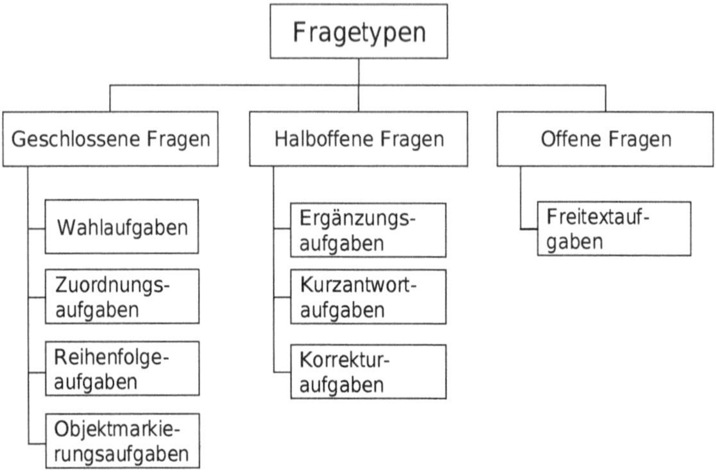

Abbildung 4-4: Fragetypen in Anlehnung an RÜTTER [RUET73, 54]

Vor dem Hintergrund der späteren Implementierung von Test- und Übungsaufgaben in ein problemlösungsorientierte Interaktionskomponente werden nachfolgend die verschiedenen Aufgabentypen hinsichtlich ihrer strukturellen Grundmerkmale genauer analysiert und dargestellt. Der Schwerpunkt der Ausführungen liegt dabei auf den geschlossenen und halboffenen Aufgabentypen, da die Auswertung von offenen Testaufgaben aufgrund der unbekannten Lösung nicht durch einen Computer automatisiert werden kann. Derartige Aufgaben erfordern nach wie vor die Einbeziehung eines Lehrers, der die Antworten korrigiert und bewertet. Insofern dient der Computer hier nur als Übertragungsmedium und nicht als Ersatz eines Lehrers.

4.4.2.1 Geschlossene Fragetypen

Als Vertreter der geschlossenen Test- und Übungsaufgaben werden im Rahmen der nachfolgenden Ausführungen Wahl-, Zuordnungs-, Reihenfolge- und Objektmarkierungsaufgaben dargestellt. Im Mittelpunkt steht dabei die Analyse der unterschiedlichen strukturellen Gestaltungsmöglichkeiten sowie die Ausarbeitung der zentralen Unterschiede zwischen den einzelnen Aufgabentypen.

4.4.2.1.1 Wahlaufgaben

Zur Gruppe der Wahlaufgaben gehören Fragetypen, bei denen der Lernende die richtige Lösung aus einer Menge von vorgegebenen Antwortalternativen auswählt.

Die Anzahl der zu treffenden Wahlentscheidungen hängt einerseits von der Menge der Antwortalternativen ab, die dem Lernenden dargeboten werden, zum anderen aber auch von der Anzahl der richtigen Lösungen. Ausgehend von der Menge der Antwortalternativen lassen sich Wahlaufgaben in Zweifach- und Mehrfachwahlaufgaben untergliedern. Zweifachwahlaufgaben, die häufig auch als 0/1-Abfragen oder Alternativaufgaben bezeichnet werden [GABE93, 243; RUET73, 138], beinhalten lediglich zwei Antwortalternativen, die in der Regel gegensätzliche Begriffe oder Aussagen (z. B. Ja/Nein, Richtig/Falsch etc.) repräsentieren. Sie dienen in erster Linie zur Überprüfung von Faktenwissen und zeichnen sich durch eine einfache Konstruktion und Antwortanalyse aus [RAPP75, 95]. Gleichzeitig besteht jedoch eine hohe Wahrscheinlichkeit, daß der Lernende die richtige Antwort durch Erraten auswählt. Als Sonderform dieses Aufgabentyps kann die Gruppierung mehrerer Zweifachwahlaufgaben betrachtet werden, bei der einer Fragestellung mehrere Antwortalternativenpaare gegenüber gestellt werden [RUET73, 139-143].

Wird dagegen die Anzahl der Antwortalternativen nicht eingeschränkt, so handelt es sich bei diesen Fragetypen um Mehrfachwahl- bzw. Multiple-Choice-Aufgaben. Mehrfachwahlaufgaben zählen zu den am weitesten verbreiteten Aufgabentypen in der Literatur [RAPP75, 100] und werden in unterschiedlichen Varianten aufgeführt. Bei näherer Betrachtung lassen sich diese in drei verschiedene Gruppen unterteilen [ALLI70, 8f.]:

- **1-n:** Aus einer Menge von n Antwortalternativen ist genau eine Antwort richtig,
- **m-n:** Aus einer Menge von n Antwortalternativen sind m Antworten richtig, wobei dem Lernenden die Größe m vorher bekannt ist und
- **x-n:** Aus einer Menge von n Antwortalternativen sind x Antworten richtig, wobei dem Lernenden die Größe x vorher nicht bekannt ist.

Die Differenzierung der unterschiedlichen Arten von Mehrfachwahlaufgaben verdeutlicht, daß die Wahrscheinlichkeit des Erratens der Lösung durch die Zunahme der Antwortalternativen bzw. die Menge richtiger Antworten kontinuierlich abnimmt. Verstärkt wird dieser Effekt durch das Verschweigen der Anzahl richtiger Antworten gegenüber dem Lernenden. Darüber hinaus kann durch die Einbindung plausibel formulierter Falschantworten (Distraktoren) der Schwierigkeitsgrad von Mehrfachwahlaufgaben erhöht werden [JONG83, 697-699]. Auf dieses und andere Gestaltungsmittel soll an dieser Stelle nicht weiter eingegangen werden, da daraus keine strukturellen Konsequenzen für die Gestaltung von Mehrfachwahlaufgaben resultieren.

4.4.2.1.2 Zuordnungsaufgaben

Test- und Übungsaufgaben, bei denen der Lernende Elemente eines Zeichensystems auswählt und Elementen eines zweiten Zeichensystems zuordnet, werden als Zuordnungsaufgaben bezeichnet [NIBB80, 161; RUET73, 188]. Bei den häufig auch als Quell- und Zielmenge genannten Elementen [GABE93, 261] kann es sich um Zahlen, Wörter, Aussagen, Symbole oder andere Zeichensysteme handeln. Je nach Art der Gestaltung können Zuordnungsaufgaben auch als Sonderfall von Wahlaufgaben betrachtet werden.

Eine Differenzierung verschiedener Arten von Zuordnungsaufgaben kann hinsichtlich der Vollständigkeit und Häufigkeit von Zuordnungen durchgeführt werden. Demnach lassen sich Zuordnungsaufgaben in vollständige bzw. unvollständige und Einfach- bzw. Mehrfachzuordnungsaufgaben einteilen [RUET73, 188]. Eine vollständige Zuordnung liegt vor, wenn jedes Element der Quellmenge mit einem oder mehreren Elementen der Zielmenge verknüpft wird. Dagegen beinhaltet die unvollständige Zuordnung Elemente, die nicht Bestandteil einer Zuordnungslösung sind. Hierbei handelt es sich häufig um sog. Distraktoren, die zur Erhöhung des Schwierigkeitsgrades von Zuordnungsaufgaben eingesetzt werden.

Der Aspekt der Häufigkeit einer Zuordnung kennzeichnet die Anzahl der Verknüpfungen, mit der ein Element der Quellmenge zu einem oder mehreren Elementen der Zielmenge zugeordnet wird. Während bei der Einfachzuordnung jeweils nur eine Verknüpfung pro Quellelement möglich ist, beinhaltet die Mehrfachzuordnung keine mengenmäßige Beschränkung, so daß ein Element der Quellmenge mit 2-n Zielelementen verbunden sein kann.

Zuordnungsaufgaben eignen sich nach Rapp insbesondere in Fällen, in denen die Überprüfung von Faktenwissen im Vordergrund steht [RAPP75, 98]. Gabele hingegen spricht diesem Aufgabentyp auch eine hohe Transferleistungen und Analogieschlüsse zu und begründet dies mit dem assoziativen Charakter und den vielfältigen Ausprägungsmöglichkeiten von Zuordnungsaufgaben [GABE93, 265-267].

4.4.2.1.3 Reihenfolgeaufgaben

Besteht die Aufgabe eines Lernenden darin, eine Menge von Elementen anhand eines bestimmten Kriteriums in einer logische Reihenfolge anzuordnen, so wird dieser Aufgabentyp als Reihenfolge- bzw. Umordnungsaufgabe bezeichnet [NIBB80, 171f.; RUET73, 202]. Je nach Sinnzusammenhang basiert die Reihenfolgebildung auf einer zeitlich, räumlich oder sachlichen Anordnung von Elementen [GABE93, 255]. Bei den systematisch zu ordnenden Elementen kann es sich analog zu den oben genannten Aufgabentypen um Buchstaben, Silben, Wörter, Aussagen, Symbole etc. handeln.

Ausgehend von einer Menge anzuordnender Elemente lassen sich anhand der vorgegebenen Ordnung und der Vollständigkeit der Umordnung verschiedene Arten von Reihenfolgeaufgaben identifizieren. Während bei der zufällig vorgegebenen Ordnung der Aufgabenschwerpunkt auf der Suche nach der richtigen Reihenfolge liegt, steht bei einer implizit vorgegebenen Ordnung das Herausfinden des Systematisierungsprinzips, nach dem die Reihenfolge gebildet wird, im Vordergrund [RUET73, 202f.]. In anderen Fällen wird die Menge der anzuordnenden Elemente um Distraktoren erweitert, die nicht Bestandteil der Zuordnungslösung sind. Wesentliches Merkmal dieses Aufgabentyps ist neben der richtigen Anordnung der vorgegebenen Elemente die Auswahl der zur Lösung gehörenden Elemente. Zuordnungsaufgaben dieses Typ stellen eine Variante der Auswahlaufgabe dar und lassen sich durch Umformung in Mehrfachwahlaufgaben umwandeln [NIBB80, 173].

Aufgrund des sequentiellen Charakters ist der Einsatz von Reihenfolgeaufgaben insbesondere zur Überprüfung von Handlungsabläufen geeignet [NIBB80, 175]. Diese Aussage ist jedoch nur unter der Prämisse gültig, daß innerhalb eines Wissensgebiets logische Sequenzen oder Prozesse vorhanden sind, die durch eine systematische Anordnung abgebildet werden können. Die Gefahr der alleinigen Überprüfung von Faktenwissen bleibt auch bei Reihenfolgeaufgaben bestehen [RAPP75, 100].

4.4.2.1.4 Objektmarkierungsaufgaben

Die Objektmarkierungsaufgaben, die häufig auch als Identifikationsaufgaben bezeichnet werden, dienen der Auswahl bestimmter Elemente aus einer Vorgabemenge und stellen somit einen Spezialfall der Wahlaufgabe dar. Im Unterschied zur oben beschriebenen Wahlaufgabe handelt es sich bei der Auswahlmenge nicht um Begriffe bzw. Aussagen, sondern um reale oder schematische Darstellungen, aus denen der Lernende einzelne Elemente markiert.

Objektmarkierungsaufgaben lassen sich anhand der Anzahl zu markierender Elemente und der Reihenfolge der Markierung in Einfach-, Mehrfach- und Reihenfolgemarkierung untergliedern [RUET73, 133-138]. Aus dieser Differenzierung geht hervor, daß zur Lösung von Einfachmarkierungen lediglich ein richtiges Element ausgewählt werden muss, während bei Mehrfachmarkierungen zusätzlich die Reihenfolge, in der die richtigen Elemente selektiert werden, von Bedeutung ist. Dadurch können, ähnlich wie bei den Reihenfolgeaufgaben, logische Handlungsabläufe in die Wissensüberprüfung integriert werden.

Aus der Darstellung der unterschiedlichen Arten von Objektmarkierungsaufgaben ist erkennbar, daß angefangen von Einfach- über Mehrfach- bis hin zu Reihenfolgemarkierungen der Schwierigkeitsgrad der Aufgaben zunimmt. Wenngleich mit der Objektmarkierung ein unmittelbares Wiedererkennen verbunden ist, so kann nach Aussage von RÜTTER durch die Variation der Darstellungskomplexität eine intensive gedankliche Auseinandersetzung mit der Problemstellung erreicht werden [RUET73, 134].

4.4.2.2 Halboffene Fragetypen

Grundlegend für die nachfolgende Darstellung halboffener Fragetypen ist die Differenzierung von Ergänzungs-, Kurzantwort- und Korrekturaufgaben. Analog zur Beschreibung der offenen Fragetypen erfolgt im folgenden die Betrachtung der verschiedenen strukturellen Gestaltungsmöglichkeiten sowie der zentralen Unterschiede zwischen den einzelnen Aufgabentypen.

4.4.2.2.1 Ergänzungsaufgaben

Ergänzungsaufgaben, die gelegentlich auch als Lückentextaufgaben bezeichnet werden, enthalten als vorgegebene Antwort fragmentarische Informationen, die durch den Lernenden vervollständigt werden müssen [RUET73, 95]. Im Vordergrund steht hierbei die selbstständige Formulierung der Antworten, die entweder in einen lückenhaften Fließtext, eine Tabelle oder ein unvollständiges Bild eingetragen werden können.

Eine Einteilung in unterschiedliche Arten von Ergänzungsaufgaben kann anhand der Anzahl der Lücken sowie deren Position innerhalb des Antwortbereichs vorgenommen werden. Der Aspekt der Lückenanzahl führt zur Differenzierung von Einfachergänzungsaufgaben, bei denen lediglich ein einzelnes Informationselement ergänzt werden muss und Mehrfachergänzungsaufgaben, die mehrere Lücken enthalten [RUET73, 97-103]. Hinsichtlich der Positionierung der Lücken kann zwischen Anfangs-, Zwischen und Endlücken unterschieden werden. Weitere Systematisierungsansätze führen zu Reihen-, Sammel- und Komplexergänzungen [RUET73, 103-106], die jedoch nur geringe Verbreitung in der Literatur gefunden haben und daher nicht weiter berücksichtigt werden.

Obwohl in der Praxis Ergänzungsaufgaben häufig mangelhaft konstruiert werden und dadurch nur im geringen Umfang zur Überprüfung und Vermittlung von Wissen beitragen, eignen sie sich nach RÜTTER durchaus zur Übertragung und Anwendung von Faktenwissen [RUET73, 95]. Auch RAPP ist der Meinung, daß sich Ergänzungsaufgaben gut für die Anregung intellektueller Prozesse eignen [RAPP75, 112].

4.4.2.2.2 Kurzantwortaufgaben

Der Aufgabentyp der Kurzantwort, der häufig auch als Freiantwort bezeichnet wird, beinhaltet die Beantwortung einer Frage in Form einer kurzen, meist wenige Ziffern oder Worte umfassenden Antwort [RUET73, 65]. Wenngleich eine hohe Ähnlichkeit zu den dargestellten Ergänzungsaufgaben besteht, unterscheiden sich Kurzantwortaufgaben dadurch, daß die Lösung nicht durch Ergänzung einer Textlücke erfolgt, sondern in der Regel komplexere Bearbeitungsprozesse beinhaltet. Als typischer Vertreter dieses Aufgabentyps gelten mathematische Berechnungen, bei denen der Bearbeiter das richtige Ergebnis in Form einer numerischen Lösung angeben muss.

Ausgehend von der Anzahl der einzugebenden Antworten sowie der Reihenfolge der Beantwortung lassen sich Kurzantwortaufgaben in Einfach-, Mehrfach- und Reihenfolgeaufgaben differenzieren [RUET73, 65]. Im Unterschied zu Einfachkurzantworten existieren bei Mehrfachkurzantworten 2 bis n Antwortmöglichkeiten, die sich auf eine einzelne Problemstellung bzw. Aufgabe beziehen. Wird bei Mehrfachkurzantworten darüber hinaus ein bestimmtes Ordnungsprinzip bei der Beantwortung der Aufgaben zugrundegelegt, handelt es sich bei diesem Aufgabentyp um Reihenfolgekurzantworten.

Als Spezialfälle von Kurzantwortaufgaben können Sammel- und Komplexaufgaben aufgefaßt werden [RUET73, 77-83]. Während bei Sammelaufgaben mehrere Fragen durch eine gemeinsamen Antwort gelöst werden müssen, basieren Komplexantwortaufgaben auf einem mehrstufigen Antwortprozeß, bei dem mehrere Einzelantworten in einem zweiten Schritt zu einer komplexen Gesamtantwort zusammengefaßt werden.

Während nach Rapp Kurzantwortaufgaben nur zur Vermittlung relative einfacher Daten und Fakten eingesetzt werden können [RAPP75, 110], lassen sich nach Aussage von Nibbrig mit diesem Aufgabetyp auch komplexere kognitive Ausbildungsziele erreichen [NIBB80, 122]. Dies gilt im besondere Maße für Prüfungsfächer wie beispielsweise Rechnungswesen, bei denen die Lösung mathematischer Gleichungen und Problemstellungen im Vordergrund steht.

4.4.2.2.3 Korrekturaufgaben

Enthält eine Testaufgabe falsche vorgegebene Antworten, die durch richtige Elemente ersetzt werden sollen, so handelt es sich bei diesem Aufgabentyp um Korrektur- bzw. Substitutionsaufgaben [RUET73, 107]. Je nach Art der zu ersetzenden Elemente kann dieser Aufgabentyp sowohl den geschlossenen, als auch den halboffenen Fragetypen zugeordnet werden. Im Falle der selbstständigen Bildung der Substitute durch den Lernenden werden diese Aufgaben zu den halboffenen Fragetypen gezählt.

Im Hinblick auf die unterschiedlichen Typen von Korrekturaufgaben lassen sich analog zu den Kurzantwortaufgaben Einfach- und Mehrfachkorrekturaufgaben differenzieren [RUET73, 107f.]. Wie bereits bei den bisher dargestellten halboffenen Fragetypen wird hierbei die Anzahl der anzugebenden Substitute als Differenzierungsmerkmal herangezogen. Darüber hinaus werden vereinzelt auch Beispiele für Reihen-, Sammel- und Komplexkorrekturaufgaben aufgeführt, wobei diese nur eine geringe Verbreitung in der Literatur gefunden haben.

Aufgrund der insgesamt eingeschränkten Verwendung in der Praxis sowie der geringen Erwähnung in der Literatur liegen hinsichtlich der Eignung von Korrekturaufgaben im Rahmen der Wissensvermittlung und -überprüfung keine sicheren Erkenntnisse vor. Auf Basis der strukturellen Ähnlichkeit mit Kurzantwortaufgaben kann jedoch davon ausgegangen werden, daß Korrekturaufgaben durchaus zur Übertragung und Anwendung von Wissen geeignet sind.

4.4.2.3 Offene Fragetypen

Offene Fragetypen, zu denen an dieser Stelle Freitextaufgaben gezählt werden, beinhalten im Vergleich zu den geschlossenen Aufgaben keine vorgegebenen Antwortalternativen, aus denen ein Bearbeiter eine oder mehrere Antworten auswählen kann. Die Beantwortung einer offenen Frage erfolgt vielmehr durch freie Formulierung, wobei in der Regel weder der Aufgabensteller noch der Bearbeiter eine definierte Lösung kennt [RUET73, 56].

Aufgrund der weitreichenden Offenheit bei der Beantwortung von Freitextaufgaben, die lediglich durch Angaben in der Aufgabenstellung eingeschränkt werden kann, zeichnen sich diese durch einen hohen Grad an Unstrukturiertheit aus [RUET73, 57]. Hieraus sowie aus den Schwierigkeiten bei der objektiven Interpretation und Bewertung von offenen Fragetypen resultiert die Tatsache, daß eine automatische Auswertung von Freitextaufgaben nicht möglich ist und daher üblicherweise ein menschlicher Betreuer zur Beurteilung der Antworten eingesetzt werden muß.

Wenngleich die Auswertung offener Aufgabenformen häufig mit Problemen verbunden ist, eignen sie sich nach RAPP durchaus zur Erfassung komplexer Lernergebnisse sowie zur Vermittlung intellektueller Fähigkeiten [RAPP75, 115]. Dabei kann jedoch nicht grundsätzlich von einer positiven Wirkung ausgegangen werden. Vielmehr ist bei der Gestaltung und dem Einsatz offener Frageformen die Berücksichtigung von Lehr-/Lernzielen notwendig [GRON68, 185].

4.5 Benutzermodellierung

Aufbauend auf den unterschiedlichen Test- und Übungsaufgaben bildet die Anpassung von Computern an die individuellen Fähigkeiten, Vorkenntnisse und Ziele eines Anwenders eine zentrale Zielsetzung bei der Implementierung hypermedialer Lehr-/Lernsysteme. Die Grundlage für die individuelle Gestaltung des Dialogs zwischen Computer und Anwender bilden häufig sog. Benutzermodelle. Unter dem Begriff Benutzermodell wird in der wissenschaftlichen Literatur eine Wissensbasis verstanden, in der Annahmen über einen Benutzer gespeichert werden, die für das Dialogverhalten eines Computers relevant sind [WAHL89, 6]. Im Mittelpunkt der Benutzermodellierung stehen somit Techniken und Verfahren zur Erfassung und Anwendung von Benutzereigenschaften.

Um den Aufbau und die Funktionsweise von Benutzermodellen darzustellen, ist es zunächst erforderlich, die unterschiedlichen Arten von Benutzermodellen zu typisieren. Auf Basis der dabei herausgearbeiteten Merkmale werden anschließend verschiedene Arten von Benutzermodellen sowie deren Erstellungsprozess untersucht und bewertet.

4.5.1 Typisierung von Benutzermodellen

Das breite Spektrum unterschiedlicher Benutzermodelle hat zur Entwicklung zahlreicher Typologien geführt, die sich sowohl hinsichtlich ihrer zugrundeliegenden Merkmale als auch der Merkmalsausprägungen unterscheiden. Unter Berücksichtigung verschiedener Anpassungsmöglichkeiten eines Computers an unterschiedliche Benutzertypen unterscheidet RICH insgesamt drei wesentliche Merkmale zur Klassifizierung von Benutzermodellen [RICH79, 330f.]. Folgende Aspekte sind hierbei maßgeblich:

- **Individualisierung:** Unterscheidet den Grad der Individualisierung des Benutzermodells und differenziert zwischen den Ausprägungen kanonisch und individuell,
- **Gewinnung:** Beschreibt die Erfassung der Daten für ein Benutzermodell und beinhaltet die Merkmalsausprägungen explizit und implizit und
- **Gültigkeit:** Definiert den Zeitrahmen, für den Daten innerhalb eines Benutzermodells verfügbar sind und unterscheidet zwischen langfristigen und kurzfristigen Modellen.

Neben den von RICH genannten Merkmalen führt BODENDORF nachfolgend dargestellte Eigenschaften zur Charakterisierung von Benutzermodellen auf und faßt diese zu einer umfassenden Typologie zusammen [BODE92, 236f.].

- **Einsichtigkeit:** Bezieht sich auf die Sichtbarkeit der Modellinformationen für den Benutzer und unterscheidet zwischen den Ausprägungen transparent und intransparent,
- **Zeitbezug:** Charakterisiert Benutzermodelle anhand der zeitlichen Wirkung und beinhaltet die Merkmalsausprägungen vorhersagende und beschreibende Modelle und
- **Veränderbarkeit:** Beschreibt den Inhalt eines Benutzermodells über einen bestimmten Zeitraum und differenziert zwischen statischen und dynamischen Modellen.

Eine weitere Differenzierung von P. MERTENS und HÖHL verzichtet auf den Zeitbezug als charakteristisches Merkmal zur Klassifizierung von Benutzermodellen und ergänzt die Darstellung von BODENDORF um die Merkmale Zweck, Gegenstand, Art der Information und Wissensakquisition [MERT99b, 9]. Ergebnis dieser Typologisierung ist ein morphologischer Kasten, der ein grobes Raster zur Einordnung von Benutzermodellen liefert (s. Abbildung 4-5).

Merkmale	Ausprägungen	
Zweck	Selektion	Präsentation
Gegenstand	Empfänger	Bediener
Individualisierung	individuell	gruppierend
Art der Information	qualitativ	quantitativ
Veränderbarkeit	statisch	dynamisch
Gewinnung	implizit	explizit
Einsichtigkeit	transparent	intransparent
Gültigkeit	langfristig	kurzfristig
Wissensakquisition	personell	lernend

Abbildung 4-5: Morphologischer Kasten [MERT99b, 9]

In der folgenden Aufstellung sind die Kernaussagen der von P. MERTENS und HÖHL ergänzten Typologiemerkmale stichpunktartig zusammengefaßt:

- **Zweck:** Modelle zur Selektion verwenden Benutzereigenschaften zur individuellen Auswahl von z. B. Informationen, während die Präsentation die Reihenfolge und Aufbereitung von Inhalten umfaßt,

- **Gegenstand:** Unterscheidet, ob der Bediener eines Systems oder ein Empfänger eines Bearbeitungsergebnisses durch ein Benutzermodell beschrieben werden,
- **Art der Information:** Bezieht sich auf die Informationen, die innerhalb eines Benutzermodells erfasst werden und unterscheidet zwischen quantitativen (z. B. Alter, Geschlecht) und qualitativen (z. B. Zielen) Daten und
- **Wissensakquisition:** Beschreibt, ob der Computer eine automatische Modellfortschreibung durchführt oder ob die Weiterentwicklung personell gesteuert werden soll.

Die aufgeführten Typologiemerkmale liefern einen groben Rahmen zur Klassifizierung von Benutzermodellen, wobei je nach Umgebung und Aufgabenstellung die aufgeführten Merkmale auch unvollständig erfüllt werden können. Bei genauer Betrachtung der in der Literatur vorhandenen Beispiele für Benutzermodelle läßt sich darüber hinaus feststellen, daß bei der Implementierung häufig einzelne Merkmalsausprägungen nicht isoliert gesehen werden können, sondern überlappend auftreten. Im Bereich der Entwicklung eines multimedialen Präsentationssystems kombiniert beispielsweise RÖSSEL ein individuelles Benutzermodell mit stereotypischen Eigenschaften, bei dem als Zweck sowohl die Selektion als auch die Präsentation von Informationen Verwendung finden [ROES98, 68].

4.5.2 Arten von Benutzermodellen

Im Unterschied zu den formalen Merkmalen, die zur Differenzierung von Benutzermodellen dienen, beschreiben Benutzermodellarten konkrete Ausprägungen zur Speicherung relevanter Benutzerdaten. Grundlage der folgenden Charakterisierung von Benutzermodellen bilden unterschiedliche Annahmen über die Art der relevanten Informationen zur Beschreibung eines Systembenutzers sowie deren Repräsentationsform innerhalb eines Computersystems. Folgende Benutzermodellarten sind für die weitere Betrachtung im Rahmen der vorliegenden Arbeit relevant:

Stereotypenmodell

Der Begriff Stereotyp bezeichnet in der Psychologie vereinfachte Denkschemata und Verhaltensweisen zur Charakterisierung von bestimmten Gruppen, Klassen, Nationen etc. [DORS98, 836f.]. In Anlehnung an diese Definition steht der Ausdruck innerhalb der Benutzermodellierung als Sachbegriff für ein Bündel von Eigenschaften, die eine Gruppe von Systembenutzern beschreibt [RICH79, 333].

Die grundlegende Intention von Stereotypenmodellen besteht darin, neue Systembenutzer zu einem Stereotypen zuzuordnen und dadurch das Systemverhalten an die Eigenschaften und Verhaltensweisen der Benutzergruppen anzupassen. Ausgehend von der Verfügbarkeit verschiedener Stereotypenmodelle innerhalb einer Programmumgebung erfolgt die Zuordnung eines Benutzers zu einem Stereotypenprofil auf Basis sog. Trigger, die als signifikante Merkmalsausprägungen auslösende Informationen darstellen [BODE92, 241]. So kann beispielsweise die falsche Beantwortung der Frage, was ein Datentyp ist, dazu führen, das ein Systembenutzer als Laie eingestuft wird und bei der systemgesteuerten Vermittlung von Programmiersprachenkenntnissen zunächst auf ausgewählte Grundlagen eingegangen wird.

Stereotypenmodelle bilden ein einfaches A-priori-Modell, das ohne Beanspruchung des Benutzers generiert werden kann [BODE90, 132]. Ein wesentliches Hindernis stellt jedoch die vereinfachte Darstellung von komplexen Benutzereigenheiten und die damit verbundene Grobkörnigkeit dar, so daß Stereotypenmodelle häufig nur für abgrenzbare Teilbereiche eines Anwendungsgebietes eingesetzt werden [PUPP92, 199]. Eine andere Strategie bei der Verwendung von Stereotypenmodellen besteht darin, ein grobes Ausgangsmodell durch individuelle Merkmale eines Anwenders im Dialogverlauf zu ergänzen. Ein Beispiel hierfür ist das am FORWISS entwickelte adaptive multimediale Präsentationssystem (AMPreS), bei dem ein mehrdimensionales Stereotypenmodell durch individuelle Merkmale, wie beispielsweise platzierte Lesezeichen oder gesuchte Termini ergänzt wird [MERT99b, 46].

Überlagerungsmodell

Überlagerungsmodelle (overlay models) versuchen das Handlungswissen eines Experten in Form von Regeln abzubilden. Ausgehend von der Grundannahme, daß ein vorhandenes Benutzerwissen als Teilmenge eines anzustrebenden Expertenwissen betrachtet werden kann, zielen Überlagerungsmodelle darauf ab, die als Wissenslücken (gaps) interpretierten Unterschiede zwischen Benutzer- und Expertenwissen durch geeignete Wissenselemente zu schließen [CARR77, 4]. Häufig finden hierbei Techniken der probalistischen Netzwerke Anwendung, die ausgehend von bekannten Sachzusammenhängen benachbarte Wissenselemente zur Bearbeitung vorschlagen (z. B. [PEAR88]).

Hinsichtlich der Art des abgebildeten Benutzerwissens wird innerhalb von Überlagerungsmodellen zwischen aktivem und passivem Wissen differenziert [PUPP92, 199]. Aktives Wissen ist dadurch gekennzeichnet, daß der Benutzer es zur konkreten Problemlösung im Rahmen von z. B. Fallbeispielen anwenden kann. Im Gegensatz dazu beschreibt passives Wissen lediglich die Kenntnis bestimmter Sachzusammenhänge ohne daß damit auf das Verständnis des Benutzers geschlossen werden kann.

Ein wesentlicher Nachteil von Überlagerungsmodellen liegt in der geringen Flexibilität im Hinblick auf die Fehlererkennung von Benutzern [PUPP92, 199]. Entgegen der Tatsache, daß Fehler bei der Problemlösung unterschiedliche Ursachen haben können, lassen sich in Überlagerungsmodellen Fehler nur als Unkenntnis von Wissenselemente repräsentieren. Des weiteren wird bei der Erstellung von Überlagerungsmodellen häufig nur ein Lösungsweg als Expertenwissen abgebildet. Die möglichen Alternativen zur Lösung eines Problems, die dabei nicht berücksichtigt werden, können demnach auch nicht als richtige Lösungen interpretiert werden [CARR77, 15].

Abweichungsmodell

Eine Variante der Überlagerungsmodelle stellen sog. Abweichungsmodelle (differential bzw. deviation models) dar. Während bei Überlagerungsmodellen Fehler eines Benutzers als nicht vorhandenes Wissen interpretiert werden, wird mittels Abweichungsmodellen versucht, die Ursache für Mißverständnisse bei der Bearbeitung von Aufgaben zu diagnostizieren.

Grundlage für den Aufbau von Abweichungsmodellen bildet die Repräsentation von falschem und richtigem Handlungswissen zur Lösung von Problemstellungen [BROW78, 158]. Aufbauend darauf erfolgt während des Dialogs die Identifikation des vom Benutzer verfolgten Lösungsweges sowie die Speicherung der Abweichungen zu einer korrekten Vorgehensweise. Entscheidend ist dabei, daß anhand der identifizierten Fehler gezielte Systemanpassungen durchgeführt werden, die zur Beseitigung des Fehlverhaltens eines Benutzers beitragen.

Ein Ansatzpunkt für eine kritische Beurteilung von Abweichungsmodellen bildet die dem Konzept zugrundeliegende Annahme, daß sämtliches Fehlverhalten auf systematische Fehler zurückzuführen ist. Rein zufällig falsch beantwortete Fragen, die auf mangelnde Konzentration oder Leichtsinn zurückzuführen sind, werden dabei nicht berücksichtigt [BODE90, 133]. Überdies nimmt mit zunehmender Komplexität der Aufgabenstellung die Anzahl möglicher Fehler überproportional zu, so daß die Erstellung von Abweichungsmodellen innerhalb umfassender Wissensdomänen mit entsprechendem Entwicklungsaufwand verbunden ist [BODE90, 133]. Gleichzeitig trifft die Kritik, daß lediglich im Modell hinterlegte Lösungen berücksichtigt werden, auch bei Abweichungsmodellen zu.

4.5.3 Erstellung von Benutzermodellen

Das Aufgabenspektrum im Rahmen der Erstellung von Benutzermodellen umfaßt neben der Auswahl relevanter Merkmale zur Charakterisierung der Benutzer die Erfassung konkreter Merkmalsausprägungen von verschiedenen Systemanwendern im Dialogverlauf mit dem Anwendungssystem. Je nach zugrundeliegender

Benutzermodellierungstechnik und Anwendungsdomäne lassen sich hierbei unterschiedliche Methoden beim Aufbau von Benutzermodellen differenzieren. Unter Verwendung des in Abschnitt 3.2.1 zugrundegelegten Adaptionsbegriffs unterscheidet KOBSA zwischen einem impliziten und einem expliziten Erfassungsprozess [KOBS93, 3]. Während die implizite Erfassung als ein für den Anwender unsichtbarer Prozess während der normalen Interaktion mit dem Anwendungssystem abläuft, beschreibt ein expliziter Erwerbsprozess einen davon getrennten Vorgang, in dem Benutzereigenschaften durch direkte Befragung gewonnen werden. In vielen Fällen ist es jedoch nicht sinnvoll Benutzermerkmale durch direkte Befragung der Anwender zu erfassen, da diese häufig nicht in der Lage sind objektive Informationen zu liefern [RICH79, 332].

Abbildung 4-6: Mögliche Inhalte von Benutzermodellen in Anlehnung an BODENDORF [BODE92, 238]

Hinsichtlich der Art der Informationen, die in einem Benutzermodell gespeichert werden, lassen sich nach BODENDORF die in Abbildung 4-6 dargestellten Inhalte differenzieren. Ausgehend von überwiegend quantitativen Merkmalen nimmt die Anzahl der qualitativen Inhalte von Benutzermodellen in der Darstellung von unten nach oben zu. Während quantitative Merkmale vergleichsweise einfach auf Basis von deskriptiven Informationen erfasst werden können, ist es häufig problematisch, mittels verdichteter Kennzahlen auf qualitative Merkmale eines Benutzers zu schließen [BODE92, 238f.].

Es ist nicht genug zu wissen, man muß auch anwenden;
es ist nicht genug zu wollen, man muß auch tun.
Johann Wolfgang von Goethe
Maximen und Reflexionen

5 Fallstudien und Fallmethodik

Die im Jahre 1908 an der Harvard Law School eingeführte Fallstudientradition gilt als Ausgangspunkt für die später von der Harvard Business School übernommene und auf den betriebswirtschaftlichen Bereich angepasste Fallstudienmethodik [COPE54, 25]. In Deutschland wurde die betriebswirtschaftliche Ausbildung anhand von praktischen Fällen durch die Arbeiten von KOSIOL Anfang der 50er Jahre eingeführt und geprägt. In Anlehnung an die in den USA verbreitete Ausbildungsmethode wurde die Idee der konkreten Entscheidungssituation zur Lösung von Problemstellungen von KOSIOL aufgegriffen und den deutschen Hochschulverhältnissen angepaßt [KOSI57, 5].

Kernziel der von KOSIOL in Deutschland initiierten Veränderungen ist eine duale Ausbildungsmethodik, die eine Verbindung zwischen einer wissenschaftlichen Denkweise und Arbeitsmethodik sowie deren Anwendung auf das konkrete Geschehen in der Wirtschaftspraxis beinhaltet [KOSI57, 10]. Wirtschaftliches Handeln eines akademisch ausgebildeten Betriebswirts muss nach KOSIOL trotz theoretischer Kenntnisse in der Berufspraxis versagen, „wenn er nicht in der Lage ist, dieses Wissen durch methodische Beherrschung für die Anwendung zu aktivieren" [KOSI57, 11].

Die im folgenden Kapitel dargestellten Untersuchungen der betriebswirtschaftlichen Fallstudienmethodik und die daraus resultierenden Eigenschaften von Fallstudien erlauben im weiteren Verlauf der Arbeit die Anforderungen an eine problemlösungsorientierte Interaktionskomponente für ein hypermediales Lehr-/Lernsystem zu konkretisieren. Im Mittelpunkt stehen hierbei Aspekte, die unmittelbar mit der Gestaltung und dem Einsatz von Fallstudien im betriebswirtschaftlichen Hochschulunterricht verbunden sind.

5.1 Fallmethodik im betriebswirtschaftlichen Hochschulunterricht

Zu den zentralen Aufgaben von Hochschulen gehören neben der Bildung des wissenschaftlichen Nachwuchses die Ausbildung von akademischen Führungskräften im Sinne einer Berufsvorbildung [KOSI57, 9]. Nach HAHN umfasst die wissenschaftliche Ausbildung von Führungskräften die Aufgabenkomplexe der

- Wissensvermittlung und
- Wissensanwendung [HAHN71, 15].

Im Mittelpunkt der Wissensvermittlung stehen traditionelle Unterrichtsveranstaltungen, wie sie in Form von Vorlesungen, Kolloquien, Vorträgen und Seminaren an Hochschulen gehalten werden. Der Lernende übernimmt hierbei in der Regel eine passive Rolle, in der die Wissensaufnahme im Vordergrund steht. Im Gegensatz dazu beinhaltet die Wissensanwendung das Training und die Anwendung des vorher vermittelten Wissens auf konkrete Problemsituationen in der Unternehmenspraxis. Damit verbunden ist häufig eine aktive Beteiligung des Lernenden, die sich durch das Treffen eigenständiger Entscheidungen äußert.

Fallstudien sowie deren Einsatz im Rahmen des betriebswirtschaftlichen Hochschulunterrichts stellen eine Ausprägung aktiver Lehr-/Lernformen dar und fordern den Bearbeiter zur geistigen Durchdringung von Problemsituationen der Unternehmenswirklichkeit auf [KOSI69, 512]. Im Unterschied zum traditionellen Hochschulunterricht ist es innerhalb des fallbasierten Unterrichts die Aufgabe des Studenten, die relevanten Informationen aus einem breiten Informationsangebot auszuwählen und bezogen auf die im Fall dargestellte Problematik richtig zu interpretieren.

Bevor im weiteren Verlauf des Kapitels der Aufbau und die Einbindung von Fallstudien in den betriebswirtschaftlichen Hochschulunterricht aufgezeigt wird, ist es zunächst erforderlich, die grundlegenden Begrifflichkeiten, die verschiedenen Fallmethodenvarianten sowie die mit dem Fallstudieneinsatz verbundenen Ziele darzustellen.

5.1.1 Begriffsklärung

Die Begriffe Fall, Fallstudie und Fallmethode werden sowohl in der wissenschaftlichen Literatur als auch in der betrieblichen Praxis unterschiedlich definiert und teilweise unpräzise abgegrenzt. Nach KOSIOL beinhaltet ein Fall „die Darstellung einer konkreten Situation im Betriebsgeschehen" [KOSI57, 23f.] anhand derer eine Entscheidung getroffen werden soll. HAHN hebt die Bedeutung der Entscheidung in den Vordergrund, indem er unter einen Fall bzw. Case die „Schilderung einer Entscheidungssituation aus der Unternehmenspraxis unter Angabe spezifischer, die Entscheidungssituation kennzeichnender Informationen" [HAHN71, 16] versteht. Im Mittelpunkt der von KOSIOL und HAHN vorgeschlagenen Definitionen stehen Entscheidungen in Unternehmen, die in Anlehnung an GUTENBERG bewußt gestaltete Willensakte zur zielgerichteten Steuerung inner- und außerbetrieblicher Bereiche des betrieblichen Geschehens beinhalten [GUTE62, 11]. KLEINE dagegen versteht unter einem Fall allgemein „die Beschreibung einer realen Situation" [KLEI80, 191] und setzt den Begriff gleich mit dem der Fallstudie.

Analog zur undifferenzierten Definition des Wortes Fall werden die Begriffe Fallstudie und Fallmethode unterschiedlich aufgefaßt. SCHEITLIN setzt den Begriff der Fallstudie explizit mit dem der Fallmethode gleich und hebt die Doppeldeutigkeit des Wortes Fallstudie hervor [SCHE75, 178]. Bei anderen Autoren wird indessen eine implizite Gleichsetzung der beiden Begriffe vorgenommen (z. B. [KAIS76, 51; KOSI69, 511]. Eine strikte Trennung zwischen Fallstudie und Fallmethode ist dagegen bei KLEINE und GROCHLA/THOM zu finden [KLEI80, 191; GROC75, 5]. Demnach handelt es sich bei einer Fallstudie allgemein um „die Beschreibung einer realen Situation" [KLEI80, 191] während die Fallmethode die Einbindung und aktive Bearbeitung einer Fallstudie im Rahmen einer konkreten Lernsituation beinhaltet [KLEI80, 191].

Im Rahmen der vorliegenden Arbeit erscheint es aufgrund der unterschiedlichen Begriffsdefinitionen notwendig, die oben aufgeführten Begriffe zu präzisieren und abzugrenzen. Unter einem Fall wird demnach eine reale Entscheidungssituation verstanden, die unter Berücksichtigung des Themas der Arbeit auf den Bereich des betriebswirtschaftlichen Unternehmensgeschehens eingeschränkt wird. Darauf aufbauend beinhaltet eine Fallstudie eine abstrakt dargestellte Beschreibung einer realen Entscheidungssituation im Unternehmen, in der unwichtige, für ein Lernziel unbedeutende Details vernachlässigt werden. Insofern handelt es sich bei einer Fallstudie um die bewußte und zielgerichtete Einschränkung der Realität [KOSI57, 24]. Die Einbindung einer Fallstudie in eine konkrete Lernsituation wird in Anlehnung an KLEINE als Fallmethode bezeichnet und beinhaltet die Einbindung und aktive Bearbeitung eines Falles in eine konkrete Unterrichtssituation.

Eine Abgrenzung der Fallmethode zu anderen, auf Entscheidungsproblemen basierenden Lehr-/Lernmethoden, kann anhand des Entscheidungszeitpunktes vorgenommen werden. Während beispielsweise bei Planspielen Entscheidungen auf zeitlich zurückliegenden Entscheidungsproblemen aufbauen und über mehrere Perioden getroffen werden müssen (s. Abschnitt 3.3.6), beziehen sich Fallstudien auf einen bestimmten Zeitpunkt [HAHN71, 16].

5.1.2 Fallmethodenvarianten

Seit Einführung der Fallstudie als Mittel zur aktiven Unterrichtsgestaltung wurden zahlreiche Varianten entwickelt, die sich hinsichtlich verschiedener Merkmale differenzieren. Angesichts dieses breiten Spektrums lassen sich in der Literatur unterschiedliche Systematisierungsvorschläge für die verschiedenen Fallmethodenvarianten identifizieren (z. B [KAIS76, 54f.; PERL75, 1-6; KOSI57, 23-28]). Ausgehend von den Merkmalen der Problemidentifizierung, der Informationsaufnahme und -verarbeitung sowie der Problemfindung und -lösung unterscheidet KAISER insgesamt vier Fallmethoden (s. Tabelle 5-1).

Tabelle 5-1: Fallmethoden in Anlehnung an KAISER [KAIS76, 55]

	Problemidentifizierung	Informationsgewinnung	Alternativenbildung	Problemlösung/ Entscheidung
Case-Study-Method	Verborgene Probleme müssen identifiziert werden	Informationen werden gegeben	Lösungsalternativen müssen ermittelt werden	Entscheidungen müssen getroffen werden
Case-Problem-Method	Probleme werden genannt	Informationen werden gegeben	Lösungsalternativen müssen ermittelt werden	Entscheidungen müssen getroffen werden
Case-Incident-Method	Probleme werden lückenhaft dargestellt	Informationen müssen selbstständig gesammelt werden		
Stated-Problem-Method	Probleme werden genannt	Informationen werden gegeben	Alternativen werden gegeben	Entscheidungen werden gegeben

Die Entscheidungsmethode (Case-Study-Method bzw. Case-Method) entspricht der ursprünglichen Form der Fallmethode, wie sie an der Harvard Business School gelehrt wird [KAIS76, 54]. Den Ausgangspunkt dieser Methode bildet die umfangreiche und ausführliche Schilderung einer Problemstellung innerhalb eines Unternehmens. Die Aufgabe des Fallbearbeiters besteht darin, die in der Situationsbeschreibung enthaltenen Probleme zu identifizieren, geeignete Lösungsalternativen zu erarbeiten und darauf aufbauend Entscheidungen zur Lösung der Probleme zu treffen. Außer der Lösung der im Fall beschriebenen Probleme wird häufig auch die fundierte Begründung des Lösungsweges als zentrale Aufgabe des Fallbearbeiters betrachtet [KOSI57, 514].

Werden neben den Informationen auch die Probleme in der Fallbeschreibung ausdrücklich genannt, so wird diese Art der Fallmethode als Case-Problem-Method bezeichnet [KAIS76, 54]. Im Mittelpunkt der Fallbearbeitung steht damit die Suche nach Lösungsvarianten sowie die anschließende ausführliche Diskussion der getroffenen Entscheidungen. Vereinzelt werden bei dieser Art der Fallmethode auch Lösungen angegeben, so daß die Diskussion in den Vordergrund rückt [KLEI80, 206].

Ausgehend von einer lückenhaften Fallbeschreibung stellt die Ereignismethode (Case-Incident-Method) die Informationsbeschaffung in den Mittelpunkt der Fallbearbeitung [KAIS76, 54]. Die Aufgabe des Fallbearbeiters besteht dabei zunächst in der gedanklichen Durchdringung der Problemstellung sowie der anschließenden Bestimmung des Informationsbedarfs zur Lösung des Problems. Die eigentliche Problemlösung wird dagegen mit der Ereignismethode nicht gezielt behandelt [KOSI69, 514].

Ist für eine Fallstudie der Lösungsweg bereits formuliert, d. h. erhält der Fallbearbeiter mit der Fallsituationsschilderung sämtliche Informationen, Problembeschreibungen, Lösungsalternativen und Entscheidungen, so wird diese Variante als Beschreibungsmethode (State Problem Method) bezeichnet [KAIS76, 54]. Ziel dieser Fallmethode ist in erster Linie die Vermittlung von Lösungswegen zu realen Entscheidungsproblemen. Darauf aufbauend kann auch die kritische Beurteilung sowie die Suche nach alternativen Lösungswegen Bestandteil der Beschreibungsmethode sein [KAIS76, 54].

PERLITZ und VASSEN ergänzen die von KAISER dargestellten Fallmethoden um die „In-Basket Exercise-Method" und verstehen darunter einen Geschäftsvorfall, in dem der Fallbearbeiter in der Stellung des Entscheidungsträgers über die selbstständige Bearbeitung eines Falles oder die Delegation an einen Mitarbeiter entscheiden muss [PERL75, 3]. Die zu treffende Entscheidung muss dabei häufig unter Zeitdruck gefällt werden, so daß eine möglichst realitätsnahe Situation entsteht.

Eine andere Klassifikation anhand der Phasen des Entscheidungsprozeß ist bei HAHN zu finden [HAHN71]. In Anlehnung an HEINEN und GRIEM unterscheidet HAHN die in Abbildung 5-1 dargestellten Entscheidungsphasen und differenziert je nach Inhalt und Fragestellung Entwicklungsfälle und Bewertungsfälle [HAHN71, 23-29].

Willensbildung				Willensdurchsetzung	
Problemstellungsphase	Suchphase	Beurteilungsphase	Entscheidungsphase	Realisationsphase	Kontrollphase

Abbildung 5-1: Phasen des Entscheidungsprozesses in Anlehnung an HEINEN [HEIN74, 19f.] und GRIEM [GRIE68, 57-78.]

Zu den Entwicklungsfällen gehören jene, bei denen sich der Bearbeiter am Anfang des Entscheidungsprozesses befindet. Den Ausgangspunkt dieser Fallart bildet die Problemstellungsphase, in der Informationen über die Ausgangssituation, Handlungsideen sowie die Unternehmensziele bereitgestellt werden [HAHN71, 29]. Dem Bearbeiter obliegt die Aufgabe anhand dieser Angaben das oder die vorhandenen Probleme zu identifizieren, mögliche Handlungsalternativen zu erarbeiten und zu bewerten sowie eine Entscheidung zu treffen, die zur bestmöglichen Lösung der Problemsituation führt.

Fälle, bei denen bereits die Problemstellungs- und teilweise auch die Suchphase abgeschlossen ist, werden zu den Bewertungsfällen gezählt [HAHN71, 29]. Sie dienen in erster Linie dazu, vorgegebene Handlungsalternativen innerhalb der Bewertungsphase gegeneinander abzuwägen, um anschließend eine Entscheidung zu treffen. Die für die Bewertung und Entscheidungsfindung notwendigen Informationen sind bereits in der Fallschilderung enthalten.

KLEINE ergänzt in Anlehnung an die oben erwähnte Beschreibungsmethode die von HAHN genannten Fallarten um den Beurteilungsfall, bei dem alle Phasen des Entscheidungsprozesses bereits durchlaufen wurden [KLEI80, 211]. Aufgabe des Fallbearbeiters ist somit die Analyse sowie das gedankliche Nachvollziehen des Falles. Analog zur Beschreibungsmethode kann durch Kritik oder Beanstandung der vorgegebenen Problemlösung aus einem Beurteilungsfall ein Entwicklungs- oder Bewertungsfall entstehen [KLEI80, 211].

In der vorliegenden Arbeit wird die von HAHN vorgeschlagene Klassifizierung von Fallmethoden anhand des betriebswirtschaftlichen Entscheidungsprozesses aufgegriffen und den weiteren Ausführungen zugrundegelegt. Die Klassifikation von Fallmethoden anhand des Entscheidungsprozesses erscheint deshalb geeignet, da mit den einzelnen Phasen des Entscheidungsprozesses bestimmte Arbeitsinhalte und Aufgaben verbunden sind, die im Rahmen der betrieblichen Unternehmenspraxis gelöst werden müssen. Somit wird der Fallstudienbearbeiter mit Aufgaben konfrontiert, wie sie in konkreten Problemsituation der Unternehmensrealität entstehen.

5.1.3 Ziele von Fallstudien

Zentrale Zielsetzung des Einsatzes von Fallstudien im Rahmen des betriebswirtschaftlichen Hochschulunterrichts ist die von KOSIOL geforderte Übertragung und Anwendung wissenschaftlicher Theorien und Methoden auf konkrete Problemstellungen in der Unternehmenspraxis [KOSI57, 10]. Fallstudien zählen somit in erster Linie zu den Ausbildungsmethoden und zielen darauf ab, das Verhalten zukünftiger Entscheidungsträger zu trainieren.

Aus dem Globalziel des Wissenstransfers lassen sich nach STROEBE unter Verwendung des in Abschnitt 5.1.2 beschriebenen betriebswirtschaftlichen Entscheidungsprozesses die in Abbildung 5-2 dargestellten untergeordneten Verhaltensziele ableiten [STRO78, 20]. Wesentlich für die Erreichung der Ziele ist dabei die Vermittlung und Anwendung verschiedener Techniken, die den dargestellten Bereichen zugeordnet werden können.

Im Mittelpunkt der mit dem Einsatz von Fallstudien verbundenen Lernziele steht das Training des Entscheidungsverhaltens. Maßgeblich für die Zielerreichung ist hierbei die Vermittlung einer systematischen Vorgehensweise, die im Gegensatz zur Versuch-Irrtum-Methode auf einer geplanten und methodisch fundierten Schrittfolge bei der Lösung einer Problemsituation basiert [STRO78, 20f.]. In der

Regel werden zur Unterstützung dieser Aufgabe verschiedene Entscheidungstechniken eingesetzt (z. B. [LAUX91, 115-128]).

Eng verbunden mit dem Entscheidungsverhalten ist die von vielen Autoren geforderte aktive Beteiligung des Lernenden am Lehr-/Lernprozess (z. B. [GROC75, 1; REET84, 205]). Lernen soll demzufolge nicht als passiv-rezeptive Wissensaufnahme aufgefasst werden, sondern in einem interaktiven Dialog zwischen dem Fallbearbeiter und einem Lernsystem oder anderen Fallbearbeitern bzw. Betreuern erfolgen. Aufgrund dieser Zielsetzung lassen sich Fallstudien und die damit verbundene Fallmethode zu den konstruktivistischen Lerntheorien zuordnen (s. Abschnitt 2.1.3).

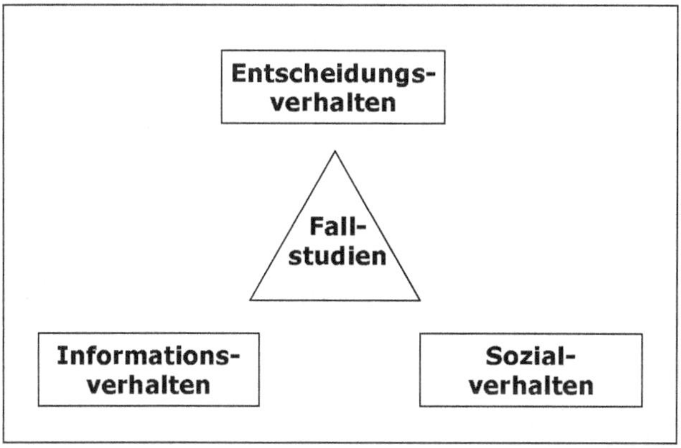

Abbildung 5-2: Ziele von Fallstudien im betriebswirtschaftlichen Hochschulunterricht

Die Grundlage von Entscheidungen bilden Informationen über den Entscheidungsgegenstand sowie das dazugehörige Umfeld. Innerhalb von realen Entscheidungssituationen liegen diese Informationen in der Regel in unvollkommener und unstrukturierter Form vor, so daß eine wesentliche Aufgabe eines Entscheidungsträgers darin besteht, relevante Informationen auszuwählen und zu systematisieren [STRO78, 27]. Die Integration von Fallstudien in den Hochschulunterricht soll demzufolge das Informationsverhalten zukünftiger Entscheidungsträger trainieren. Bei Betrachtung des Entscheidungsprozesses lassen sich nach BLEICHER für diese Zielsetzung folgende Aufgabeninhalte differenzieren [BLEI71, 39f.]:

- **Informationssammlung:** Analyse möglicher Ursachen der Problemsituation,
- **Informationsselektion:** Trennung von problemrelevanten und bedeutungslosen Informationen,

- **Informationsordnung:** Strukturierung der ausgewählten Informationen und
- **Informationsgewichtung:** Bewertung der Informationen auf Basis betriebswirtschaftlicher Wirkungszusammenhänge.

Grundlage zur Erfüllung der einzelnen Aufgabeninhalte bilden wiederum verschiedene Techniken, die dem Entscheidungsträger als Hilfsmittel angeboten werden. Im Mittelpunkt stehen hierbei insbesondere Analyse- und Bewertungstechniken, wie sie z. B. in Form von ABC- oder Kosten-Nutzen-Analysen in der Betriebswirtschaft Anwendung finden.

Als dritte Zielsetzung stellt das Sozialverhalten die Vermittlung und das Training von sozialer Kompetenz in den Vordergrund. Hierbei wird in erster Linie berücksichtigt, daß Entscheidungen häufig auf Basis von gruppendynamischen Prozessen, in die mehrere Personen eingreifen, getroffen werden müssen. Der kooperative Umgang mit den einzelnen Teilnehmern stellt somit eine zentrale Verhaltensweise bei der zielgerichteten Entscheidungsfindung dar und soll durch den Einsatz von Fallstudien trainiert werden.

5.2 Aufbau von Fallstudien

Ausgehend von der Klassifikation der unterschiedlichen Arten von Fallmethoden anhand des Entscheidungsprozesses werden hier die den Fallmethoden zugrundeliegenden Fallstudien näher betrachtet. Im Vordergrund stehen dabei die für die Konstruktion und Gestaltung von betriebswirtschaftlichen Fallstudien relevanten Kriterien, die sich in didaktische und strukturelle Merkmale untergliedern lassen. Die Darstellung der aus Sicht der Fallkonstruktion zu berücksichtigenden Kriterien erfolgt an dieser Stelle auf einem abstrakten Niveau, das erst durch die Beschreibung eines realen Fall konkretisiert werden kann (s. z. B. [REET88a, 153-156]).

5.2.1 Didaktische Kriterien der Fallstudiengestaltung

Aus Sicht der Didaktik lassen sich nach REETZ bei der Konstruktion und Gestaltung von Fallstudien vier Kriterien identifizieren, die in lernobjekt- und lernsubjektbezogene Kriterien gruppiert werden können (s. Abbildung 5-3) [REET88b, 41f.]. Zur Gruppe der lernobjektbezogenen Kriterien gehören jene, die sich auf den eigentlichen Fall beziehen und dessen Art und Weise der Darstellung beschreiben. Die situative Repräsentation beinhaltet die Forderung nach einer realen und praxisnahen Fallbeschreibung, bei der ein Ausschnitt aus der Realität möglichst wirklichkeitsgetreu und authentisch dargestellt wird [REET88b, 41]. REETZ greift damit implizit die Forderung von verschiedene Autoren nach der Vermeidung von konstruierten Fällen (armchair cases) und den damit verbundenen fehlenden Realitätsbezug auf (z. B. [CULL73, 13; SARG55, 22; ZOLL69, 11]. Gleichzeitig wird jedoch durch diese Restriktion das Spektrum an Fallstudien auf bereits existierende Fälle in Unternehmen eingeschränkt. Mögliche, auf die Zukunft bezogene Fallstudien werden dadurch von vornherein ausgeschlossen.

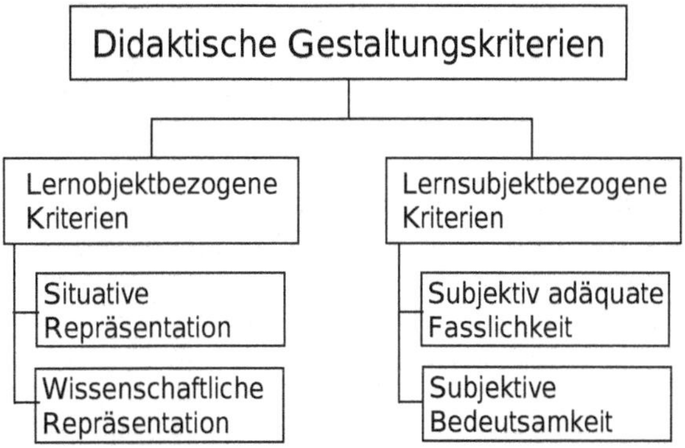

Abbildung 5-3: Didaktische Gestaltungskriterien

Das Kriterium der wissenschaftlichen Repräsentation bezeichnet den Grad der Verallgemeinerungsfähigkeit einer Fallstudie und die damit verbundene Anwendbarkeit von wissenschaftlichen Theorien und Modellen zur Lösung der Problemstellung [REET88b, 41]. Im Vordergrund steht dabei der Transfer systematisch strukturierter Wissensinhalte auf konkrete Problemstellungen in der betrieblichen Praxis, wie er bereits von KOSIOL als ein Hauptziel von Fallstudien genannt wurde [KOSI57, 11].

Gestaltungskriterien, die sich auf den Fallbearbeiter beziehen, werden zur Gruppe der lernsubjektbezogenen Kriterien gezählt. Der Aspekt der subjektiv adäquaten Fasslichkeit berücksichtigt das Vorwissens und den psychischen Entwicklungsstand des Fallbearbeiters und beinhaltet die Anpassung der Fallstudie gemäß der Lernervoraussetzungen [REET88b, 42]. Je nach Art und Umfang der Vorkenntnisse sowie der mit der Fallbearbeitung verbundenen Lernziele erfordert dies die Reduktion der Komplexität durch Akzentuierung einzelner Fallaspekte. Neben diesen Gestaltungsmerkmalen wird häufig auch die Sequenzierung des Falles als Hilfsmittel zur Verbesserung der Lernbarkeit eingesetzt [REET88b, 151].

Die subjektive Bedeutsamkeit drückt die für den Lernenden persönliche Relevanz hinsichtlich seiner gegenwärtigen und zukünftigen Berufs- und Lebenssituation aus [REET88b, 41f.]. Demnach müssen bei der Fallgestaltung die beruflichen und sozialen Interessen des Fallbearbeiters berücksichtigt werden, um dadurch die persönliche Identifikation und die damit verbundene Motivation herzustellen.

Die von REETZ aufgeführten Gestaltungskriterien können bei der Konstruktion von Fallstudien nicht isoliert betrachtet werden, sondern stehen in einem interdependenten Zusammenhang [REET93, 20; REET88b, 42]. So konkurriert beispielsweise die möglichst reale Falldarstellung, wie sie durch die situative Repräsentation gefordert wird, mit der wissenschaftlichen Repräsentation, die auf Prinzipien der Abstraktion und vereinfachten Modellierung basiert. Die Ausgestaltung einer konkreten Fallstudie kann somit immer nur als ein trade-off zwischen den genannten Gestaltungskriterien gesehen werden.

5.2.2 Strukturelle Bestandteile von Fallstudien

Aus den bisherigen Darlegungen über den Aufbau von Fallstudien gehen zunächst allgemeine Kriterien hervor, die Hinweise zur inhaltlichen Gestaltung liefern. Weitgehend unberücksichtigt bleiben dabei jedoch die konkreten strukturellen Bestandteile, die bei der Fallstudienkonstruktion beachtet werden müssen. Bei der genauen Analyse der verschiedenen Fallmethodenvarianten (s. Abschnitt 5.1.2) lassen sich folgende Bestandteile einer Fallstudien identifizieren [STRO78, 13; LEEN73, 43-51], wobei je nach Fallmethode einzelne Aspekte weniger stark ausgeprägt oder gar nicht vorhanden sind:

- Unternehmensprobleme,
- Ursachen,
- evtl. Lösungen,
- Entscheidungen,
- Anordnungs- und Durchführungsfragen,
- evtl. Ergebnisaussagen und
- weitere Hinweise und Informationen in der Teaching Note.

Den Ausgangspunkt einer Fallstudie bildet in der Regel die Beschreibung der Problemsituation. Typischerweise handelt es sich hierbei um eine Unternehmensdarstellung, in der die geschichtliche Entwicklung und das Unternehmensumfeld beschrieben werden [PERL76, 99]. Ergänzt wird diese Darstellung häufig durch verfügbare Hintergrundinformationen, die beispielsweise Marktentwicklungen oder das Verhalten von Konkurrenzunternehmen aufzeigen.

Die Präsentation der Unternehmensdarstellung kann je nach Medienwahl schriftlich, visuell oder audio-visuell erfolgen [KLEI80, 191]. In Abhängigkeit der verfügbaren Informationen können dazu Texte, Grafiken, Tabellen oder auch Interviews von beteiligten Mitarbeitern eingesetzt werden.

Eng verbunden mit der Darstellung der Unternehmensprobleme ist die Angabe von Ursachen, die zur Entstehung der Problemsituation geführt haben. In Abhängigkeit der Lernziele, die mit der Bearbeitung einer Fallstudie verbunden sind, können die Problemursachen explizit oder implizit angegeben werden. Während bei der expliziten Darstellung der Ursachen die Suche nach Varianten zur Lösung der Fallstudie im Vordergrund steht, besteht die Aufgabe des Fallbearbeiters bei der impliziten Angabe darin, die Ursachen innerhalb der Falldarstellung zu identifizieren. Häufig ist es dazu notwendig, weitere Informationen über das Unternehmen bzw. das Unternehmensumfeld zu beschaffen.

Je nach Art der Fallmethode können in der Fallstudie bereits Lösungen als vorgegebene Bestandteile enthalten sein (s. Abschnitt 5.1.2). Der Schwerpunkt der Fallstudienbearbeitung liegt demnach nicht in der Ausarbeitung von Lösungsalternativen, sondern in der kritischen Beurteilung und Bewertung der vorgegebenen Lösungen. Vielfach werden Lösungsangaben auch als Hilfestellung für unerfahrene Fallstudienbearbeiter angegeben.

Im Mittelpunkt der Fallstudienbearbeitung steht das Treffen von Entscheidungen, die zur Lösung der Problemsituation führen sollen. Hierbei tritt für den Fallstudienautor- und -bearbeiter die Schwierigkeit auf, daß es insbesondere im Umfeld von betriebswirtschaftlichen Aufgabenstellungen keine eindeutigen Lösungen gibt, da Entscheidungen immer mit einer gewissen Unsicherheit verbunden sind. In der Regel führt dies dazu, daß keine eindeutige Lösung für eine Fallstudie existiert [LEEN73, 15]. Eine wichtige Rolle in Bezug auf die Lösung einer Fallstudie stellen somit verschiedene Entscheidungsalternativen dar, die zur Lösung der Problemstellung führen.

Voraussetzung für die Lösung einer Fallstudie ist neben der Wahl der richtigen Entscheidungen die Vorgehensweise bei der Entscheidungsfindung. In Anlehnung an den Entscheidungsprozess müssen hierbei auf Basis der zugrundeliegenden Fallmethode unterschiedliche Aufgabenschritte durchlaufen werden. Mit der Einbindung von Anordnungs- und Durchführungsaufgaben wird der Fallstudienbearbeiter aufgefordert, die einzelnen Aufgabenschritte zu identifizieren und entsprechend ihrer Arbeitsinhalte in eine logische Bearbeitungsreihenfolge zu bringen. Grundlage für die Gestaltung der Anordnungs- und Durchführungsaufgaben bilden dabei wissenschaftlich-methodische Aspekte, wie sie im Rahmen des klassischen Hochschulunterrichts vermittelt werden.

Die Integration von Ergebnisaussagen in eine Fallstudie kann analog zur Angabe von Lösungen optional erfolgen. Im Vordergrund steht dabei die Bewertung einer Lösung sowie die kritische Beurteilung der bei der Lösungsfindung angewandten Vorgehensweise. Die Bedeutung der Ergebnisaussagen muß dabei insbesondere vor dem Hintergrund mehrere Lösungsmöglichkeiten betrachtet werden. Ein wesentliches Ziel der Ergebnisaussagen stellt somit auch die Begründung der dargestellten Lösung sowie der Verweis auf alternative Lösungsvarianten dar.

Während die bisher aufgeführten Fallstudienbestandteile primär an den Fallbearbeiter adressiert sind, richtet sich die Teaching Note an den Dozenten, der die Fallstudie im Rahmen einer Lehrveranstaltung einsetzt. Ziel der Teaching Note ist die Bereitstellung von Hintergrund-, Bearbeitungs- und Lösungsinformationen zur vorliegenden Fallstudie [KLEI80, 191]. Ausgehend von einer Kurzinformation, die häufig falltechnische und didaktische Angaben, wie z. B. den angesprochenen Fachbereich, die Zielgruppe oder den Zeitbedarf beinhaltet, werden im zweiten Teil der Teaching Note diese Angaben weiter spezifiziert [GROC75, 37f.]. Hierzu gehören beispielsweise genaue Informationen über das notwendige Vorwissen der Zielgruppe oder weitere Hinweise zum Umfeld des dargestellten Sachverhaltes.

5.3 Gestaltung des Lehr-/Lernprozesses

Die Wissensvermittlung und -anwendung im Rahmen des betriebswirtschaftlichen Hochschulunterrichts setzt die Berücksichtigung des Lernprozesses seitens der Studenten voraus. Im Hinblick auf die Einbindung von Fallstudien ist es daher zunächst erforderlich, die einzelnen Phasen des Lernprozesses und die damit verbundenen Funktionen und Maßnahmen darzustellen. Durch die anschließende Gegenüberstellung des Lern- und Entscheidungsprozesses können die Übereinstimmungen und Differenzen analysiert und zur Ausarbeitung konkreter Gestaltungsmaßnahmen von Lehr-/Lernprozessen genutzt werden.

5.3.1 Phasen des Lernprozesses

In der lernpsychologischen Literatur finden sich eine Vielzahl von Vorschlägen für eine phasenbezogene Systematisierung des Lernprozesses (s. Tabelle 5-2). Lernen, verstanden als Änderung von Verhalten [LEFR94, 16] beinhaltet demnach verschiedene Stufen bzw. Phasen, die einer sequentiellen Reihenfolge unterliegen. Die in Tabelle 5-2 aufgeführten Systematisierungsvorschläge unterscheiden sich zwar hinsichtlich der Tiefe, Breite, Bezeichnung und teilweise auch der Reihenfolge der einzelnen Phasen, lehnen sich jedoch gleichzeitig an ein gemeinsames Grundmodell an. Exemplarisch wird an dieser Stelle der Lernprozess von ALEWELL aufgegriffen und konkretisiert [ALEW71, 45-48].

ALEWELL untergliedert den Lernprozess in insgesamt sechs Phasen (s. Tabelle 5-2). In der Erfahrungsphase wird der Lernende mit der Problemstellung aus der Realität konfrontiert. Die Begegnung mit dem Lerngegenstand führt zu einem Widerstand, der dem gewollten Handeln entgegentritt [GUYE60, 65]. Diese Abweichung zwischen einem vorhandenen Ist- und einem angestrebten Soll-Zustand kann auch als Wissenslücke bzw. Unfähigkeit das Problem zu lösen interpretiert werden [ALEW71, 46].

Tabelle 5-2: Phasen des Lernprozesses

	(1)	(2)	(3)	(4)	(5)	(6)
[ALEW71, 45-48]	Erfahrungsphase	Motivierungsphase	Problemstellungsphase	Suchphase	Anwendungsphase	Integrationsphase
[ROTH61, 245-249]	Stufe der Motivation	Stufe der Schwierigkeit und des Widerstands	Stufe der Lösung	Stufe des Tuns und Ausführens	Stufe des Behaltens und Einübens	Stufe des Bereitstellens, der Übertragung und Interpretation
[HILL62, 45f.]	Staunen, Fragen, Wissen und Erkennenwollen	Durchstoß zu Erkenntnis und Begriff	Wertende Stellungsnahme	Sicherung des Lernbesitzes		
[CORR73, 55-66]	Vorgang der Motivation	Lokalisierung und Präzisierung der erfahrenen Schwierigkeiten	Suche von Lösungsmöglichkeiten	Überprüfung der Lösungen	Anwendung der entwickelten Hypothesen	
[GUYE60, 65]	Erstes den Lerngegenstand angehendes Tun	Auftreten von Schwierigkeiten	Heranziehen des vorhandenen Wissens zur Korrektur des ersten Tuns	Wiederholung des korrigierten Tuns	Übung und Vermeidung der Anfangsfehler	Gewöhnung als Anpassung an die Gesamtsituation

Zeitlich und sachlich eng verbunden mit der Erfahrungsphase ist die Motivierungsphase, in der die Bereitschaft und der Entschluss, die Divergenz zwischen Ist- und Soll-Zustand zu lösen, in den Vordergrund tritt [ALEW71, 46]. Der Grad der Motivation eines Lernenden, diese Wissenslücke zu schließen, hängt dabei maßgeblich von der vorhandenen Lernreife, dem Anspruchsniveau und dem gegebenen Wahrnehmungsfeld des Lernenden ab [CORR73, 56].

Ist ein Problem erkannt erfolgt innerhalb der Problemstellungsphase dessen Konkretisierung und Eingrenzung. Im Mittelpunkt steht dabei die geistige Durchdringung des Sachverhalts sowie die damit verbundene Zerlegung des Gesamtproblems in einzelne Teilprobleme [ALEW71, 46]. Fragestellungen, die für die Problemlösung nicht weiter relevant erscheinen, werden aus der weiteren Bearbeitung ausgeschlossen.

Die Suchphase zielt darauf ab, mögliche Lösungsalternativen für das Problem zu identifizieren. Anhand der detaillierten Problemanalyse können dazu bekannte Lösungen direkt übernommen oder auf das konkrete Problem angepasst werden [ROTH61, 246]. Sind dagegen keine Lösungen vorhanden, ist auch die Entwicklung neuer Lösungsverfahren möglich. Aus der Menge der übernommenen oder entwickelten Lösungsverfahren kann auf Basis von Relevanzüberlegungen eine Vorauswahl getroffen werden [ALEW71, 47].

In der Anwendungsphase werden die erarbeiteten Lösungsalternativen aus der vorangegangenen Phase auf die konkrete Problemstellung übertragen. Je nach Problemart, Lerntyp und Lernsituation läßt sich dabei eine empirisch-induktive und eine analytisch-deduktive Vorgehensweise unterscheiden [ALEW71, 47]. Ausgehend von den vorhandenen Lösungsalternativen beinhaltet die empirisch-induktive Vorgehensweise einen Iterationsprozeß, in dem die einzelnen Alternativen jeweils auf die Problemstellung angewendet werden. Nach jedem Durchlauf folgt eine Kontrollphase, in der die Ergebnisse der Anwendung bewertet und beurteilt werden. In einer vergleichenden Gegenüberstellung der einzelnen Alternativen erfolgt abschließend eine Auswahlentscheidung. Bei der analytisch-deduktive Vorgehensweise werden die Lösungsalternativen aus der Suchphase anhand von vorher festgelegten Beurteilungskriterien analysiert und bewertet. Der anschließenden Auswahl und Anwendung folgt ein Kontrollphase, in der die Ergebnisse des Realisationsschritts geprüft werden.

Ist das Problem gelöst, wird innerhalb der Integrationsphase das zur Lösung erarbeitete Wissen in das bereits vorhandene Wissen des Lernenden integriert. Dies beinhaltet zum einen die Festigung des Erlernten durch wiederholtes Üben der Lösung bzw. des Lösungsverfahrens [ROTH61, 247f.]. Zugleich dient die Verallgemeinerung des Lösungsverfahrens und die Variation der Anwendungsbeispiele der Übertragung auf ähnliche, in der Zukunft auftretende Problemsituationen.

5.3.2 Beziehung zwischen Lern- und Entscheidungsprozess

Vor einer Einbindung entscheidungsorientierter Fallstudien in den Lehr-/Lernprozess ist es notwendig, die Unterschiede und Gemeinsamkeiten zwischen Lern- und Entscheidungsprozess zu analysieren, um daraus mögliche Konsequenzen für die Gestaltung des Fallstudieneinsatzes abzuleiten. Nachfolgend wird dazu der von ALEWELL beschriebene Lernprozess den einzelnen Stufen des betriebswirtschaftlichen Entscheidungsprozesses gegenübergestellt (s. Tabelle 5-3).

Bei der Betrachtung der in Tabelle 5-3 gegenübergestellten Phasen des Lern- und Entscheidungsprozesses wird deutlich, daß der Entscheidungsprozess einen um die Anfangs- und Endphasen verkürzten Lernprozess darstellt. Die Gründe für den Wegfall der Erfahrungs- und Motivationsphase innerhalb des Entscheidungsprozesses liegen vor allem darin, daß diese Phasen in der Regel durch die Unternehmensrealität, in der sich ein Entscheidungsträger befindet, vollzogen werden [ALEW71, 48]. Im Gegensatz dazu erfolgt in der Unternehmenspraxis die Integration des Wissens durch Übung und Generalisierung typischerweise nicht explizit. Es kann jedoch nicht ausgeschlossen werden, daß die Integrationsphase mehr oder weniger implizit auch in realen Entscheidungsprozessen stattfindet [ALEW71, 49].

Tabelle 5-3: Vergleich von Lern- und Entscheidungsprozess [ALEW71, 49].

Phasen des Lernprozess			Phasen des Entscheidungsprozess
1) Erfahrungsphase			
2) Motivierungsphase			
3) Problemstellungsphase			1) Problemstellungsphase
4) Suchphase			2) Suchphase
a. Übernahme/Entwicklung/Entdeckung			a. Suchen
			b. Vorauswahl
5) Anwendungsphase			
	A	B	
		a. Beurteilung	3) Beurteilungsphase
		b. Auswahl	4) Entscheidungsphase
	a. Erprobung	c. Realisation	5) Realisationsphase
	b. Kontrolle	d. Kontrolle	6) Kontrollphase
6) Integrationsphase			
a. Festigung durch Übung			
b. Einordnung des Erlernten			

Aus der Gegenüberstellung der übrigen Phasenbezeichnung geht hervor, daß diese inhaltlich weitgehend übereinstimmen (s. Tabelle 5-3). Dies gilt im besonderen Maße für die Problemstellungsphase, in der die geistige Durchdringung des Problems stattfindet. Der Verlauf der Suchphase im Entscheidungsprozess ist dagegen häufig durch eine höhere Intensität gekennzeichnet, die auf eine stärkere Vorstrukturierung sowie die Reduktion der Lösungsalternativen im Lernprozess zurückzuführen ist [ALEW71, 49]. Die Beurteilungs-, Entscheidungs-, Realisations- und Kontrollphase innerhalb des Entscheidungsprozesses folgt indes der analytisch-deduktiven Vorgehensweise in der Anwendungsphase des Lernprozesses.

5.3.3 Einbindung von Fallstudien in den Lehr-/Lernprozess

Ausgehend von den Phasen des Lern- und Entscheidungsprozesses wird an dieser Stelle die Einbindung von Fallstudien in den betriebswirtschaftlichen Hochschulunterricht betrachtet. Die Idee, einzelne Phasen des Lernprozesses durch das Lernen anhand konkreter Fallstudien zu unterstützen ist nicht neu. Bereits Anfang der siebziger Jahre bemerkt ALEWELL, daß durch klassische Vorlesungen eine starke Fokussierung auf der Suchphase liegt und die Probleme in der Problemstellungsphase nur stark abstrahiert oder überhaupt nicht dargestellt werden [ALEW71, 50]. Ziel eines fallstudienorientierten Hochschulunterrichts soll daher die Unterstützung sämtlicher Phasen des Lernprozesses sein.

Die Integration von Fallstudien in den betriebswirtschaftlichen Hochschulunterricht läßt sich in unterschiedlichen Formen realisieren. Unterschieden wird zwischen der Ergänzung klassischer Lehrveranstaltungen und deren vollständigen Ersatz, bei dem Fallstudien im Mittelpunkt des Unterrichts stehen [CULB60, 80f.]. Entsprechend der Zielsetzung der vorliegenden Arbeit stehen bei den nachfolgenden Ausführungen Fallstudien als Ergänzung von klassischen Lehrveranstaltungen im Vordergrund der Betrachtung.

In Anlehnung an die ursprüngliche Fallmethode, wie sie an der Harvard Business School gelehrt wird, lassen sich drei Phasen identifizieren, die den Einsatz von Fallstudien im Rahmen von Lehrveranstaltungen charakterisieren [NN71, 58]. Im einzelnen handelt es sich dabei um:

- Einzelstudium,
- Gruppenarbeit und
- Plenardiskussion.

Die Phase des Einzelstudiums umfaßt die individuelle Analyse der Problemstellung und beinhaltet die inhaltliche Auseinandersetzung des Fallbearbeiters mit der Fallbeschreibung. Primäres Ziel dieser Phase ist die Vermittlung der Fallstudiengeschichte und das Erkennen der Problematik durch den Fallbearbeiter. Voraussetzung dafür ist das Wissen und Verstehen der in der Fallstudie dargestellten Sachzusammenhänge, d. h. der Fallbearbeiter muss über entsprechendes Grundlagenwissen verfügen [KLEI80, 248]. Die Fallbearbeitung innerhalb der Phase des Einzelstudiums kann durch einen klaren Aufbau und eine interessante Geschichte unterstützt werden. Darüber hinaus können Literaturhinweise zur Vertiefung der in der Fallstudie behandelten Themen angegeben werden.

Aufbauen auf der Phase des Einzelstudiums bildet die Gruppenarbeit ein Diskussionsforum, in dem die individuellen Analyseergebnisse mit anderen Fallbearbeitern diskutiert und auf die Problemstellung angewendet werden können. Im Mittelpunkt steht hierbei insbesondere die permanente Interaktion zwischen den Beteiligten sowie die damit verbundene Steuerung des Lernprozesses durch die kontinuierlichen Rückmeldungen der anderen Diskussionsteilnehmer. Weitere Aspekte, die bei der Gruppendiskussion berücksichtig werden müssen, sind die Gruppengröße, -zusammensetzung und -struktur sowie der Zeitbedarf für die Diskussion (z. B. [PERL76, 48-52; KOSI57, 46; BLEI71, 33-37]).

Innerhalb der abschließenden Plenardiskussion werden die erarbeiteten Analysen und Entscheidungen von den einzelnen Teilnehmern vorgetragen und diskutiert. Ziel dieser Diskussion, die in der Regel durch einen erfahrenen Diskussionsleiter unterstützt wird, ist die Zusammenführung der erarbeitete Ergebnisse zu verschiedenen Handlungsalternativen, die mögliche Problemlösungen darstellen. Der Ausarbeitung von Handlungsalternativen schließt sich deren Begründung und Bewertung an. Eine Fallstudie gilt als gelöst, wenn der vorgeschlagene Lösungsweg und die daraus abgeleitete Lösung logisch begründet werden kann.

In Anbetracht der Tatsache, daß die einzelnen Fallmethoden unterschiedliche Phasen des Lernprozesses abdecken, lassen sich Aussagen bzgl. der Eignung für bestimmte Lernziele ableiten. Ansatzpunkt hierfür können aus der Gegenüberstellung der verschiedenen Fallmethoden und der einzelnen Lernprozessphasen gewonnen werden (s. Tabelle 5-4).

Tabelle 5-4: Zuordnung von Fallmethoden und Lernprozessen in Anlehnung an ALEWELL [ALEW71, 53]

	(1)	(2)	(3)	(4)	(5)	(6)
Darstellungsfälle	x	x	(x)	(x)	(x)	x
Entscheidungsfälle						
Problem-Finding-Fallstudien			x			
Incident-Fallstudien			x	x		
Entwicklungsfallstudien			x	x	x	
Bewertungsfallstudien	(x)	(x)			x	
Übungsfälle						x

Durch die Zuordnung der in Abschnitt 5.1.2 beschriebenen Fallmethoden zu den einzelnen Lernprozessphasen läßt sich deren Abdeckungsgrad erkennen. Lernprozessphasen, die vollständig durch eine Fallmethode abgedeckt werden, sind durch ein x gekennzeichnet, während eine teilweise Abdeckung durch ein (x) dargestellt ist.

Die Praxis sollte das Ergebnis des
Nachdenkens sein, nicht umgekehrt.
Hermann Hesse

6 Anforderungen an eine problemlösungsorientierte Interaktionskomponente

Die in Kapitel 4 dargestellten Zusammenhänge haben verdeutlicht, daß im Bereich des Entwurfs und der Implementierung multimedialer Lehr-/Lernsysteme Interaktions- und Adaptionskonzepte eine zentrale Rolle spielen. Obwohl bei den am Markt verfügbaren Systemen diese Konzepte bereits in unterschiedlichen Formen realisiert wurden, existiert für die Abbildung betriebswirtschaftlicher Fallstudien in computerunterstützten Lehr-/Lernsystemen derzeit kein Gesamtkonzept, das die verschiedenen Vorschläge in geeigneter Weise integriert.

Zielsetzung des vorliegenden Kapitels ist die Formulierung von Anforderungen an eine problemlösungsorientierte Interaktionskomponente zur Einbindung betriebswirtschaftlicher Fallstudien in ein hypermediales Lehr-/Lernsystem. Von maßgeblicher Bedeutung sind dabei sowohl neuartige Ansätze, wie z. B. die semantische Auszeichnung von Lerninhalten, als auch bewährte Vorschläge für die Konzeption von Lehr-/Lernsystemen. Im Rahmen der weiteren Ausführungen wird das breite Spektrum konkreter Anforderungen in die Bereiche der funktionalen und technischen Systemgestaltung untergliedert.

6.1 Funktionale Anforderungen

Ausgehend von den inhaltlichen Bestandteilen betriebswirtschaftlicher Fallstudien und den damit verbundenen Aufgaben innerhalb des Entscheidungsprozesses werden zunächst die funktionalen Anforderungen an ein Werkzeug zur computerunterstützten Fallstudienbearbeitung dargestellt und bewertet. Wie aus Abbildung 6-1 erkennbar ist, lassen sich die im Zusammenhang mit der Fallstudienbearbeitung stehenden Aktivitäten den einzelnen Phasen des Entscheidungsprozesses zuordnen. In der Gesamtschau ergeben sich im Bereich der funktionalen Systemspezifikation folgende Anforderungen an eine problemlösungsorientierte Interaktionskomponente:

- Präsentation der Problemsituation und Navigation innerhalb der Fallinformationen,
- Bereitstellung verschiedener Interaktionsmöglichkeiten zur Lösung der Problemstellung und
- Integration verschiedener Adaptionsmöglichkeiten für die Systemanpassung an unterschiedliche Benutzer.

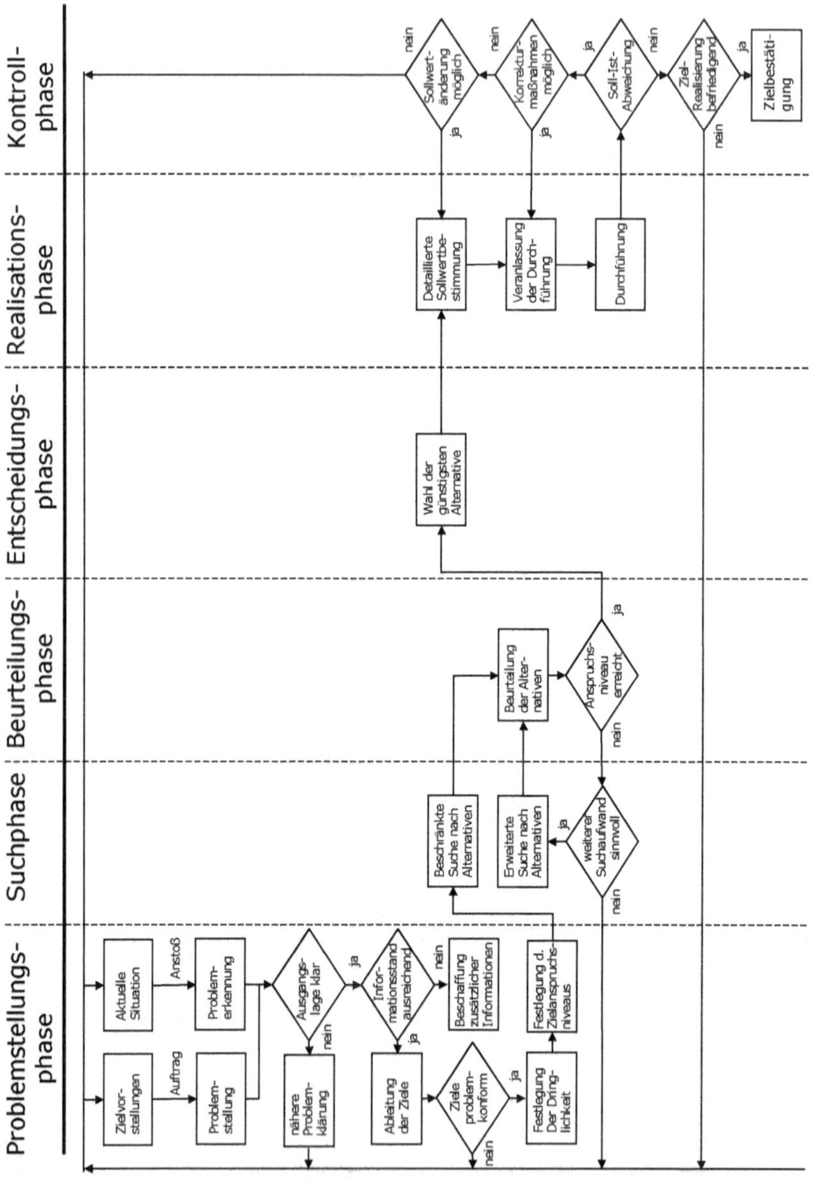

Abbildung 6-1: Entscheidungsprozessbezogene Aktivitäten [HAHN71, 24]

6.1.1 Informationspräsentation und Navigation

Den Ausgangspunkt im Rahmen der Fallstudienbearbeitung bildet die Präsentation der Problemsituation sowie anderer inhaltlicher Bestandteile von Fallstudien (s. Abschnitt 5.2.2). Aufbauend darauf besteht die Zielsetzung für den Fallstudienbearbeiter darin, die Probleme zu erkennen und dabei ggf. weitere Informationen zu suchen und hinsichtlich ihrer Relevanz zu bewerten.

Im Folgenden werden deshalb zunächst die Anforderungen hinsichtlich der Auswahl geeigneter Medien zur Informationspräsentation sowie die Navigationsmöglichkeiten innerhalb dieser Informationen dargestellt.

6.1.1.1 Medienauswahl

Konkrete Anforderungen für die Auswahl geeigneter Medien zur Präsentation von Fallstudieninformationen lassen sich aus der Analyse von existierenden Fallstudien ableiten. Dabei muß berücksichtigt werden, daß im Unterschied zur klassischen Papierform computerunterstützte Systeme den Vorteil bieten, nicht nur diskrete, sondern auch kontinuierliche Informationen darzustellen. Ein wesentliches Potential einer informationstechnischen Abbildung von Fallstudien besteht demnach in der multimedialen Präsentation der mit der Fallstudie zusammenhängenden Sachverhalte.

Wie bereits ansatzweise gezeigt wurde, beinhalten Fallstudien neben der meist textuellen Beschreibung der Problemsituation verschiedene Angaben, die Hinweise auf die Unternehmensentwicklung und das Marktumfeld beinhalten (s. Abschnitt 5.2.2). Je nach Art der Informationen können für die Präsentation innerhalb eines computerunterstützten Systems unterschiedliche Medientypen eingesetzt werden. Zusätzlich zu den bereits erwähnten Texten gehören hierzu Grafiken, Tabellen, Sprache, Animationen oder auch Videos, die z. B. zur Anzeige von einer Produktionsstätte genutzt werden können, in der sich die Ursache für die Problemsituation eines Unternehmens verbirgt.

Im Hinblick auf die Auswahl geeigneter Medientypen zur Darstellung der verschiedenen Informationsarten treten häufig psychologische, didaktische und gestalterische Aspekte in den Vordergrund, die beispielsweise den Informationsverarbeitungsprozess innerhalb des menschlichen Gehirns berücksichtigen. Für eine tiefere Betrachtung dieser Kriterien wird an dieser Stelle auf die einschlägige Literatur verwiesen (z. B. [STRI94; WEID94; TUFT83]).

Nach wie vor muß bei der Informationsdarstellung innerhalb einer problemlösungsorientierten Interaktionskomponente neben der Bildschirmpräsentation auch die Ausgabe über einen Drucker berücksichtigt werden. Die grundlegende Intention besteht dabei darin, die Fallstudie und die damit verbundenen Bearbeitungsschritte zu dokumentieren und für eine spätere Diskussion mit anderen Teilnehmern im Rahmen einer Plenarsitzung aufzubereiten (s. Abschnitt 5.3.3). Im Unterschied zur Bildschirmpräsentation ist hiermit zwar ein Verlust der kontinuierlichen Medientypen verbunden, jedoch besteht durch den Ausdruck die Möglichkeit einer computerunabhängigen Nutzung der Fallstudie.

6.1.1.2 Navigationsmöglichkeiten

Während durch die Wahl geeigneter Medien die Darstellungsform der Fallstudieninformationen festgelegt wird, erfolgt auf Basis der zugrundeliegenden Navigationsmöglichkeiten die Selektion der Informationen durch den Fallstudienbearbeiter. Um Anwender davor zu bewahren, innerhalb der hypermedialen Informationsstrukturen den Überblick zu verlieren („lost in hyperspace" [TERG95, 133]), ist die Integration geeigneter Navigationshilfsmittel erforderlich, die eine aktuelle Positionsbestimmung während der Fallstudienbearbeitung ermöglichen.

Zur Lösung einer konkreten Problemstellung im Rahmen einer Fallstudie sind in der Regel unterschiedliche Informationen, wie beispielsweise die Problemdarstellung, weiterführende Literaturangaben oder andere Quellen erforderlich. Darüber hinaus benötigt ein Fallstudienbearbeiter häufig theoretisches Hintergrundwissen, das zur Lösung der Fallstudie vorausgesetzt wird. Ein Konzeptvorschlag für die Implementierung einer problemlösungsorientierten Interaktionskomponente muß demzufolge Möglichkeiten beinhalten, die einen flexiblen Zugriff auf diese Informationen erlauben. Insbesondere gilt hierbei zu berücksichtigen, daß neben einer systemunterstützten Navigation, bei der die Informationen und deren Reihenfolge durch das Computersystem bestimmt werden auch eine freie, vom Anwender ausgehende Informationsauswahl möglich ist.

6.1.2 Interaktion

Von maßgeblicher Bedeutung für das Lernen mit hypermedialen Lehr-/Lernsystemen ist die Gestaltung der Interaktion zwischen Lernenden und Lernsystem sowie zwischen den Lernenden untereinander. Um Anforderungen für die Auswahl konkreter Gestaltungsmaßnahmen ableiten zu können, werden nachfolgend die Bereiche der systemgesteuerten und der systemunterstützten Interaktion untersucht und dargestellt. Während die systemgesteuerte Interaktion den Dialog zwischen Lernenden und Lehr-/Lernsystem beinhaltet, umfaßt die systemunterstützte Interaktion Maßnahmen zur Gestaltung der Kommunikation zwischen den Lernenden auf Basis von Computersystemen.

6.1.2.1 Systemgesteuerte Interaktion

Wie bereits gezeigt, liegt ein wesentliches Potential bei der Entwicklung computerunterstützter Lehr-/Lernsysteme in der Gestaltung der systemgesteuerten Interaktion (s. Abschnitt 3.1). Bei näherer Betrachtung des betriebswirtschaftlichen Entscheidungsprozesses lassen sich neben der aufgabenbasierten Interaktion insbesondere das Treffen von Entscheidungen sowie deren Begründung als zentrale Gestaltungsmöglichkeiten für die Implementierung einer problemlösungsorientierten Interaktionskomponente identifizieren. Im Hinblick auf den Aufgabenschwerpunkt kann der Gesamtbereich der systemgesteuerten Interaktion demzufolge in die Teilgebiete Test- und Übungsaufgaben, Entscheidungen und Begründung von Entscheidungen gegliedert werden.

6.1.2.1.1 Test- und Übungsaufgaben

Die Lösung einer konkreten Problemstellung im Rahmen einer Fallstudie beinhaltet verschiedene Phasen, die in Abhängigkeit der zugrundeliegenden Fallmethodik durchlaufen werden (s. Abschnitt 5.1.2). Unter Berücksichtigung des betriebswirtschaftlichen Entscheidungsprozesses (s. Abbildung 6-1) lassen sich dabei unterschiedliche Aufgabenschritte identifizieren, deren Bearbeitung dem Aufgabenkomplex der Entscheidungsvorbereitung zuzurechnen ist. Hierzu gehören neben der Suche, Auswahl und Bewertung relevanter Informationen die Identifikation einer geeigneten Bearbeitungsreihenfolge zur Lösung der vorliegenden Fallstudie.

Im Hinblick auf die Formulierung von Anforderungen an eine problemlösungsorientierte Interaktionskomponente ergibt sich somit die Forderung nach der Integration von Aufgabenformen, die beispielsweise zur Überprüfung von Handlungsabläufen bei der Bearbeitung von Fallstudien geeignet sind. Aus Sicht lehr-/lerntheoretischer Überlegungen steht hierbei nicht nur die aktive Beantwortung von Fragen durch einen Fallbearbeiter im Vordergrund, sondern auch die computerunterstützte Antwortanalyse und direkte Rückmeldung sowie der damit verbundene positive Lerneffekt [MUSH99, 151].

6.1.2.1.2 Treffen von Entscheidungen

Im Mittelpunkt des betriebswirtschaftlichen Entscheidungsprozesses stehen verschiedene Entscheidungen, die aufgrund der gesammelten Informationen sowie deren Bewertung vom Fallstudienbearbeiter getroffen werden müssen. Im Unterschied zu den dargestellten Test- und Übungsaufgaben basieren betriebswirtschaftliche Entscheidungen auf allgemeinen Kausalzusammenhängen, die zunächst unabhängig von einer konkreten Fallstudie Gültigkeit besitzen. Als beispielhafter Zusammenhang sei hier die Beziehung zwischen der Produktkomplexität und dem Vertriebsweg genannt, wobei eine geringe Produktkomplexität in der Regel für einen indirekten Vertriebsweg spricht.

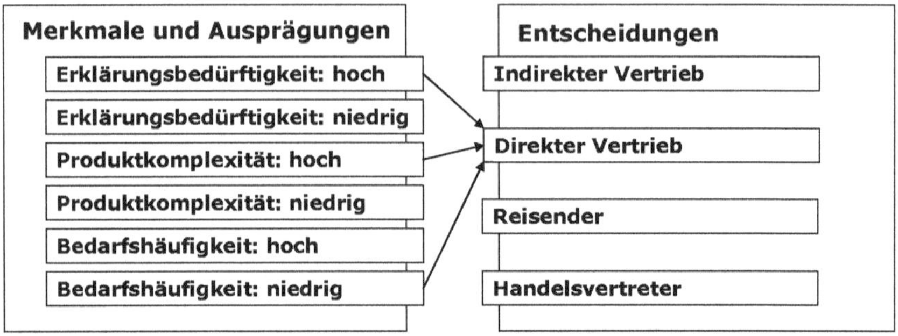

Abbildung 6-2: Herleitung von Entscheidungen

Im Rahmen der Fallstudienerstellung können mehrere dieser Kausalzusammenhänge zu einer realen Problemstellung kombiniert werden, die anschließend auf Basis der gegebenen Informationen von einem Fallstudienbearbeiter gelöst werden muß (s. Abbildung 6-2). Die Lösung einer Problemstellung erfolgt dabei durch Auswahl der nach Ansicht des Fallstudienbearbeiters richtigen Lösungsalternative, wobei berücksichtigt werden muß, daß mit der Wahl einer Entscheidung immer eine gewisse Unsicherheit verbunden ist (s. Abschnitt 5.2.2).

Für die Konzeption einer problemlösungsorientierten Interaktionskomponente besteht somit eine zentrale Anforderung in dem Aufbau einer fallstudienunabhängigen Regelbasis, in der zunächst allgemeine betriebswirtschaftliche Kausalzusammenhänge hinterlegt werden, die anschließend für die Abbildung konkreter Fallstudien genutzt werden können. Zur Lösung der Fallstudien durch den Fallstudienbearbeiter sind nicht nur Auswahlalternativen notwendig, sondern auch die bereits bei den Test- und Übungsaufgaben (s. Abschnitt 6.1.2.1.1) genannte Antwortanalyse sowie die darauf aufbauende direkte Rückmeldung über die Richtigkeit der getroffenen Entscheidung.

6.1.2.1.3 *Begründung von Entscheidungen*

Zur Lösung einer konkreten Problemstellung reicht die Auswahl einer Entscheidung in der Regel nicht aus. Aus Sicht der psychologisch-orientierten Didaktik ist es häufig vorteilhaft, wenn ein Fallstudienbearbeiter seine Lösung durch eine Begründung erklären kann. Dieser zusätzliche Aspekt führt in der Regel zu einer tieferen Informationsverarbeitung und wirkt sich demnach positiv auf die Lernleistung eines Anwenders aus [RENK97, 41]. Darüber hinaus kann durch eine Begründung und Erklärung das Erraten von Entscheidungen verringert werden.

Im Bereich der Gestaltung der Entscheidungsphase innerhalb einer problemlösungsorientierten Interaktionskomponente resultiert daraus die Anforderung, daß neben der Auswahl von Entscheidungsalternativen auch deren Begründung einen zentralen Bestandteil der Fallstudienbearbeitung darstellen sollte. Den Ausgangspunkt für eine Begründung der Lösung bildet dabei die Darlegung der Ursachen, die aus Sicht des Fallstudienbearbeiters zur Auswahl der Lösungsalternative(n) geführt haben. Bezogen auf das o. g. Beispiel müsste ein Anwender bei der Wahl des direkten Vertriebsweges angeben, daß die Auswahl aufgrund der hohen Produktkomplexität, der niedrigen Bedarfshäufigkeit sowie der hohen Erklärungsbedürftigkeit getroffen wurde (s. Abbildung 6-2).

6.1.2.2 Systemunterstützte Interaktion

Neben dem systemgesteuerten Frage-/Antwortdialog, der zur Lösung der Fallstudien dient, beinhaltet der Fallstudienbearbeitungsprozess häufig auch die Einbindung anderer Teilnehmer (s. Abschnitt 5.3.3). Eng verbunden mit der kooperativen Fallstudienbearbeitung ist die Forderung nach computerunterstützten Kommunikationsmöglichkeiten, die zur Klärung von Sachverhalten während des Bearbeitungsprozesses genutzt werden können.

Existierende Kommunikationsmöglichkeiten innerhalb computerunterstützter Lehr-/Lernsysteme lassen sich anhand des Übertragungszeitpunktes in synchrone und asynchrone Verfahren einteilen (s. Abschnitt 3.1.2.4). Im Rahmen der Fallstudienbearbeitung überwiegt aufgrund der direkten Rückmeldemöglichkeiten der Nutzen von synchronen Kommunikationsverfahren, so daß als Anforderung für die Konzeption einer problemlösungsorientierten Interaktionskomponente die Integration entsprechender Verfahren genannt werden kann. Gleichzeitig besteht im Rahmen des Fallstudienbearbeitungsprozesses häufig auch die Anforderung, über asynchrone Verfahren mit anderen Teilnehmern zu diskutieren. Dies gilt insbesondere dann, wenn sich die Bearbeitung einer Fallstudie über einen längeren Zeitraum hinzieht und mögliche Kommunikationspartner nicht kontinuierlich als Ansprechpartner zur Verfügung stehen. Demzufolge bildet die Bereitstellung asynchroner Kommunikationsmöglichkeiten eine weitere Anforderung für eine problemlösungsorientierte Interaktionskomponente.

6.1.3 Adaption

Aus der allgemeinen Zielsetzung im Hinblick auf die Berücksichtigung individueller Eigenschaften und Fähigkeiten von Lernenden im Rahmen von Lehr-/Lernprozessen lassen sich konkrete Anforderungen für die systemgesteuerten Anpassungsmöglichkeiten innerhalb einer problemlösungsorientierten Interaktionskomponente ableiten. Grundlage hierfür bildet die Untersuchung der Voraussetzungen, die zur erfolgreichen Bearbeitung von Fallstudien erforderlich sind.

Zur Beurteilung der notwendigen Vorkenntnisse eines Fallstudienbearbeiters ist eine differenzierte Betrachtung von Fallstudien hinsichtlich des Schwierigkeitsgrades notwendig. Unter der Voraussetzung, daß die grundlegenden betriebswirtschaftlichen Sachzusammenhänge nicht im Rahmen der Fallstudie vermittelt werden, unterscheidet STROBE zwischen einstufigen und mehrstufigen Fallstudien [STRO78, 26f.]. Während einstufige Fallstudien nur ein einziges Entscheidungsproblem beschreiben, besteht die Aufgabe bei mehrstufigen Fallstudien darin, die komplexe Problemstellung in Teilprobleme aufzuspalten und den gesamten Entscheidungsprozeß für jedes Teilproblem zu durchlaufen. Demzufolge erfordert die Lösung komplexer Fallstudien entsprechende Erfahrungen seitens des Fallbearbeiters [STRO78, 27].

Eine differenziertere Betrachtung des Schwierigkeitsgrades von Fallstudien ist bei LEENDERS und ERSKINE zu finden. Demnach können Fallstudien anhand von drei Dimensionen klassifiziert werden. Im einzelnen handelt es sich dabei um die [LEEN73, 128]:

- **Analytische Dimension:** Beinhaltet den Schwierigkeitsgrad bei der Suche nach Informationen,
- **konzeptuelle Dimension:** Umfaßt die inhaltliche Komplexität der Aufgabenstellung und
- **Präsentations-Dimension:** Beschreibt den Umfang der dargestellten Informationen.

Innerhalb der einzelnen Dimensionen lassen sich nach LEENDERS und ERSKINE wiederum verschiedene Ausprägungsmerkmale unterscheiden, die zur Erstellung eines differenzierten Klassifikationsschemas herangezogen werden können.

Aus den verschiedenen Darstellungen zum Schwierigkeitsgrad geht hervor, daß die inhaltliche Gestaltung von Fallstudien durch unterschiedliche Einflußfaktoren beeinflußt werden kann. Als globale Anforderungen an Maßnahmen zur Adaption von Fallstudien an die Kenntnisse und das Vorwissen eines Anwenders kann demzufolge die Integration unterschiedlicher Fallstudienvarianten genannt werden. Mögliche Anknüpfungspunkte für die Gestaltung der Fallstudienvarianten bilden dabei die genannten Differenzierungsmerkmale, sowie die darauf aufbauende Beschreibung von Voraussetzungen zur Bearbeitung einer Fallstudie.

6.2 Technische Anforderungen

Im Bereich der technischen Anforderungen stehen in erster Linie Verfahren und Maßnahmen zur Gestaltung der Datenverwaltung sowie der Benutzerschnittstelle im Vordergrund der Untersuchung. Gemäß dem Leitbild eines flexiblen Systemkonzepts als Grundlage einer problemlösungsorientierten Interaktionskomponente wird im Rahmen der folgenden Ausführungen die Erstellung und Anpassung umfangreicher Fallstudiensammlungen beschrieben. Aus diesem Blickwinkel ist insbesondere die Minimierung von Folgekosten, die durch den Pflegeaufwand induziert werden, von Bedeutung.

6.2.1 Datenverwaltung

Als globale Anforderung an jegliche Maßnahmen zur Gestaltung der Datenverwaltung können nach Date folgende Aspekte aufgeführt werden [DATE95, 14-16]:

- Vermeidung von Redundanzen,
- Gewährleistung der Datenkonsistenz,
- Wahrung der Datenintegrität,
- Einheitliches Datenschutz- und -sicherheitskonzept und
- Standards zur Repräsentation der Daten, wie z. B. Namens- und Typkonventionen.

Bezogen auf die Konzeption einer problemlösungsorientierten Interaktionskomponente lassen sich daraus konkrete Forderungen ableiten. Zur inhaltlichen Strukturierung des Anforderungsspektrums im Bereich Datenverwaltung bietet sich eine Untergliederung in die Verwaltung von Hypermediadaten sowie den Aufbau einer Regelbasis an.

6.2.1.1 Hypermediadaten

Aus den funktionalen Anforderungen zur Präsentation der inhaltlichen Fallstudienbestandteile resultiert die Forderung nach der Speicherung und Verwaltung der dafür benötigten Medienobjekte. Obwohl die Entwicklung in diesem Bereich bereits über einen längeren Zeitraum andauert, basiert ein Großteil der verfügbaren hypermedialen Lehr-/Lernsysteme auf proprietären Herstellerformaten, die den Lerninhalt als feste, nicht veränderbare Einheiten ablegen. Der Verzicht auf die Verwendung standardisierter Datenformate führt zu einer hohen Programmabhängigkeit, da die Lerninhalte nur mit Werkzeugen des jeweiligen Herstellers bearbeitet werden können. Darüber hinaus ist die Wiederverwendung von Lerninhalten in unterschiedlichen Zusammenhängen in der Regel mit einem hohen manuellen

Vervielfältigungsaufwand verbunden, der zu Redundanzen innerhalb der Datenverwaltung führt. Insbesondere bei großen Datenmengen, wie sie im Bereich der hypermedialen Lehr-/Lernsysteme üblich sind, wirkt sich diese Vorgehensweise negativ auf die notwendige Pflege und Anpassung der Lerninhalte aus [MUEL96, 3].

Eine weitere Restriktion bei dem Verzicht auf standardisierte Datenformate bildet der Mangel an Verknüpfungsmöglichkeiten zwischen den einzelnen Medienobjekten. Diese können aufgrund der proprietären Datenformate häufig nicht oder nur mit erheblichem Aufwand adressiert und damit in unterschiedliche Sachzusammenhänge eingebunden werden. Das Ergebnis sind schließlich starre Systeme, die nicht an neue Entwicklungen und Veränderungen der Umwelt angepaßt werden können.

Als Anforderungen an die Verwaltung von Hypermediadaten innerhalb einer problemlösungsorientierten Interaktionskomponente lassen sich demzufolge die Verwendung von Standardformaten sowie die damit verbundenen Möglichkeiten der Verknüpfung von Medienobjekten nennen. Unter Berücksichtigung der allgemeinen Anforderungen an die Datenverwaltung (s. o.) sollen diese in einem nicht redundanten, konsistenten und integren Zustand vorliegen.

6.2.1.2 Regelbasis

Die Grundlage einer computerunterstützten Auswahl von Entscheidungen bilden betriebswirtschaftliche Kausalzusammenhänge, die innerhalb einer Regelbasis abgebildet werden. Wie bereits in Abschnitt 6.1.2.1.2 gezeigt, handelt es sich hierbei zunächst um eine fallstudienunabhängige Wissensbasis, auf deren Grundlage in einem zweiten Schritt konkrete Fallstudien erstellt werden können. Gemäß dem Leitbild einer flexiblen Systemgestaltung resultieren daraus unterschiedliche Anforderungen an die Datenverwaltung.

Den Ausgangspunkt bei der Formulierung von Anforderungen an die Datenverwaltung bildet die persistente Abbildung der Regeln, die den Zusammenhang zwischen Merkmalen und Entscheidungen repräsentieren. Um einzelne Merkmale in verschiedene Fallstudien einbinden zu können, ist es notwendig, eine flexible Systematik zur Verfügung zu stellen, so daß die Implementierung unterschiedlicher Fallstudien und -varianten auf einfache Weise möglich wird. Von maßgeblicher Bedeutung ist hierbei nicht nur die nicht-redundante Speicherung und Verwaltung der Entscheidungen und Merkmale, sondern auch die Abbildung der unterschiedlichen Unsicherheiten, die bei der Entscheidungsfindung berücksichtigt werden müssen.

Vor dem Hintergrund einer dynamischen Veränderung der Umwelt ist die Anpassung und Erweiterung der Wissensbasis sowie die darauf aufbauende Erstellung neuer Fallstudien eine weitere zentrale Anforderung an die Entwicklung einer problemlösungsorientierten Interaktionskomponente. Für den Bereich der Datenverwaltung resultiert daraus die Forderung nach einer gut strukturierten und flexibel anpassbaren Regelbasis. Notwendig ist demzufolge die Entwicklung einer Regelsystematik, in der vorhandene Regeln einfach verändert bzw. neue Regeln ergänzt werden können.

Weitere Gestaltungshinweise sind aus der Forderung nach einem modularen Aufbau der Wissensbasis abzuleiten. Demnach können einzelne Regeln zu Modulen zusammengefaßt werden, die nach inhaltlichen Kriterien strukturiert und in unterschiedlichen Zusammenhängen eingesetzt werden können.

In der Gesamtschau ergeben sich für den Bereich der Regelbasis folgende Anforderungen an das zu erstellende Konzept:

- Abbildung betriebswirtschaftlicher Kausalzusammenhänge in Form von heuristischen Regeln,
- Inhaltliche Strukturierung und Aufbau einer modularen Regelbasis und
- flexible Anpaßbarkeit und Erweiterbarkeit der Regelbasis.

6.2.2 Benutzerschnittstelle

Während die bisher betrachteten technischen Anforderungen in erster Linie systeminterne Aspekte berücksichtigen, sind aus Sicht eines Anwenders die Gestaltung der Benutzerschnittstelle sowie die damit verbundenen Spezifikationen von maßgeblicher Bedeutung für eine effiziente und zielgerichtete Bearbeitung von Fallstudien. Als globale Anforderungen an jegliche Maßnahmen zur Gestaltung der Benutzerschnittstelle können nach SHNEIDERMAN nachfolgende Regeln dienen [SHNE98, 74f.]:

- Konsistente Oberflächengestaltung,
- Einbindung von Shortcuts für häufige Aktionen,
- Darbietung von informativen Rückmeldungen,
- Konsistente Dialoggestaltung,
- Verfahren zur Vermeidung und Behandlung von Fehlern,
- Zurücknahme einzelner Aktionen,
- Vermittlung der Systemkontrolle und

- Reduktion der angezeigten Informationen.

Ähnliche Regeln existieren in Form von internationalen Standards (z. B. [SCHN98; NN95]) und können als Leitfaden zur Gestaltung der Benutzerschnittstelle für eine problemlösungsorientierte Interaktionskomponente herangezogen werden.

Wer hohe Türme bauen will,
muß lange beim Fundament bleiben.
Anton Bruckner

7 Konzeption einer problemlösungsorientierten Interaktionskomponente

Die im vorangegangenen Kapitel aufgezeigten Anforderungen an eine problemorientierte Interaktionskomponente werden durch die verfügbaren Werkzeuge für den Bereich der Betriebswirtschaftslehre nur ansatzweise erfüllt. Zwar erlauben verschiedene Simulationssysteme eine problemorientierte Vermittlung betriebswirtschaftlicher Sachzusammenhänge (z. B. [NN00b; PREI94]) und damit einen Transfer von wissenschaftlich-strukturierten Informationen auf konkrete Problemstellungen, wie er bereits von KOSIOL gefordert wurde (s. Kapitel 5). Aufgrund der festen Programm- und Modellstrukturen lassen sich diese Systeme jedoch in der Regel nicht verändern bzw. erweitern, so daß Anpassungen üblicherweise nicht oder nur durch erheblichen Aufwand über individuelle Programmerweiterungen möglich sind. Darüber hinaus werden häufig Aspekte der Wissensvermittlung in diesen Systemen ausgeklammert, so daß der Schwerpunkt auf der Anwendung vorhandener Kenntnisse liegt.

Das hier vorgestellte Konzept einer problemlösungsorientierten Interaktionskomponente als Bestandteil eines hypermedialen Lehr-/Lernsystems wird unter der Bezeichnung PLATON (**P**roblem**L**ösungsorientierte Inter**A**k**T**i**ON**) zusammengefaßt und dient im besonderen Maße der Konstruktion einer flexiblen Fallstudienbasis, die unabhängig von einem bestimmten Lehr-/Lernwerkzeug eingesetzt werden kann. Die Grundlage dafür bildet eine Wissensbasis, die eine anwendungsunabhängige Erstellung und Anpassung von betriebswirtschaftlichen Fallstudien ermöglicht und damit eine Reduktion des Entwicklungsaufwands erlaubt.

Angestrebtes Ziel von PLATON ist aber nicht nur die Entwicklung eines Werkzeugs zur flexiblen Speicherung und Verwaltung von Fallstudien, sondern auch die dynamische Verknüpfung der zugrundeliegenden Wissensbasis mit einem hypermedialen Lehr-/Lernsystem. Ausgehend von einer konkreten Fallstudienbearbeitungssituation besteht für einen Lernenden dadurch die Möglichkeit, das für die Lösung eines Falls notwendige Hintergrundwissen innerhalb des hypermedialen Lehr-/Lernsystems aufzurufen und auf die konkrete Problemsituation anzuwenden.

Bei der Konzeption der problemlösungsorientierten Interaktionskomponente wird das von POHL im Rahmen seiner Dissertation entwickelte HOMER-Konzept (**H**ypertextbasierte **O**rganisation **M**ultimedialer **ER**klärungen) [POHL97b, 145-167] zur Speicherung und Verwaltung hypermedialer Lehr-/Lerninhalte aufgegriffen und erweitert. Nachfolgend werden zunächst die wesentlichen Grundgedanken dieses Konzepts, die zum weiteren Verständnis der in Abschnitt 7.2 beginnenden Ausführungen zur Konzeption einer problemlösungsorientierten Interaktionskomponente notwendig sind, dargestellt und erläutert. Für eine ausführliche Erklärung des HOMER-Ansatzes wird dagegen auf [POHL97b] verwiesen.

7.1 HOMER-Konzept

Das HOMER-Konzept basiert auf Erkenntnissen, die im Rahmen der jahrelangen Entwicklungen von hypermedialen Lehr/-Lernsystemen am Lehrstuhl für BWL und Wirtschaftsinformatik der Universität Würzburg gesammelt wurden. Demzufolge besteht zwischen dem Entwicklungsaufwand und der Größe eines Lehr-/Lernsystems ein überproportionaler Zusammenhang, der durch die Einbeziehung des Pflegeaufwands weiter zunimmt [POHL97b, 145]. Zur Verminderung dieser Problematik entwickelte POHL ein Konzept zur Implementierung einer Lernbausteinbibliothek, das auf der Wiederverwendung atomarer und in Standardformaten vorliegender Lernobjekte (z. B. Grafiken, Videos, Texte etc.) basiert.

Im Vergleich zu klassischen Hypermediasystemen besteht das zentrale Merkmal des HOMER-Konzepts in der Trennung von Lerninhalten und deren Darstellung [POHL97b, 146]. Aufgrund der dadurch erzielten physischen Entkopplung wird erreicht, daß einmal erstellte Lernobjekte in unterschiedlichen Zusammenhängen wiederverwendet werden können und somit der Gesamtaufwand für die Erstellung eines neuen Hypermediasystems verringert wird. Die nichtredundante Speicherung einzelner Lernobjekte erlaubt darüber hinaus eine Reduktion des Pflegeaufwands, da Änderungen nur einmalig an atomaren Lernobjekten vorgenommen werden müssen.

7.1.1 Architektur

Die Grundlage des HOMER-Konzepts bildet das Dexter-Referenzmodell, welches den Systemaufbau von Hypermediasystemen in eine Komponenten, Speicher und Laufzeitebene gliedert [POHL97b, 148; NIEL90, 103]. Innerhalb der Komponentenebene werden bei dem von POHL entwickelten Konzept sämtliche Lernobjekte (Grafiken, Texte, Videos etc.) atomar gespeichert und in Standardformaten abgelegt. Die Speicherung und Verwaltung der Lernobjekte erfolg aus Portabilitätsüberlegungen auf Dateisystemebene, wobei jedoch grundsätzlich auch der Einsatz eines Datenbanksystems denkbar ist, sofern dies über offene Schnittstellen verfügt.

Die konsequente Trennung zwischen Lerninhalten auf der Komponentenebene und deren Darstellung wird durch die Speicherebene realisiert. Innerhalb dieser befinden sich sämtliche Informationen über die Struktur, Verknüpfung und Formatierung der Lernobjekte in einzelnen Lernbeiträgen. Die Speicherung und Verwaltung dieser Informationen erfolgt auf Basis einer relationalen Datenbank, auf die mittels SQL über eine ODBC- oder JDBC- Datenbankschnittstelle zugegriffen werden kann.

Als Schnittstelle zwischen einem Lernenden und dem Lehr-/Lernsystem dient die Laufzeitebene, auf der mittels eines geeigneten Frontend-Programms die Darstellung der Lehr/Lerninhalte erfolgt. Über dieses Werkzeug greift ein Anwender auf die einzelnen Lernbeiträge zu und wählt die gewünschten Inhalte zur Bearbeitung aus.

7.1.2 Objektverwaltung

Im Mittelpunkt des HOMER-Konzepts steht die Verwaltung der Struktur-, Verknüpfungs- und Formatierungsinformationen auf der Speicherebene. Als Ausgangsgröße dient dabei eine Lerneinheit, die aus darstellungstechnischen Gründen den maximalen Umfang einer Anzeigeseite nicht überschreiten darf. Einzelne Lerneinheiten können in Knoten heruntergebrochen werden, die als primäre Informationsträger dienen. POHL unterscheidet insgesamt drei unterschiedliche Knotentypen [POHL97b, 150f.]:

- **Atome** bestehen aus elementaren Lernobjekten, wie z. B. einer Videosequenz oder einer Grafik,
- **Composites** beinhalten Atome oder andere Composites und sollten maximal die Größe einer Seite einnehmen und
- **Sequences** sind zusammengesetzte Knoten, die aus Seiten oder anderen Sequence-Knoten bestehen und eine feste Reihenfolge besitzen.

Die Speicherung und Verwaltung der Informationen innerhalb der Speicherebene folgt dem Prinzip der relationalen Darstellung einer Baukastenstückliste [THOM90, I 1.2, 18-21]. Dazu werden sämtliche Knoten (Atome, Composites und Sequences) sowie deren Attribute in einer Knotenstammrelation abgelegt (s. Abbildung 7-1). Die strukturellen Beziehungen zusammengesetzter Knoten (Composites und Sequences) werden durch eine Knotenstammrelation abgebildet, die über eine Primär-/Sekundärschlüsselbeziehung mit der Knotenstammrelation logisch verknüpft ist (s. Abbildung 7-1).

Knotenstrukturrelation

KnotenID	Enthaltene KnotenID	Darstellungs-position	etc.
4	1	25,5,195,30	...
4	2	25,40, 195, 210	...
4	3	40, 20, 260, 240	...
4	5	70, 20, 310, 330	...
6	4		...

Knotenstammrelation

KnotenID	KnotenTyp	KnotenName	DateiName	DateiTyp	etc.
1	Atom-Text	RGB-Überschrift	000001	RTF	...
2	Atom-Text	RGB-Definition	000002	RTF	...
3	Atom-Grafik	RGB-Farbkreis	000003	JPG	...
4	Composite-Seite	RGB-Farbmodell			...
5	Atom-Video	RGB-Farbverlauf	000004	MPG	...
6	Sequenz	Farbmodelle			...

Abbildung 7-1: Knotenstamm- und -strukturrelation

Diese auch als Hypermediastückliste bezeichnete Relationen-Struktur [POHL97b, 152f.] erlaubt den Aufbau beliebig tief strukturierter Lerneinheiten auf Basis atomar gespeicherter Lernobjekte. Die Präsentation der Lerneinheiten zur Laufzeit erfolgt durch Auslesen der Darstellungsinformationen aus der Datenbank und Anzeige innerhalb eines geeigneten Lehr-/Lernwerkzeugs. Zusammengesetzte Knoten müssen dabei zunächst über ihre Schlüsselbeziehungen aufgelöst werden, was dem Vorgang einer Stücklistenauflösung in einem klassischen ERP-System entspricht.

7.2 Speicherung und Verwaltung von Fallstudien

Im Mittelpunkt des Entwurfs einer problemlösungsorientierten Interaktionskomponente für ein hypermediales Lehr-/Lernsystem steht die Speicherung und Verwaltung der Fallstudien. Ausgehend von dem in Abschnitt 5.2 beschriebenen Aufbau betriebswirtschaftlicher Fallstudien orientiert sich die nachfolgende Darstellung an den daraus abgeleiteten Bestandteilen. Eine zentrale Anforderung stellt dabei die Erstellung neuer bzw. die Anpassung bereits vorhandener Fallstudien dar (s. Abschnitt 6.2.1.2).

Für die Entwicklung einer flexibel anpassbaren Fallstudiensammlung wird eine Wissensbasis konzipiert. Die Grundlage hierfür bildet die Formalisierung von Beziehungen zwischen betriebswirtschaftlichen Merkmalen und den daraus abgeleiteten Entscheidungen. Aufbauend auf einer relationalen Datenstruktur können diese zunächst allgemein hinterlegten Regeln anschließend für die Erstellung von konkreten Fallstudien genutzt werden.

7.2.1 Abbildung der Fallstudiendarstellung

Den Ausgangspunkt der Fallstudienbearbeitung durch einen Anwender bildet die Fallpräsentation, die den Problemzusammenhang beschreibt und zusätzliche Hintergrundinformationen enthalten kann (s. Abschnitt 5.2.2). Die Darstellung der Informationen kann sowohl in Form von Text, als auch mittels Grafiken, Videos und Ton erfolgen und entspricht somit grundsätzlich der Informationsdarstellung in einem multimedialen Lehr-/Lernsystem. Die Speicherung und Verwaltung der Falldarstellung erfolgt aufgrund dieser Analogie direkt innerhalb des Lehr-/Lernsystems.

7.2.1.1 Auszeichnung der Fallstudiendarstellung

Sämtliche in der Fallstudiendarstellung enthaltenen Informationen werden mittels XML ausgezeichnet und als XML-Datei innerhalb des Dateisystems abgelegt. Dieser Ansatz bildet zum einen die Grundlage für eine spätere semantische Informationssuche innerhalb einer umfangreichen Fallstudiensammlung. Darüber hinaus erlaubt die XML-basierte Auszeichnung der Falldarstellung die Transformation der Informationen in unterschiedliche Darstellungsformate und bildet somit die Basis für verschiedene Präsentationsmedien.

Der Aufbau der Fallstudiendarstellung ist seitenorientiert, d. h. bei umfangreichen Beschreibungen wird der Inhalt auf mehrere XML-Dateien aufgeteilt. Die Größe der XML-Dateien kann grundsätzlich frei gewählt werden, richtet sich aber in der Regel nach der Größe des Darstellungsbereichs einer Bildschirmseite. Ausgehend von den unterschiedlichen Präsentationsformen erlaubt die in Tabelle 7-1 abgebildete Dokumententypdefinition die Darstellung von Text, Grafiken, Videos und Animationen.

Verfügbare Hintergrundinformationen zu einer Problemstellung, die von einem Fallbearbeiter optional aufgerufen werden können, lassen sich über Verweise in die Fallstudiendarstellung einbinden. Je nach Umfang der zusätzlichen Informationen kann hierfür ein seiteninterner oder -externer Verweis erstellt werden. Sollen umfangreiche Hintergrundinformationen in eine Falldarstellung einfließen, ist grundsätzlich eine separate XML-Datei zu wählen und mittels eines externen Verweises in die Präsentation einzubinden. Werden dagegen nur kleine Ergänzungen in Form von Glossarbegriffen oder Literaturhinweisen angeboten, können diese über seiteninterne Verweise (z. B. Popup-Fenster) in die Fallstudiendarstellung integriert werden.

Tabelle 7-1: DTD der Fallstudiendarstellung

```
<!ELEMENT   Seite                     (Kapitelueberschrift, Logo, Titel, Inhalt*)>
<!ELEMENT   Kapitelueberschrift       (#PCDATA)>
<!ATTLIST   Kapitelueberschrift id    CDATA #REQUIRED>
<!ELEMENT   Logo                      EMPTY>
<!ATTLIST   Logo source               CDATA #REQUIRED>
<!ELEMENT   Titel                     (#PCDATA)>
<!ATTLIST   Titel id                  CDATA #REQUIRED>
<!ELEMENT   Inhalt                    (Absatz*, Grafik?)*>
<!ELEMENT   Absatz                    (#PCDATA | Absatztitel | Link | Literatur | Zitat |
                                      Glossarbegriff | Zitat | Grafik | Video | Animation |
                                      Aufzaehlung)*>
<!ELEMENT   Absatztitel               (#PCDATA)>
<!ELEMENT   Link                      (#PCDATA)>
<!ATTLIST   Link target               CDATA #REQUIRED>
<!ELEMENT   Literatur                 (#PCDATA)>
<!ELEMENT   Zitat                     (#PCDATA)>
<!ELEMENT   Glossarbegriff            (#PCDATA)>
<!ELEMENT   Grafik                    (#PCDATA)>
<!ATTLIST   Grafik source             CDATA #REQUIRED
<!ELEMENT   Video                     (#PCDATA)>
<!ATTLIST   Video source              CDATA #REQUIRED
<!ELEMENT   Animation                 (#PCDATA)>
<!ATTLIST   Animation source          CDATA #REQUIRED
<!ELEMENT   Aufzaehlung               (Element*)>
<!ELEMENT   Element                   (Absatz)>
```

7.2.1.2 Datenmodell der Fallstudiendarstellung

Die mittels XML ausgezeichnete und strukturierte Fallstudiendarstellung umfasst in der Regel mehrere Seiten, die in einzelnen Dateien gespeichert werden. Für die Einbindung in ein hypermediales Lehr-/Lernsystem wird das von POHL entwickelte HOMER-Konzept zur Organisation von hypermedialen Lehr-/Lerninhalten aufgegriffen und erweitert. Im Unterschied zum ursprünglichen relationalen Datenmodell werden einzelne Lernobjekte in der Datenbank nicht auf atomarer Ebene referenziert, sondern auf Basis des oben beschriebenen XML-Datenformats. Demzufolge werden zunächst die einzelnen Seiten der Fallstudiendarstellung mittels XML ausgezeichnet und anschließend über das in Abbildung 7-2 dargestellte Datenmodell zu einer Fallstudienbeschreibung zusammengefügt. Die Strukturierung der einzelnen Falldarstellungsseiten erfolgt in Analogie zum Aufbau eines Buches in Kapiteln und Abschnitten.

Wie in Abbildung 7-2 ausschnittsweise dargestellt, basiert die Speicherung und Verwaltung der Fallstudiendarstellung auf einer Stamm- und einer Strukturrelation, die über Schlüsselbeziehungen miteinander verknüpft sind. Innerhalb der Stammrelation werden sämtliche Elemente der Fallstudiendarstellung hinterlegt und mit einem Primärschlüssel versehen. Während Elemente, die eine Seite darstellen, einen Verweis auf eine externe Datei beinhalten, repräsentieren Kapitel- und Abschnittselemente die Struktur der Fallstudiendarstellung.

Strukturrelation

ObjektID	EingehendesObjekt
3	1
3	2
3	6
1	4
1	5
...	...

Stammrelation

ObjektID	Typ	Name	DateiName
1	Abschnitt	Problemsituation	
2	Abschnitt	Aufgabenstellung	
3	Kapitel	Fallstudie	
4	Seite	Marktentwicklung	00002.xml
5	Seite	Orga.-Struktur	00003.xml
6	Abschnitt	Konkurrenzprofil	
...	...	...	

Abbildung 7-2: Tabellenstruktur der Falldarstellung

Die Beziehungen zwischen den einzelnen Elementen der Stammrelation werden durch die Strukturrelation bestimmt. Wie aus Abbildung 7-2 ersichtlich können Strukturelemente vom Typ Kapitel einen bzw. mehrere Abschnitte oder Seiten enthalten. Ein Strukturelement vom Typ Abschnitt kann dagegen andere Abschnitte oder Seiten beinhalten. Die Verknüpfung der Stamm- und Strukturrelation erfolgt anhand einer Primär-/Sekundärschlüsselbeziehung.

7.2.1.3 Präsentation der Fallstudiendarstellung

Die im Datenmodell der Falldarstellung verwalteten Informationen werden einem Fallstudienbearbeiter über ein geeignetes Lehr-/Lernsystem präsentiert. Die Konzeption des hier vorgestellten Entwurfs basiert auf Grundlage des Internets und beinhaltet dementsprechend einen Web-Browser, der als Darstellungswerkzeug genutzt wird. Innerhalb dieser Umgebung erfolgt die Auswahl der Fallstudiendarstellung in der Regel über einen hierarchischen Baum, der die Struktur der Fallbeschreibung repräsentiert und vom Fallbearbeiter als Navigationshilfe genutzt werden kann (s. Abschnitt 8.3).

Grundlage für die Präsentation der Fallstudiendarstellung bildet die Dokumentenbeschreibungssprache HTML (s. Abschnitt 4.3.3), die innerhalb eines Web-Browsers interpretiert und angezeigt werden kann. Zur Erzeugung von HTML ist es notwendig, die in XML vorliegende Fallstudiendarstellung mittels eines Stylesheets zu transformieren. Hierbei werden die einzelnen XML-Elemente der Fallstudiendarstellung selektiert und auf Basis der innerhalb des Stylesheets enthaltenen Transformationsregeln in HTML umgewandelt.

Tabelle 7-2: Ausschnitt der XSLT-Regeln zur Transformation der Fallstudiendarstellung

```
<?xml version='1.0'?>
<xsl:stylesheet version="1.0"
xmlns:xsl="http://www.w3.org/1999/XSL/Transform">
<xsl:template match="Seite">
<html>
 <head>
  <title>Aphrodite</title>
 </head>
 <body>
   <table border="1" width="640">
     <xsl:apply-templates />
   </table>
 </body>
</html>
</xsl:template>
<xsl:template match="Kapitelueberschrift">
    <tr>
      <td>
        <xsl:value-of select="@id" />
        <xsl:value-of select="." />
      </td>
      <th align="right">
        <img>
        <xsl:attribute name="src">
          <xsl:value-of select="//Logo/@source" />
        </xsl:attribute>
       </img>
      </th>
    </tr>
</xsl:template>
```

Wie in Tabelle 7-2 ausschnittsweise dargestellt, erfolgt die Selektion der einzelnen XML-Elemente mittels sog. Templateregeln. Über einen im Lehr-/Lernsystem integrierten XSLT-Prozessor werden diese bei Bedarf aufgerufen und zur automatischen Erzeugung des HTML-Codes genutzt.

7.2.2 Implementierung der Wissensbasis

Ein besonderes Problem bei der Erstellung einer flexibel anpassbaren Fallstudiensammlung liegt in der Abbildung der betriebswirtschaftlichen Sachzusammenhänge. Bislang konzentrieren sich Programmentwicklungen zur Einbindung von Fallstudien in computerunterstützte Lehr-/Lernsysteme häufig auf statische Individuallösungen (z. B. [FISC94, 48-50]). Der hier vorgestellte Lösungsweg basiert dagegen auf einer programmunabhängigen Wissensbasis, in der betriebswirtschaftliches Expertenwissen in Form von Regeln hinterlegt wird.

Für die Entwicklung einer solchen Lösung wird zunächst die Repräsentation von Expertenwissen innerhalb einer Wissensbasis dargestellt. Dabei soll insbesondere die Unsicherheit, die mit dem Treffen von betriebswirtschaftlichen Entscheidungen verbunden ist (s. Abschnitt 5.2.2), berücksichtigt werden. Aufbauend darauf wird anschließend die Strukturierung der Wissensbasis sowie die relationale Speicherung und Verwaltung, die Voraussetzung für einen modularen und flexibel anpassbaren Aufbau ist, aufgezeigt.

7.2.2.1 Formalisierung des Wissens

Bei der genauen Betrachtung des betriebswirtschaftlichen Entscheidungsprozesses (s. Abschnitt 5.1.2) wird deutlich, daß die Analyse einer Problemsituation sowie das Treffen von Entscheidungen zur Herbeiführung einer Lösung zu den zentralen Aufgaben eines Entscheidungsträgers gehören. Die Ableitung von Entscheidungen basiert dabei auf dem Erkennen von relevanten Merkmalen und Merkmalsausprägungen sowie dem Wissen des Entscheidungsträgers, welche Schlussfolgerungen daraus gezogen werden müssen. Übertragen auf ein konkretes Beispiel bedeutet dies für die Suche eines geeigneten Vertriebsweges für ein neu einzuführendes Produkt, daß beispielsweise das Merkmal ‚Erklärungsbedürftigkeit' mit der Ausprägung ‚gering' für die Wahl eines indirekten Vertriebsweges spricht.

Reale Entscheidungssituationen beinhalten neben diesen einfachen Sachzusammenhängen häufig komplexe Merkmalskombinationen, die für oder gegen die Auswahl einer Entscheidung sprechen. Bezogen auf das genannte Beispiel bedeutet dies, daß die Wahl des Vertriebsweges für ein neu einzuführenden Produkt nicht nur von der Produktkomplexität, sondern auch von Merkmalen wie beispielsweise der Bedarfshäufigkeit eines Produktes oder der Anzahl der Endabnehmer abhängt. Je nach Merkmalsausprägung sprechen diese Eigenschaften entweder für oder gegen die Wahl eines indirekten Vertriebsweges.

Tabelle 7-3: Abstrakte Regel [MERT90, 21]

WENN	Bedingung B1 ... Bn (erfüllt)
DANN	Aktion A1 ...An (ausführen)

Für die Repräsentation von Wissen innerhalb einer Wissensbasis wurden verschiedene Techniken entwickelt (z. B. [PUPP91, 16-71]). Die hier vorgestellte Lösung basiert auf Regeln, durch die allgemeine Sachzusammenhänge zwischen Daten, Symbolen oder Fakten abgebildet werden können [MERT90, 21]. Eine Regel besteht dabei grundsätzlich aus einer oder mehreren Vorbedingungen, die eine Situation beschreiben und einer oder mehreren Aktionen, die ausgeführt werden, wenn die Vorbedingungen eintreten [PUPP91, 21] (s. Tabelle 7-3).

Tabelle 7-4: Beispiel für komplexe Regel

WENN	Erklärungsbedürftigkeit = gering UND
	Bedarfshäufigkeit = hoch UND
	Geographische Verteilung = verstreut
DANN	Vertriebsart = direkter Vertrieb

Unter Verwendung des vorab erwähnten Beispiels läßt sich exemplarisch die in Tabelle 7-4 dargestellte Regel zur Herleitung der Vertriebsart ‚direkter Vertrieb' für ein neu einzuführendes Produkt ableiten.

7.2.2.2 Berücksichtigung von unsicherem Wissen

Im Unterschied zu vielen mathematischen Problemstellungen unterliegen betriebswirtschaftliche Entscheidungsprobleme häufig einem hohen Maße an Unsicherheit, das durch fehlende Informationen oder die unterschiedliche Bewertung von Merkmalen und Merkmalsausprägungen verursacht wird. Im Rahmen der Entscheidungsfindung ist es daher häufig nicht möglich, eindeutige Lösungen für ein Entscheidungsproblem zu identifizieren (s. Abschnitt 5.2.2).

Innerhalb der weiteren Ausführungen wird daher ein erweiterter Regelansatz verwendet, um Unsicherheiten bei der Implementierung einer betriebswirtschaftlichen Wissensbasis zu berücksichtigen. Grundlage dieses Ansatzes bildet die Gewichtung von Regeln mit einem Vorhersagewert, der Annahmen über die Höhe der Unsicherheit beinhaltet [PUPP96, 104]. Ausgehend von den Erfahrungen innerhalb eines bestimmten Wissensgebietes werden diese Werte üblicherweise von einem Experten geschätzt und in Form von Wahrscheinlichkeitswerten in der Wissensbasis hinterlegt.

Je nachdem, ob eine Merkmalsausprägung für oder gegen eine Lösung spricht, lassen sich positive und negative Vorhersagewerte differenzieren [PUPP96, 103]. Ein positiver Vorhersagewert gibt dabei an, wie stark eine Merkmalsausprägung auf eine Lösung hindeutet. Im Gegensatz dazu sind negative Vorhersagewerte ein Indiz dafür, wie stark die Abwesenheit einer Merkmalsausprägung gegen eine Lösung spricht.

Aufgrund der Schwierigkeiten bei der Quantifizierung von Unsicherheiten sowie der damit verbundenen Verrechnung von Vorhersagewerten ist es bei der Schätzung von Wahrscheinlichkeiten notwendig, das Spektrum möglicher Auswahlwerte einzuschränken. Als Grundlage für eine solche Restriktion bietet sich die Verwendung von sog. Evidenzkategorien an, in denen Wahrscheinlichkeitswertebereiche zu Gruppen zusammengefaßt werden (s. Tabelle 7-5).

Tabelle 7-5: Evidenzkategorien [PUPP96, 104]

Positive Vorhersagewerte	Negative Vorhersagewerte
p7 = immer (~100%)	n7 = nie (-~100%)
p6 = fast immer (~95%)	n6 = fast immer (-~95%)
p5 = weitaus meistens (~80%)	n5 = weitaus meistens (-~80%)
p4 = mehrheitlich (~60%)	n4 = mehrheitlich (-~60%)
p3 = häufig (~40%)	n3 = häufig (-~40%)
p2 = manchmal (~20%)	n2 = manchmal (-~20%)
p1 = selten (~10%)	n1 = selten (-~10%)

Im Hinblick auf die Interpretation der Gesamtbewertung von Entscheidungen werden im Rahmen der vorliegenden Arbeit die folgenden Bewertungszustände differenziert:

- Wenn die Gesamtbewertung ≥ 95%, dann ist die Lösung sicher,
- wenn die Gesamtbewertung > 0 und < 95%, dann ist die Lösung wahrscheinlich,
- wenn die Gesamtbewertung < 0 und > -95%, dann ist die Lösung unwahrscheinlich und
- wenn die Gesamtbewertung ≤ -95%, dann ist die Lösung ausgeschlossen.

Die Berechnung der jeweils gültigen Gesamtbewertung einer Regel ergibt sich dabei durch Addition der einzelnen Bewertungskategorien, wobei als Basis ein Punktbewertungsschema zugrunde liegt [PUPP96, 105].

7.2.2.3 Strukturierung der Wissensbasis

Eine wichtige Aufgabe im Rahmen der Konzeption und Entwicklung einer betriebswirtschaftlichen Wissensbasis besteht in der Strukturierung der darin enthaltenen Regeln. Obwohl durch die Erstellung von Regeln bereits die grundlegende Funktionsfähigkeit einer Wissensbasis gewährleistet werden kann, wird erst durch die sinnvolle Anordnung und Zusammenfassung der Regelbasis ein modularer Aufbau und damit eine flexible Anpassung und Erweiterung möglich. Die Zielsetzung der weiteren Vorgehensweise besteht darin, die zugrundeliegende Struktur der Wissensbasis darzustellen.

Bei genauerer Betrachtung des Entscheidungsprozesses lassen sich mit dem Analyse- und Entscheidungsbereich zwei zentrale Teilbereiche identifizieren, die für die Herleitung der Regeln relevant sind (s. Abbildung 7-3). Der Analysebereich beschreibt dabei ein betriebswirtschaftliches Aufgabenumfeld, das durch verschiedene Merkmale gekennzeichnet ist. Ein in der Betriebswirtschaftslehre weit verbreiteter Ansatz zur Strukturierung verschiedener Aufgabenfelder innerhalb eines Unternehmens ist die funktionale Differenzierung einzelner Unternehmensbereiche in Beschaffung, Produktion, Vertrieb etc. (z. B. [WOEH00]). Innerhalb dieser Tätigkeitsfelder besteht die Möglichkeit, weitere Unterbereiche zu bilden, so daß als Ergebnis eine hierarchische Unternehmensstruktur entsteht, in der verschiedene Entscheidungen getroffen werden müssen.

Aufbauend auf diesem Prinzip wird an dieser Stelle eine hierarchische Strukturierung des Analysebereichs vorgeschlagen. Demnach erfolgt innerhalb des Analysebereichs eine Zusammenfassung und hierarchische Anordnung einzelner Merkmale und Merkmalsausprägungen gemäß einer funktionalen Unternehmensstruktur.

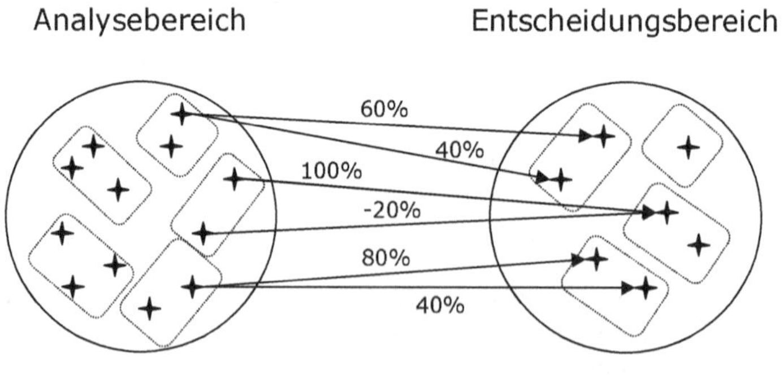

Abbildung 7-3: Analysemerkmale und Entscheidungen in Anlehnung an PUPPE [PUPP96, 103]

Im Unterschied zum Analysebereich beinhaltet der Entscheidungsbereich mögliche Alternativen, um eine Problemstellung zu lösen. Angesichts der dargestellten Strukturierungsmöglichkeit wird analog zum Analysebereich eine hierarchische Strukturierung für den Entscheidungsbereich zugrundegelegt, so daß als Ergebnis eine Anordnung von Entscheidungen unter Berücksichtigung der funktionalen Unternehmensstruktur erfolgt.

7.2.2.4 Datenmodell der Wissensbasis

Die Speicherung und Verwaltung der Wissensbasis basiert auf Grundlage relationaler Datenbanktechnologie. In Anlehnung an die Konzeption der Fallstudiendarstellung (s. Abschnitt 7.2.1.2) wird hierbei das Prinzip der relationalen Abbildung von Baukastenstücklisten aufgegriffen und zur Repräsentation der Analyse- und Entscheidungsstruktur genutzt.

7.2.2.4.1 Analysestrukturdatenmodell

Grundlage für die relationale Darstellung der Analysestrukturdaten bilden die in Abbildung 7-4 ausschnittsweise visualisierten Tabellen. Innerhalb der Analysestammrelation wird neben dem Typ der Name des Analyseelements gespeichert. Die eindeutige Identifikation der einzelnen Elemente erfolgt über das durch Unterstreichung markierte Primärschlüsselattribut ‚AObjektID'.

Die Beziehungen zwischen den einzelnen Analyseelementen werden mittels der Analysestrukturrelation definiert. Die darin abgebildeten Attribute, die gleichzeitig den Primärschlüssel der Relation darstellen, erlauben die Beschreibung eines hierarchischen Analysestrukturbaums, der sich aus den einzelnen Elementen der Analysestammrelation zusammensetzt. Die Verknüpfung der Analysestrukturrelation mit der Analysestammrelation erfolgt über eine Schlüsselbeziehung.

Wie aus Abbildung 7-4 ersichtlich, können neue Analyseelemente durch Anhängen an die Analysestammrelation hinzugefügt werden. Die Einbindung in die Analysestruktur erfolgt dagegen erst, wenn durch Anfügen eines Datensatzes innerhalb der Analysestrukturrelation die Position des neuen Elements in der Baumstruktur definiert wird. Dabei können einzelne Analyseelemente mehrfach in die Baumstruktur eingefügt werden ohne daß diese redundant gespeichert werden müssen. Die Anpassung einzelner Eigenschaften eines Datensatzes der Analysestammrelation, wie z. B. des Namens wirkt sich somit auf den gesamten Analysebaum aus.

Analysestrukturrelation

AObjektID	EingehendesObjekt
1	2
1	3
1	4
2	100
2	101
2	102
3	103
...	...

Analysestammrelation

AObjektID	Typ	Name
1	Analyseklasse	Vertriebssystem
2	Analyseklasse	Vertriebsart
3	Analyseklasse	Vertriebsmitarbeiter
4	Analyseklasse	Stufigkeit
100	Analyse	Erklärungsbedürftigkeit
101	Analyse	Bedarfshäufigkeit
102	Analyse	Anzahl der Endabnehmer
103	Analyse	Steuerbarkeit des Einsatzes
...	...	...

Abbildung 7-4: Analysestruktur- und -stammrelation

7.2.2.4.2 Entscheidungsstrukturdatenmodell

Analog zur Speicherung und Verwaltung der Analysestrukturdaten wird bei der Konzeption der Entscheidungstabellenstruktur auf das Baukastenstücklistenprinzip zurückgegriffen. Einzelne Entscheidungen werden dabei durch die Eigenschaften ‚EObjektID', ‚Typ' und ‚Name' spezifiziert und innerhalb der Entscheidungsstammrelation abgelegt (s. Abbildung 7-5). Die Definition der Entscheidungsstruktur erfolgt dagegen über die Entscheidungsstrukturrelation. Innerhalb dieser Tabelle werden die Beziehungen zwischen den einzelnen Entscheidungselementen über die beiden Schlüsselattribute ‚EObjektID' und ‚EingehendesObjekt' definiert und verwaltet.

Wie auch bei der Definition des Analysebaums lassen sich auf Grundlage der hier ausschnittsweise dargestellten Tabellenstruktur zur Abbildung des Entscheidungsbaums einzelne Entscheidungen sowie deren Position innerhalb des Entscheidungsbaums durch das Einfügen neuer Datensätze in die vorliegenden Tabellen realisieren. Aufgrund der flexiblen Tabellenstruktur führen dabei Veränderungen einer Entscheidung innerhalb der Entscheidungsstammrelation zur Anpassung des gesamten Entscheidungsbaumes.

Entscheidungsstrukturrelation

EObjektID	EingehendesObjekt
1	100
1	101
100	102
100	103
101	104
101	105
...	...

Entscheidungsstammrelation

EObjektID	Typ	Name
1	Entscheidungsklasse	Vertriebssystem
100	Entscheidung	Direkter Vertrieb
101	Entscheidung	Indirekter Vertrieb
102	Entscheidung	Reisender
103	Entscheidung	Handelsvertreter
104	Entscheidung	Einstufiges Vertriebssystem
105	Entscheidung	Mehrstufiges Vertriebssystem
...	...	...

Abbildung 7-5: Entscheidungsstruktur- und -stammrelation

7.2.2.4.3 Gesamtdatenmodell der Wissensbasis

In den vorangegangenen Ausführungen wurden für jeden Gestaltungsbereich der Wissensbasis die im Rahmen der Konzeption relevanten Teilbereiche dargestellt und erläutert. Während hieraus bereits die Objekte und deren Verbindungen innerhalb der einzelnen Bereiche ersichtlich sind, ist im Hinblick auf einen Gesamtzusammenhang die Darstellung eines integrierten Datenmodells der Wissensbasis erforderlich.

Im Folgenden werden deshalb die einzelnen Teilbereiche des Datenmodells zu einem konzeptuellen Gesamtdatenmodell zusammengefügt. Als Darstellungsform für das Gesamtdatenmodell der Wissensbasis wird auf das von CHEN entwickelte Entity-Relationship-Modell (ERM) zurückgegriffen (z. B. [CHEN76]). Aufgrund der teilweise unzureichenden semantischen Ausdrucksstärke der ursprünglichen Notation zur Darstellung der Kardinalitäten erfolgt die Abbildung der Beziehungen zwischen den einzelnen Entitäten unter Verwendung der (min,max)-Notation (z. B. [SINZ90, 23]).

Das in Abbildung 7-6 dargestellte ERM visualisiert die Entitäten und Attribute der Wissensbasis sowie deren Beziehungen untereinander in Form von Knoten und Kanten. Entscheidungen werden unter Verwendung des Entitytyps ‚Entscheidungsobjekt' mit den Attributen ‚EObjektID', ‚Typ' und ‚Name' repräsentiert. Zusätzlich wurde im vorliegenden Modell das Attribut ‚ReferenzID' ergänzt, das eine

Zuordnung von Inhaltsseiten eines Lehr-/Lernsystems erlaubt. Analog dazu spiegelt der Entitytyp ‚Analyseobjekt' einzelne Analysemerkmale sowie deren Eigenschaften wider. Neben diesen bereits separat dargestellten Teilbereichen werden über die Beziehung zwischen den Entitytypen ‚Entscheidungsobjekt' und ‚Analyseobjekt' Herleitungsregeln abgebildet, die den Zusammenhang zwischen Analysemerkmalen und Entscheidungen repräsentieren. Die dabei notwendige Wahrscheinlichkeit wird durch das gleichnamige Attribut modelliert.

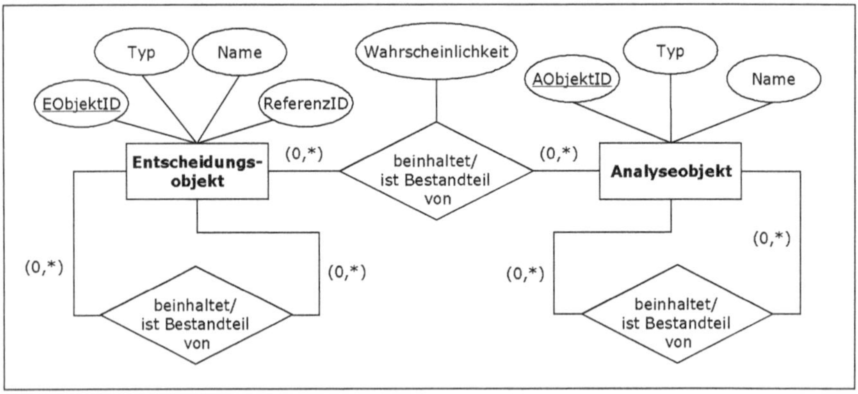

Abbildung 7-6: Datenmodell der Wissensbasis

Vor dem Hintergrund der Mehrfachverwendung einzelner Analysemerkmale zur Erklärung unterschiedlicher Entscheidungen wird zwischen den Entitytypen ‚Entscheidungsobjekt' und ‚Analyseobjekt' eine N:M-Beziehung definiert. Die dadurch erzielte Flexibilität erlaubt, daß einerseits ein Analysemerkmal mit jeweils unterschiedlichen Wahrscheinlichkeitswerten zur Erklärung einer Entscheidung beitragen kann, andererseits eine Entscheidung durch verschiedene Analysemerkmale erklärt wird.

7.2.3 Aufbau von Test- und Übungsaufgaben

Neben dem Aufbau einer betriebswirtschaftlichen Wissensbasis stellt die Konzeption von Test- und Übungsaufgaben einen weiteren zentralen Bestandteil des hier vorgestellten Entwurfs einer problemlösungsorientierten Interaktionskomponente dar. Im Vordergrund steht dabei die Umsetzung der verschiedenen Fallstudienvarianten, die je nach Zielsetzung unterschiedliche Phasen des Entscheidungsprozesses abdecken (s. Abschnitt 5.1.2). Darüber hinaus können mittels der unterschiedlichen Aufgabentypen auch Fragen zur Vorgehensweise bei der Lösung einer Fallstudie in den Bearbeitungsprozess integriert werden.

Bei dem Entwurf eines geeignetes Datenformates zur Abbildung der unterschiedlichen Aufgabentypen muß neben den einzelnen Aufgabenbestandteilen die Verknüpfung zu einem hypermedialen Lehr-/Lernsystem berücksichtigt werden. Des weiteren besteht eine zentrale Zielsetzung des hier vorgestellten Konzepts in der Gestaltung einer offenen Systemumgebung, die nicht durch proprietäre Datenformate und -strukturen gekennzeichnet ist.

Die Umsetzung dieser Anforderungen erfolgt in dem hier vorgestellten Entwurf auf Basis der Auszeichnungssprache XML. Diese Grundentscheidung beruht einerseits auf der durch XML gewährleisteten klaren Trennung zwischen Daten, Struktur und Format sowie der dadurch erreichten Programmunabhängigkeit. Darüber hinaus erlaubt die Verwendung von XML auch die Transformation der Aufgabentypen in andere Datenformate, so daß zukünftige Standards für Test- und Übungsaufgaben berücksichtigt werden können.

Aus dem breiten Spektrum der verfügbaren Test- und Übungsaufgaben wurden für den hier vorgestellten Entwurf verschiedene Aufgabentypen ausgewählt. Im einzelnen handelt es sich dabei um:

- Einfachwahlaufgaben,
- Mehrfachwahlaufgaben,
- Zuordnungsaufgaben,
- Reihenfolgeaufgaben und
- Lückentextaufgaben.

Neben den in dieser Aufzählung genannten Aufgabentypen besteht im Rahmen der Fallstudienbearbeitung die Möglichkeit, Freitextaufgaben über eine Schnittstelle zu einem eMail-Client oder mittels einer Chat-Funktion einzubinden (s. Abschnitt 8.3.1.5). Aufgrund der Schwierigkeiten, die mit der Auswertung von offenen Aufgaben verbunden sind, ist jedoch eine automatische Auswertung dieses Aufgabentyps nicht möglich.

Unter Berücksichtigung der in Abschnitt 4.2.2 vorgestellten Test- und Übungsaufgaben werden nachfolgend die Datenformate und -strukturen zu deren Abbildung dargestellt und erläutert.

7.2.3.1 Einfach- und Mehrfachwahlaufgaben

Zur Abbildung von Einfach- und Mehrfachwahlaufgaben wurde das in Tabelle 7-6 dargestellte Dokumentenformat konzipiert und als DTD implementiert. Aufgrund der strukturellen Gleichheit von Einfach- und Mehrfachwahlaufgaben wird auf die separate Darstellung der beiden Aufgabentypen an dieser Stelle verzichtet.

Den Ausgangspunkt für die Formulierung von Wahlaufgaben bildet das Element ‚Fragetext', in dem relevante Informationen zur Fragestellung der Aufgabe als Text hinterlegt werden können. Die für den Anwender zur Auswahl stehenden Antwortalternativen werden ebenfalls als Zeichenkette in das dafür vorgesehene Element ‚Alternative' eingefügt. Wie aus Tabelle 7-6 ersichtlich kann das Element ‚Alternativen' mehrere Antworten vom Typ ‚Alternative' aufnehmen, so daß der Aufgabenautor keiner mengenmäßigen Beschränkung hinsichtlich der Anzahl an Antwortalternativen unterliegt. Zusätzlich zu jeder Antwortalternative werden die Attribute ‚AlternativeID' und ‚Status' angegeben. Während das Attribut ‚AlternativeID' zur eindeutigen Identifikation einer Antwortalternative im Rahmen der Antwortanalyse dient (s. u.) erfordert das Attribut ‚Status' die Angabe, ob die Alternative richtig oder falsch ist.

Im Hinblick auf die Antwortanalyse besteht die Möglichkeit, für jede Antwortalternative einen Rückmeldetext einzugeben, der als Feedback einem Anwender angezeigt wird. Das dafür vorgesehene Element ‚Antwort' wird über das Attribut ‚GehoertZu' mit der jeweiligen Antwortalternative verknüpft, so daß eine eindeutige Beziehung zwischen einer Antwortalternative und der dazugehörigen Rückmeldung hergestellt wird.

Tabelle 7-6: DTD für Einfach- und Mehrfachwahlaufgaben

<!ELEMENT	Wahlaufgabe (Fragetext, Alternativen, Antworten, Hinweise, Infos)>	
<!ATTLIST	Wahlaufgabe id	CDATA #REQUIRED>
<!ELEMENT	Fragetext	(#PCDATA)>
<!ELEMENT	Alternativen	(Alternative*)>
<!ELEMENT	Alternative	(#PCDATA)>
<!ATTLIST	Alternative AlternativeId	ID #REQUIRED>
<!ATTLIST	Alternative Status	(richtig | falsch) #REQUIRED>
<!ELEMENT	Antworten	(Antwort*)>
<!ELEMENT	Antwort	(#PCDATA)>
<!ATTLIST	Antwort GehoertZu	IDREF #IMPLIED>
<!ELEMENT	Hinweise	(Hinweis*)>
<!ELEMENT	Hinweis	(#PCDATA)>
<!ELEMENT	Infos	(Info*)>
<!ELEMENT	Info	(#PCDATA)>

Allgemeine Hilfestellungen in Form von textuellen Hinweisen können über das Element ‚Hinweis' in eine Wahlaufgabe eingebunden werden. Analog zur Angabe der Antwortalternativen unterliegt der Aufgabenautor hierbei keinerlei mengenmäßigen Beschränkungen. Unter Verwendung des Elements ‚Info' besteht darüber hinaus die Möglichkeit, Verweise auf einzelne Seiten des zugrundeliegenden Lehr-/Lernsystem einzubinden, so daß ein Anwender im Rahmen der Antwortbearbeitung Hintergrundinformationen zur Beantwortung der Frage einbinden kann.

7.2.3.2 Zuordnungsaufgabe

Die Implementierung von Zuordnungsaufgaben basiert auf der in Tabelle 7-7 dargestellten DTD. Im Gegensatz zu Wahlaufgaben beinhalten Zuordnungsaufgaben zwei Mengen von Antwortalternativen, die durch einen Anwender verknüpft werden müssen. Die für die Erfassung der Quell- und Zielmenge vorgesehenen Elemente können neben dem Antwortalternativentext über das Attribut ‚Bezeichnung' eine Mengenbezeichnung aufnehmen, die über ein geeignetes Darstellungswerkzeug angezeigt wird. Darüber hinaus wird innerhalb der Quellalternativen ein Referenzattribut definiert (‚AlternativeId'), das zur eindeutigen Identifikation der einzelnen Quellalternativen dient. Die Zuordnung der richtigen Zielalternativen zu den Quellelementen erfolgt über das Attribut ‚GehoertZu'. Grundsätzlich besteht dadurch die Möglichkeit, mehrere Elemente der Zielmenge einem Quellelement zuzuordnen, so daß neben Einfach- auch Mehrfachzuordnungsaufgaben umgesetzt werden können.

Tabelle 7-7: DTD für Zuordnungsaufgaben

<!ELEMENT	Zuordnung (Fragetext, QuellAlternativen, ZielAlternativen, Antworten, Hinweise, Infos)>	
<!ATTLIST	Zuordnung id	CDATA #REQUIRED>
<!ELEMENT	Fragetext	(#PCDATA)>
<!ELEMENT	QuellAlternativen	(QuellAlternative*)>
<!ATTLIST	QuellAlternativen Bezeichnung	CDATA #REQUIRED>
<!ELEMENT	QuellAlternative	(#PCDATA)>
<!ATTLIST	QuellAlternative AlternativeId	ID #REQUIRED>
<!ELEMENT	ZielAlternativen	(ZielAlternative *)>
<!ATTLIST	ZielAlternativen Bezeichnung	CDATA #REQUIRED>
<!ELEMENT	ZielAlternative	(#PCDATA)>
<!ATTLIST	ZielAlternative GehoertZu	IDREF #IMPLIED>
<!ELEMENT	Antworten	(Antwort*)>
<!ELEMENT	Antwort	(#PCDATA)>
<!ATTLIST	Antwort GehoertZu	IDREF #IMPLIED>
<!ELEMENT	Hinweise	(Hinweis*)>
<!ELEMENT	Hinweis	(#PCDATA)>
<!ELEMENT	Infos	(Info*)>
<!ELEMENT	Info	(#PCDATA)>

Neben den dargestellten Elementen können ebenso wie im Falle von den vorher aufgezeigten Aufgabentypen über die Elemente ‚Hinweis' und ‚Info' Hilfestellungen in Form von Hinweisen und Informationen auf Basis von Referenzen in ein Lehr-/Lernsystem angegeben werden.

7.2.3.3 Reihenfolgeaufgaben

Für die Umsetzung von Reihenfolgeaufgaben wurde die in Tabelle 7-8 dargestellte DTD entwickelt. Analog zu den bisher dargestellten Aufgabenformaten sind darin verschiedene Elemente zur Erfassung des Fragetextes, der Antwortalternativen sowie der Rückmeldungen vorgesehen. Zusätzlich zu dem Attribut ‚AlternativeId', das wiederum zur Verknüpfung der Rückmeldungen genutzt wird, erfolgt über das Attribut ‚ReihenfolgeId' die Angabe der richtigen Position für eine Antwortalternative.

Tabelle 7-8: DTD für Reihenfolgeaufgaben

```
<!ELEMENT  Reihenfolge (Fragetext, Alternativen, Antworten, Hinweise, Infos)>
<!ATTLIST  Reihenfolge id                   CDATA #REQUIRED>
<!ELEMENT  Fragetext                        (#PCDATA)>
<!ELEMENT  Alternativen                     (Alternative*)>
<!ELEMENT  Alternative                      (#PCDATA)>
<!ATTLIST  Alternative AlternativeId        ID #REQUIRED>
<!ATTLIST  Alternative ReihenfolgeId        CDATA #REQUIRED>
<!ELEMENT  Antworten                        (Antwort*)>
<!ELEMENT  Antwort                          (#PCDATA)>
<!ATTLIST  Antwort GehoertZu                IDREF #IMPLIED>
<!ELEMENT  Hinweise                         (Hinweis*)>
<!ELEMENT  Hinweis                          (#PCDATA)>
<!ELEMENT  Infos                            (Info*)>
<!ELEMENT  Info                             (#PCDATA)>
```

Wie auch bei den Wahl- und Zuordnungsaufgaben besteht innerhalb von Reihenfolgeaufgaben die Möglichkeit, Hinweise zur Beantwortung der Aufgabe sowie Informationen aus einem zugrundeliegenden Lehr-/Lernsystem zu integrieren. Hierfür wurden wiederum die Elemente ‚Hinweis' und ‚Info' in die in Tabelle 7-8 dargestellte DTD eingebunden.

7.2.3.4 Lückentextaufgabe

Lückentextaufgaben repräsentieren im Unterschied zu den bisher betrachteten Fragetypen eine halboffene Aufgabenform, bei der ein Anwender die Antwort eigenständig formulieren muß. Bei der Umsetzung des zugrundeliegenden Datenformats wurde berücksichtigt, daß bei der Erstellung einer Aufgabe mehrere Begriffe definiert werden können, die über entsprechende Textlücken von einem Anwender eingegeben werden. Die dafür vorgesehenen Eingabefelder werden über ein Steuerzeichen („@") innerhalb des Elements ‚Alternative' markiert und von dem eingesetzten Darstellungswerkzeug als Textlücke angezeigt.

Wie bereits bei den bisher betrachteten Datenformaten beinhaltet die in Tabelle 7-9 visualisierte DTD weiterhin das Element ‚Fragetext' zur Eingabe der entsprechenden Aufgabeninformationen.

Im Rahmen der automatischen Antwortanalyse besteht die Notwendigkeit, neben der exakten Schreibweise eines Begriffes auch alternative Synonyme und Wörter mit Zeichendrehern zu berücksichtigen. Dieser erhöhten Komplexität wird durch Erstellung entsprechende Wortlisten Rechnung getragen, die in das Element ‚Antwort' eingegeben und auf Basis des Referenzattributs ‚GehoertZu' mit den entsprechenden Antwortalternativen verknüpft werden. Wie anhand von Tabelle 7-9 erkennbar ist, unterliegt das Element ‚Antwort' keinerlei mengenmäßiger Beschränkung, so daß von einem Aufgabenautor beliebig umfangreiche Wortlisten erstellt werden können.

Tabelle 7-9: DTD für Lückentextaufgaben

<!ELEMENT	Lueckentext (Fragetext, Alternativen, Antworten, Hinweise, Infos)>	
<!ATTLIST	Lueckentext id	CDATA #REQUIRED>
<!ELEMENT	Fragetext	(#PCDATA)>
<!ELEMENT	Alternativen	(Alternative*)>
<!ELEMENT	Alternative	(#PCDATA)>
<!ATTLIST	Alternative AlternativeId	ID #REQUIRED>
<!ELEMENT	Antworten	(Antwort*)>
<!ELEMENT	Antwort	(#PCDATA)>
<!ATTLIST	Antwort GehoertZu	IDREF #IMPLIED>
<!ELEMENT	Hinweise	(Hinweis*)>
<!ELEMENT	Hinweis	(#PCDATA)>
<!ELEMENT	Hinweis GehoertZu	IDREF #IMPLIED>
<!ELEMENT	Infos	(Info*)>
<!ELEMENT	Info	(#PCDATA)>
<!ATTLIST	Info GehoertZu	IDREF #IMPLIED>

Im Gegensatz zu den vorher dargestellten Aufgabentypen besteht innerhalb von Lückentextaufgaben die Möglichkeit, mehrere Teilaufgaben in Form von unterschiedlichen Textlücken in eine Aufgabe zu integrieren. Demzufolge ist es notwendig, Bearbeitungshinweise sowie Informationen innerhalb eines Lehr-/Lernsystems mit einzelnen Teilaufgaben zu verknüpfen, so daß eine eindeutige Zuordnung entsteht. Die Umsetzung dieser Anforderung erfolgt innerhalb der in Tabelle 7-9 abgebildeten DTD über das Attribut ‚GehoertZu', das sowohl Hinweise als auch Informationen einer Antwortalternative zuordnet.

7.2.4 Gesamtdatenmodell der Fallstudien

Aufbauend auf der separaten Darstellung der einzelnen Bestandteile einer Fallstudie wird anschließend ein Gesamtmodell zur konzeptuellen Beschreibung der betriebswirtschaftlichen Fallstudienbasis entworfen. Abbildung 7-7 visualisiert die einzelnen Entitäten sowie deren Beziehungen untereinander als Entity-Relationship-Modell.

Den Ausgangspunkt für die nachfolgende Erläuterung der einzelnen Komponenten des abgebildeten Modells bildet der Entitytyp ‚Fallstudie'. Wie bereits bei der Beschreibung der Fallstudienstruktur deutlich wurde (s. Abschnitt 5.2.2), beinhaltet eine Fallstudie neben einer Fallstudiendarstellung verschiedene Aufgaben sowie eine oder mehrere Entscheidungen, die von einem Anwender getroffen werden müssen. Zur Abbildung der Fallstudiendarstellung wurde das in Abschnitt 7.2.1.2 aufgezeigte Teilmodell über eine N:M-Beziehung zwischen den Entitytypen ‚Fallstudie' und ‚Darstellungsobjekt' in das vorliegende Gesamtmodell eingebunden. Einzelne Darstellungsobjekte, wie z. B. Abschnitte oder Seiten können demnach Bestandteil einer Fallstudie sein, wobei deren sequentielle Anordnung durch das Attribut ‚Reihenfolge' determiniert wird.

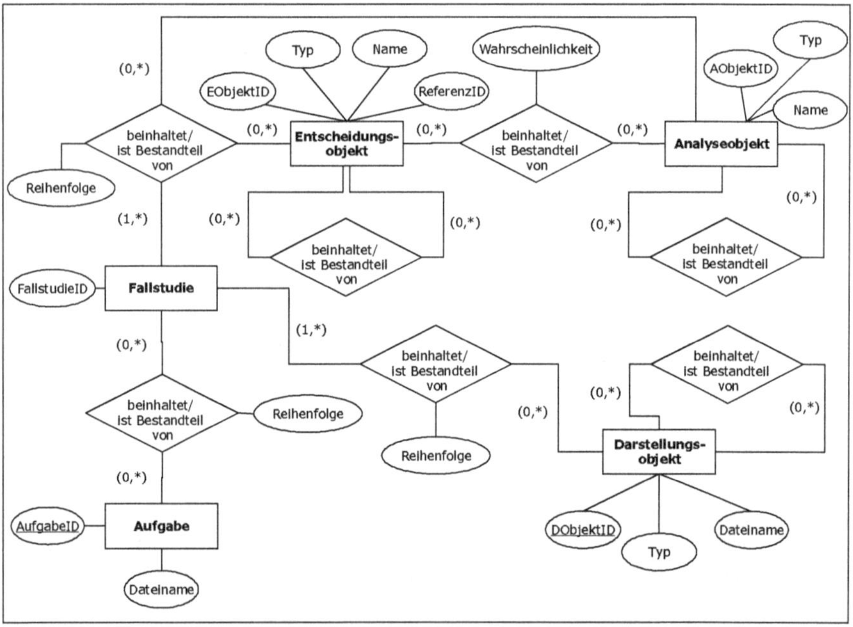

Abbildung 7-7: Gesamtdatenmodell

Die Repräsentation von Test- und Übungsaufgaben erfolgt durch den Entitytyp ‚Aufgabe', der über eine N:M-Beziehung mit dem Entitytyp ‚Fallstudie' in das vorliegende Gesamtmodell integriert wird. Einzelne Fallstudien können in der zugrundeliegenden Aufgabenstellung auch ohne Test- und Übungsaufgaben existieren, so daß die Kardinalität seitens des Entitytyp ‚Fallstudie' als (0,*)-Beziehung spezifiziert wird. Wie aus Abbildung 7-7 ersichtlich, werden die auf Dateisystemebene vorliegenden Test- und Übungsaufgaben über das Attribute ‚Dateiname' in das Datenmodell eingebunden.

Entscheidungen werden unter Verwendung des Entitytyps ‚Entscheidungsobjekt' modelliert, der analog zur Fallstudiendarstellung und den Test- und Übungsaufgaben über eine N:M-Beziehung mit dem Entitytyp ‚Fallstudie' verbunden ist. Wie bereits in Abschnitt 7.2.2.4.3 dargestellt, können Entscheidungs- und Analyseobjekte unabhängig voneinander existieren. In der vorliegenden Aufgabenstellung muß jedoch jeder Fallstudie mindestens ein Entscheidungsobjekt zugewiesen sein. Neben der Assoziation zwischen den Entitytypen ‚Fallstudie' und ‚Entscheidungsobjekt' beinhaltet jede Fallstudie unterschiedliche Analyseobjekte, die zur Erklärung einer Entscheidung beitragen. Die Abbildung dieses Zusammenhangs erfolgt über die N:M-Beziehung zwischen den Entitytypen ‚Fallstudie' und ‚Analyseobjekt'.

7.2.5 Implementierung der Dokumentationsfunktion

Während in den vorangegangenen Abschnitten die Speicherung und Verwaltung der einzelnen Bestandteile einer Fallstudien aufgezeigt wurde, blieb die konzeptionelle Betrachtung von zusätzlichen Funktionen im Rahmen der Fallstudienbearbeitung bisher weitgehend unberücksichtigt. Wie aus den in Kapitel 6 dargestellten Anforderungen hervorgeht, steht hierbei insbesondere die Ausgabe der Fallstudiendokumentation auf einem computerunabhängigen Medium sowie die Systemanpassung auf Basis unterschiedlicher Benutzereigenschaften im Vordergrund. Um diesen Anforderungen Rechnung zu tragen wird nachfolgend zunächst die Implementierung der Dokumentationsfunktion beschrieben, bevor im nächsten Abschnitt verschiedene Adaptionsmöglichkeiten vorgestellt werden.

Gemäß der Forderung einer umfassenden Dokumentation sämtlicher mit der Fallstudienbearbeitung im Zusammenhang stehenden Informationen werden bei der Konzeption einer geeigneten Dokumentationskomponente sowohl statische als auch dynamische Fallstudieninformationen berücksichtigt. Während die Fallstudiendarstellung sowie die Test- und Übungsaufgaben bereits in XML-kodierter Form vorliegen, ist für die Einbindung der Interaktionsdaten zunächst deren Erfassung und Speicherung in einem XML-konformen Datenformat notwendig. Grundlage hierfür bildet die Definition einer DTD, auf deren Basis sämtliche Entscheidungen, Begründungen und Anmerkungen erfaßt und persistent gespeichert werden.

Ausgehend von den in XML-kodierter Form vorliegenden Informationen erfolgt in einem zweiten Schritt die Transformation in ein darstellungsorientiertes Zwischenformat (s. Abbildung 7-8). Wie bereits bei der Umwandlung der Fallstudiendarstellung in HTML gezeigt, wird hierfür ein sog. XSLT-Stylesheet zugrundegelegt, welches mit einem XSLT-Prozessor verarbeitet wird. Das durch den Transformationsprozeß erzeugte Zwischenformat wird in einem zweiten Schritt mittels eines sog. XSL-FO-Prozessors in ein seitenorientiertes Darstellungsformat konvertiert und kann im Anschluß daran über ein geeignetes Betrachtungswerkzeug (z. B. PDF-Viewer) ausgedruckt werden.

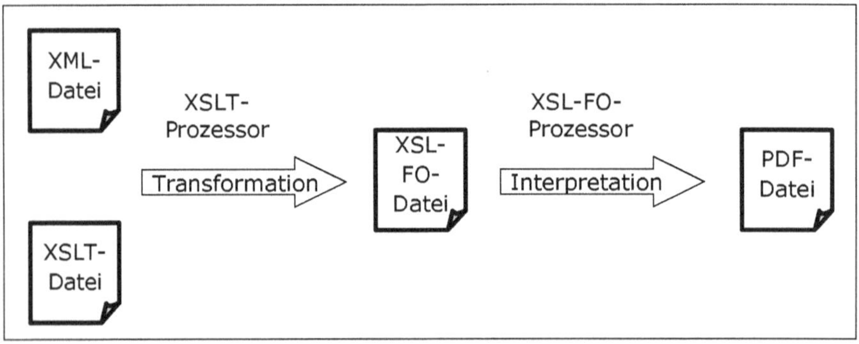

Abbildung 7-8: Transformation der Fallstudienbeschreibung

Ein zentraler Grundsatz dieser Vorgehensweise besteht darin, daß durch den Austausch der verwendeten Stylesheets unterschiedliche Zielformate erzeugt werden können. Neben dem hier exemplarisch dargestellten Transformationsprozeß zur Erstellung von PDF-Dokumenten können demnach auch andere Darstellungsformate, wie beispielsweise RTF automatisch generiert werden.

Die Art und Weise der Darstellungsform der XML-kodierten Informationen wird im wesentlichen durch das zugrundeliegende Stylesheet beeinflußt. Unter Bezugnahme auf den dargestellten Transformationsprozeß visualisiert der in Tabelle 7-10 gezeigte Ausschnitt der XSLT-Datei verschiedene Formatierungsregeln zur seitenorientierten Präsentation der Fallstudiendarstellung. Bei genauer Betrachtung wird deutlich, daß in dem abgebildeten Stylesheet sowohl Transformations- als auch Formatierungsregeln enthalten sind. Während die Transformationsregeln zur Selektion der einzelnen Elemente aus den zugrundeliegenden XML-Dateien dienen, werden mittels der Formatierungsregeln die Darstellungseigenschaften der ausgewählten Elemente definiert. Welches Zielformat als Ergebnis des Transformationsprozesses erzeugt werden soll, hängt somit in entscheidendem Maße von den verwendeten Formatierungsregeln ab.

Tabelle 7-10: Ausschnitt der XSLT-Datei

```
<?xml version="1.0" encoding="UTF-8" ?>
<xsl:stylesheet version="1.0" xmlns:fo="http://www.w3.org/1999/XSL/Format"
  xmlns:xsl="http://www.w3.org/1999/XSL/Transform">
<xsl:output method="xml" version="1.0" indent="yes" />
<xsl:template match="Seite">
  <fo:root xmlns:fo="http://www.w3.org/1999/XSL/Format">
    <fo:layout-master-set>
      <fo:simple-page-master page-height="297mm" page-width="210mm"
        margin-top="5mm" margin-left="15mm" margin-bottom="5mm"
        margin-right="15mm" master-name="PageMaster">
        <fo:region-body margin="20mm 0mm 20mm 0mm" />
        <fo:region-before extent="20mm"/>
      </fo:simple-page-master>
    </fo:layout-master-set>
    <fo:page-sequence master-name="PageMaster">
      <fo:static-content flow-name="xsl-region-before" />
      <fo:flow flow-name="xsl-region-body">
        <fo:block font-size="14pt" font-family="sans-serif" line-height="20pt"
          text-align="left">
          <xsl:apply-templates/>
        </fo:block>
      </fo:flow>
    </fo:page-sequence>
</fo:root>
</xsl:template>
<xsl:template match="Kapitelueberschrift">
  <fo:block font-size="20pt" line-height="30pt" text-align="center" background
    color="gray" color="white">
    <xsl:value-of select="." />
  </fo:block>
</xsl:template>
</xsl:stylesheet>
```

7.3 Adaptionsmöglichkeiten

Gemäß dem Leitmotiv einer weitgehenden Anpassung von Computersystemen an den Anwender wird nachfolgend die Konzeption eines Benutzermodells entwickelt, das die Implementierung unterschiedlicher Adaptionsverfahren im Rahmen der Fallstudienbearbeitung ermöglicht. Den Ausgangspunkt hierfür bildet das aus der Psychologie und Didaktik stammende Verfahren der Reduktion der Problemkomplexität. Demzufolge sollte der Schwierigkeitsgrad von Lehr-/Lerninhalten an das vorhandene Wissen eines Lernenden angepaßt werden (s. Abschnitt 2.3.1). Übertragen auf die Bearbeitung einer betriebswirtschaftlichen Problemstellung kann daraus geschlossen werden, daß der Schwierigkeitsgrad einer Fallstudie an die bereits erworbenen Kenntnisse eines Fallstudienbearbeiters angepaßt werden soll.

7.3.1 Aufbau des Benutzermodells

Grundlage für die Implementierung verschiedener Adaptionsverfahren innerhalb von computerunterstützten Systemen bildet die Erfassung individueller Fähigkeiten, Vorkenntnisse und Ziele eines Anwenders. Wie in Abschnitt 4.5.2 dargestellt, wurden hierfür unterschiedliche Benutzermodelle konzipiert, die je nach Art der verfügbaren Daten sowie der verfolgten Zielsetzung eingesetzt werden können. Vor dem Hintergrund der hier beschriebenen Aufgabenstellung erscheint die Implementierung eines Überlagerungsmodells eine besonderst effektive Form der Benutzermodellierung zu sein. Aufgrund des vergleichsweise geringen Erstellungsaufwands, der durch die formale Repräsentation von Fallstudien bereits zum Großteil implizit erfolgt (s. u.), sowie der Möglichkeit der modularen Wissensabbildung, bieten Überlagerungsmodelle spezifische Vorteile gegenüber Stereotypen- und Abweichungsmodellen.

In Anbetracht der getroffenen Aussagen wird innerhalb des hier vorgestellten Konzepts die Integration eines Überlagerungsmodells in eine problemlösungsorientierte Interaktionskomponente beschrieben. Grundlage hierfür bildet die Repräsentation des Experten- und Anwenderwissens sowie die daraus abgeleiteten Wissenslücken, die als Differenz der genannten Wissensarten ermittelt werden.

Den Ausgangspunkt bei der Konzeption des Überlagerungsmodells bildet die Erfassung des Anwenderwissens. Anders als die Bestimmung des notwendigen Wissens zur Lösung einer Fallstudie werden die Anwenderkenntnisse auf Basis der Interaktion zwischen Anwender und System ermittelt. Die Grundlage hierfür bilden verschiedene Frageformen, die innerhalb des hypermedialen Lehr-/Lernsystems bearbeitet und gelöst werden müssen. Die Summe der richtig beantworteten Fragen repräsentiert dabei das Wissen eines Anwenders für eine spezielles, im Rahmes des Lehr-/Lernsystems dargestelltes Wissensgebiet.

Aufbauend auf der Repräsentation der Anwenderkenntnisse erfolgt die Beschreibung des Expertenwissens durch einen Fallstudienautor. Unter Berücksichtigung des zur Lösung einer Fallstudie notwendigen Wissens selektiert dieser die Fragen, deren richtige Beantwortung für die Bearbeitung der Fallstudie vorausgesetzt wird. Grundsätzlich muß dabei ein enger inhaltlicher Bezug zwischen der Fallstudie sowie den darin enthaltenen betriebswirtschaftlichen Sachzusammenhängen und den dazugehörigen Fragen bestehen. Bezogen auf das Beispiel aus Abschnitt 7.2.2.1 müßten demzufolge Fragen formuliert werden, die im Zusammenhang mit der Auswahl eines Vertriebsweges für ein neues Produkt stehen.

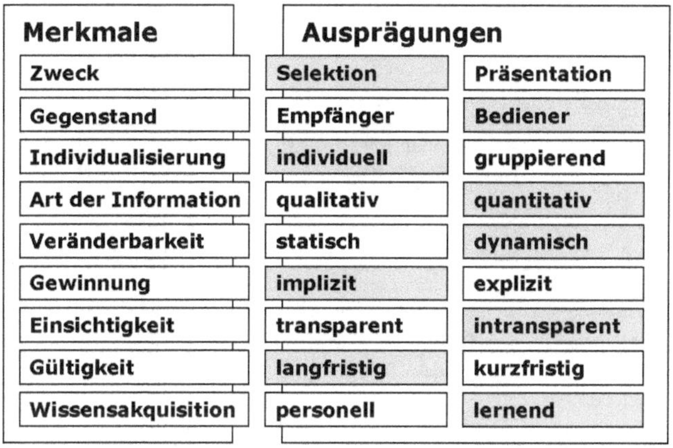

Abbildung 7-9: Charakterisierung des Benutzermodells

Auf Grundlage des von P. MERTENS und HÖHL vorgeschlagenen morphologischen Kastens zur Charakterisierung von Benutzermodellen (s. Abschnitt 4.5.1) lassen sich die in Abbildung 7-9 dargestellten Merkmale und Merkmalsausprägungen für das hier vorgestellte Benutzermodell identifizieren. Die relevanten Merkmalsausprägungen sind dabei durch eine dunkle Schattierung hervorgehoben.

7.3.2 Datenmodell des Benutzermodells

Die Abbildung der dargestellten Zusammenhänge erfolgt auf Basis des zugrundeliegenden relationalen Datenbanksystems. Die jeweils betroffenen Entitytypen sowie deren Beziehungen zueinander werden auf Grundlage des Entity-Relationship-Modells in Abbildung 7-10 symbolisiert.

Voraussetzung für die Zuordnung eines Benutzermodells ist die Identifikation des Anwenders. Innerhalb des Entitytyps ‚Anwender' werden dazu Eigenschaften, wie z. B. der Name oder ein Passwort hinterlegt, anhand derer eine eindeutige Authentifizierung möglich ist. Der Entitytyp ‚Aufgabe' repräsentiert dagegen die innerhalb des hypermedialen Lehr-/Lernsystems zu bearbeitenden Aufgaben. Beziehungen zwischen den beiden Entitytypen ‚Anwender' und ‚Aufgabe' reflektieren den Zusammenhang, welche Aufgabe durch einen Anwender erfolgreich bearbeitet wurde. Das Ergebnis dieser Bearbeitung wird innerhalb des Attributs ‚Status' gespeichert, so daß sämtliche Aufgaben, die von einem Anwender richtig bearbeitet wurden, das Wissen des Anwenders repräsentieren.

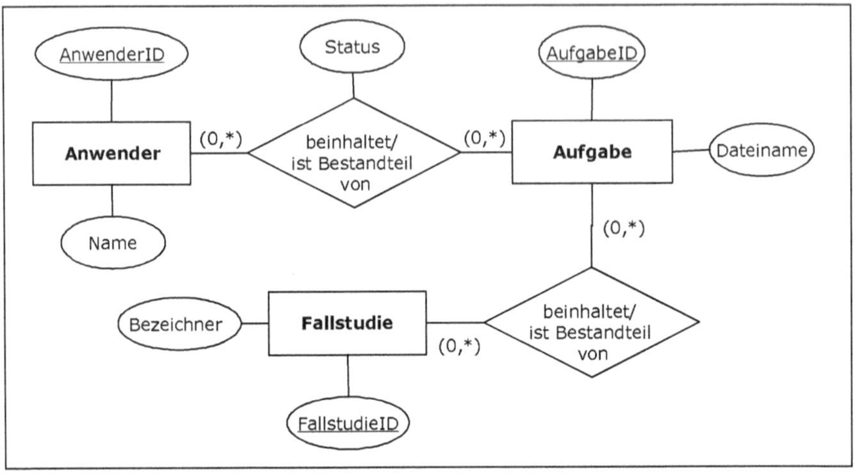

Abbildung 7-10: Benutzerdatenmodell

Wie bei Betrachtung des ERM-Modells in Abbildung 7-10 ersichtlich, werden die innerhalb des Benutzermodells verwalteten Fallstudien durch den separaten Entitytyp ‚Fallstudie' dargestellt. Zur Charakterisierung einer Fallstudie dienen verschiedene Eigenschaften, wie z. B. ein eindeutiger Schlüssel oder ein Attribut zur Beschreibung einer Fallstudie. Die Herstellung des Bezugs zwischen den Entitytypen ‚Aufgabe' und ‚Fallstudie' erfolgt über die Auflösung der N:M-Beziehung. Der bei der Transformation in ein logischen Datenmodell abgeleitete Entitytyp ‚Frage-/Fallstudie' beinhaltet die Zuordnung von Fragen zu einzelnen Fallstudien und repräsentiert somit die notwendigen Vorkenntnisse, die zur Bearbeitung einer Fallstudie erforderlich sind.

7.3.3 Adaptionsverfahren

Unter Verwendung des oben beschriebenen Benutzermodells können auf Basis der in diesem Kapitel konzipierten problemlösungsorientierten Interaktionskomponente unterschiedliche Adaptionsverfahren innerhalb eines hypermedialen Lehr-/Lernsystems implementiert werden. In Anlehnung an die in Abschnitt 3.2 beschriebenen Adaptionsmöglichkeiten werden für die vorliegende Problemstellung verschiedene Verfahren der Inhaltsanpassung ausgewählt, bei denen eine Fallstudienselektion auf Grundlage von Vorkenntnissen eines Bearbeiters erfolgt.

Voraussetzung für die Implementierung dieser Verfahren bildet eine umfangreiche Fallstudienbasis, in der verschiedenartige betriebswirtschaftliche Problemstellungen behandelt werden. Vorteilhaft wirkt sich hierbei sowohl die Einbindung verschiedener betriebswirtschaftlicher Konzepte als auch die Umsetzung unterschiedlich komplexer Fallstudien aus. Überdies ermöglicht die Erstellung von Fallstudien, bei denen die gleichen theoretischen Konzepte auf unterschiedliche Problemstellungen bezogen werden, eine hohe Transferleistung seitens eines Fallstudienbearbeiters.

Den Ausgangspunkt jeglicher Anpassungsverfahren bildet das zur Bearbeitung einer Fallstudie notwendige Wissen, welches von einem Fallstudienautor definiert und innerhalb der Fallstudienbasis hinterlegt wird. Ansatzpunkte für eine differenziertere Selektion geeigneter Fallstudien können unter Berücksichtigung der in Abschnitt 3.2.1 beschrieben Adaptionsverfahren abgeleitet werden. Demzufolge besteht die Möglichkeit, alternative oder ähnliche Fallstudien zur Vertiefung von bestimmten betriebswirtschaftlichen Konzepten auszuwählen, sobald ein Bearbeiter bei der Lösung einer Fallstudie Probleme hat. Bezogen auf das diesem Kapitel zugrundeliegende Beispiel zur Bestimmung der Absatzkanalstruktur wäre es beispielsweise denkbar, daß ein Anwender nach Schwierigkeiten bei der Bearbeitung einer Fallstudie eine alternative Problemstellung erhält, der die selben theoretischen Konzepte zugrundeliegen. Eine andere Möglichkeit für die Inhaltsadaption besteht in der Erhöhung der Problemkomplexität, wenn eine Fallstudie von einem Bearbeiter erfolgreich gelöst wurde.

Der Worte sind genug gewechselt,
laßt mich auch endlich Taten sehn!
Johann Wolfgang von Goethe
Faust I

8 Prototyp einer problemlösungsorientierten Interaktionskomponente

Auf Basis der im vorangegangenen Kapitel aufgezeigten Konzeption einer problemlösungsorientierten Interaktionskomponente für ein hypermediales Lehr-/Lernsystem erfolgt in diesem Kapitel die exemplarische Umsetzung dieses Entwurfs. Die hier vorgestellte Systembeschreibung richtet sich in erster Linie an den betriebswirtschaftlich-orientierten Endbenutzer. Im Vordergrund steht somit nicht die interne Systemarchitektur, die bereits im vorangegangenen Kapitel dargestellt wurde, sondern die Erstellung, Verwaltung und Anpassung von betriebswirtschaftlichen Fallstudien aus Autorensicht sowie deren Bearbeitung aus Perspektive eines Anwenders.

Der hier vorgestellte Prototyp wurde in das von der Bernd-Freier-Stiftung unterstützte hypermediale Lehr-/Lernsystem LIBERTY (**L**earn **I**ntegrated **B**usiness **E**volution and **R**eorganisation **TY**pes) implementiert und zu einem einsatzfähigen System weiterentwickelt. Bei LIBERTY handelt es sich um die Umsetzung eines hypermedialen Lehr-/Lernsystems zur Vermittlung betriebswirtschaftlicher und technischer Zusammenhänge und Konsequenzen der digitalen Prozeßabwicklung. Wesentliches Entwicklungsziel war es, neben der hypermedialen Darstellung der theoretischen Sachzusammenhänge die Interaktion mit dem Lernenden durch die Einbindung von Fallstudien zu fördern.

8.1 Systemarchitektur

Die Grundlage der problemlösungsorientierten Interaktionskomponente bildet eine 3-Ebenen-Architektur, die in eine Daten-, Server- und Clientebene untergliedert werden kann (s. Abbildung 8-1).

Im Mittelpunkt der Systemarchitektur steht die Serverebene, die neben einem zentralen Web-Server, eine Servlet-Engine sowie verschiedene Servlets enthält. Servlets stellen Java-Programme dar, die zur Erweiterung der Standardfunktionalität über eine Servlet-Engine in einen Web-Servers eingebunden werden können [HUNT98, 6]. Im Rahmen des hier vorgestellten Prototyps übernehmen die Servlets zentrale Aufgaben, wie z. B. die Navigationssteuerung, den Datenbankzugriff oder die Transformation der Fallstudiendarstellung von XML in HTML. Die Implementierung der Serverebene erfolgte unter Verwendung des APACHE Web-Servers sowie der TOMCAT Servlet-Engine, die beide als Open Source-Projekte von der APACHE SOFTWARE FOUNDATION entwickelt werden [NN01i].

Zentraler Bestandteil der Datenebene ist das Datenbanksystem, in dem sowohl die Wissensbasis für die Fallstudien als auch die Struktur- und Verweisinformationen für die hypermedialen Lehr-/Lerninhalte verwaltet werden. Als relationales Datenbanksystem wurde das Produkt ACCESS der Firma MICROSOFT verwendet. Der Zugriff auf die Datenbank erfolgt mittels eines Servlets über eine JDBC-ODBC-Schnittstelle. Dabei werden die benötigten Informationen für die Fallstudiendarstellung und -bearbeitung ausgelesen und verarbeitet. Über die in der Datenbank enthaltenen Verweisinformationen werden anschließend die notwendigen XML-Dateien mit den entsprechenden Medienreferenzen aus dem zugrundeliegenden Dateisystem eingelesen und an den Web-Server übermittelt.

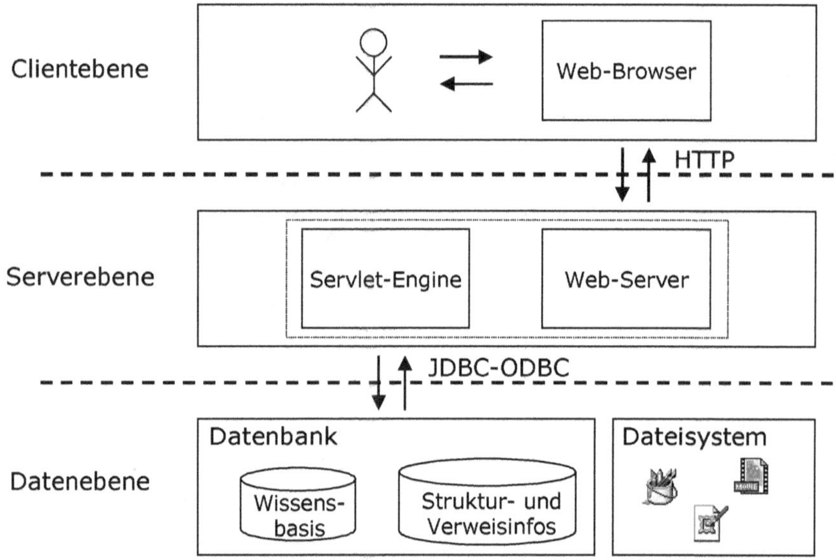

Abbildung 8-1: Systemarchitektur

Als Präsentations- und Interaktionskomponente für den Endanwender dient ein Standard-Web-Browser, der auf einem Client-Rechner installiert ist und über das HTTP-Protokoll auf den Web-Server zugreift. Innerhalb der Web-Browser-Umgebung erfolgt sowohl die Darstellung der Fallstudienbeschreibung sowie der hypermedialen Lehr-/Lerninhalte als auch die Bearbeitung der zur Fallstudie gehörenden Aufgaben, Entscheidungen und Begründungen. Während die Darstellung der

Lehr-/Lerninhalte auf HTML und Javascript basiert, werden für interaktive Elemente Java-Applets eingesetzt.

8.2 *Fallstudienerstellung*

Die Erstellung der Fallstudien basiert grundsätzlich auf einem zweistufigen Prozess. Innerhalb der ersten Phase wird eine Wissensbasis aufgebaut, in der betriebswirtschaftliche Sachzusammenhänge in Form von allgemeinen Regeln hinterlegt werden. Diese Regelsammlung bildet damit zunächst eine fallstudienunabhängige Wissensbasis, die im zweiten Schritt für die Umsetzung verschiedener Fallstudien genutzt werden kann.

Die Grundlage für den Aufbau der Wissensbasis bildet die Strukturierung des Analyse- und Entscheidungsbereichs, sowie die anschließende Verknüpfung von Analysemerkmalen und Entscheidungen. In einer zweiten Phase werden in Anlehnung an den Aufbau betriebswirtschaftlicher Fallstudien die einzelnen Fallstudienkomponenten zu konkreten Fallstudien zusammengefügt. Neben der Einbindung der Fallstudiendarstellung beinhaltet dies insbesondere die Erstellung von Aufgaben sowie die Auswahl der im Fall enthaltenen Entscheidungen und Merkmalsausprägungen, die vom Anwender zur Lösung der Fallstudien herangezogen werden müssen.

Die Implementierung der Werkzeuge zur Erstellung von Fallstudien erfolgte vollständig auf Basis der Programmiersprache Java. Für die Gestaltung der graphischen Benutzeroberflächen wurden überwiegend Standardkomponenten des Swing-Pakets verwendet. Die Umsetzung der unterschiedlichen Fragetypen sowie der Entscheidungen basiert auf dem Applet-Paket.

8.2.1 Implementierung der Analysestruktur

Den Ausgangspunkt bei der Implementierung einer betriebswirtschaftlichen Wissensbasis bildet der Aufbau und die Strukturierung des Analysebereichs. Neben der Identifikation geeigneter Merkmale und Merkmalsausprägungen zur Charakterisierung der in der Falldarstellung enthaltenen Informationen beinhaltet dieser Schritt die Zusammenfassung einzelner Merkmale zu Analysen und Analyseklassen. Das Ziel ist dabei die Erstellung einer modularen Wissensbasis, die angepasst und durch weitere Analysen ergänzt werden kann. Zur Unterstützung des Fallautors wurde ein Editor entwickelt, der die Erzeugung und Anpassung der Analysestruktur erlaubt (s. Abbildung 8-2). Grundlage des Analysestruktureditors bildet das in Abschnitt 7.2.2.4 dargestellte Datenbankmodell.

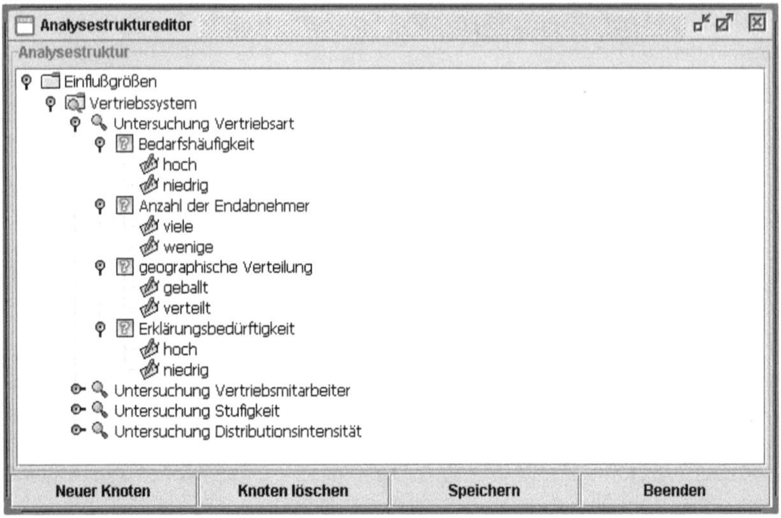

Abbildung 8-2: Analysestruktureditor

Der Aufbau der Analysestruktur orientiert sich an der hierarchischen Struktur eines Baumes. Ausgehend von einem Wurzelknoten können neue Knoten durch Auswahl der Funktion ‚Knoten hinzufügen' eingebunden werden. Neben der Angabe der Position, an der ein neuer Knoten in dem Baum eingefügt wird, muss dabei der Knotentyp und -name festgelegt werden. Innerhalb des Analysestruktureditors werden folgende Knotentypen differenziert:

- Wurzelknoten,
- Analyseklassen,
- Analysen,
- Merkmale und
- Merkmalsausprägungen.

Während der bereits erwähnte Wurzelknoten den Startpunkt der Analysestruktur darstellt, bilden Analyseklassen und Analysen die hierarchische Struktur des Analysebereichs ab. Analyseklassen können dabei andere Analyseklassen oder Analysen beinhalten, so daß eine beliebig tiefe Analysestruktur definiert werden kann. Analysen dienen wiederum zur Zusammenfassung mehrerer Merkmale, anhand derer die Untersuchung der in der Fallstudiendarstellung genannten Sachzusammenhänge erfolgt. In Abbildung 8-2 werden in der Untersuchung ‚Vertriebsart' die

Merkmale ‚Erklärungsbedürftigkeit', ‚Bedarfshäufigkeit', ‚Anzahl der Endabnehmer' und ‚geographische Verteilung' zusammengefasst, die je nach Merkmalsausprägung für einen direkten oder indirekten Vertrieb sprechen (s. Abschnitt 7.2.2.1).

Die unterschiedlichen Knotentypen innerhalb des Analysestruktureditors werden durch verschiedene symbolische Darstellungen optisch hervorgehoben. Während der Wurzelknoten durch ein Ordner symbolisiert wird, werden Analyseklassen und Analysen durch ein Ordnersymbol mit Vergrößerungsglas bzw. durch ein separates Vergrößerungsglas dargestellt. Die Hervorhebung von Merkmalen erfolgt dagegen durch ein Fragezeichensymbol wogegen Merkmalsausprägungen in Anlehnung an den Analysestruktureditor als markierte Rechtecke dargestellt werden.

Aus der Funktionsbeschreibung des Analysestruktureditors ist ersichtlich, daß der Aufbau der Analysestruktur keinerlei Beschränkung hinsichtlich der Tiefe und Breite des Baums unterliegt. Hierdurch wird erreicht, daß beliebig detaillierte Merkmalsstrukturen definiert werden können, die im späteren Verlauf zur Entscheidungsfindung beitragen. Grundlage für den Aufbau der Analysestruktur bilden dabei sowohl inhaltliche Überlegungen des Autors zum Detaillierungsgrad als auch domänenspezifische Systematiken.

8.2.2 Implementierung der Entscheidungsstruktur

Während die Analysestruktur zunächst ein Wissensgebiet anhand von Merkmalen und Merkmalsausprägungen beschreibt und mittels Analysen und Analyseklassen systematisch strukturiert, beinhaltet die Entscheidungsstruktur die daraus abgeleiteten Entscheidungen, die im Rahmen der Fallstudienbearbeitung durch den Anwender getroffen werden sollen. Analog zur Analysestruktur wurde für die Erstellung der Entscheidungsstruktur ein Editor entwickelt, der einem Fallautor die komfortable Eingabe und Strukturierung der Entscheidungen erlaubt (s. Abbildung 8-3).

Der Funktionsumfang des Entscheidungsstruktureditors lehnt sich an den bereits beschriebenen Analysestruktureditor an. Zur Erstellung der Entscheidungsstruktur stehen dem Autor die Funktionen ‚Knoten Hinzufügen' bzw. ‚Knoten Entfernen' zur Verfügung. Je nach Art und Funktion des Knotens werden innerhalb des Entscheidungsstruktureditors folgende Knotentypen differenziert:

- Wurzelknoten und
- Entscheidungen.

Während der Wurzelknoten den Startpunkt innerhalb des Entscheidungsbaums kennzeichnet, stellen Entscheidungen mögliche Lösungen für eine Problemstellung innerhalb einer Fallstudie dar. Aufgrund der besseren Übersichtlichkeit können Entscheidungen hierarchisch strukturiert werden, so daß eine Entscheidung wiederum mehrere Unterentscheidungen beinhalten kann. Wie in Abbildung 8-3 dargestellt beinhaltet beispielsweise die Entscheidung ‚Vertriebsmitarbeiter' die Unterentscheidungen über die Art des Vertriebsmitarbeiters in Form von ‚Reisender' und ‚Handelsvertreter'.

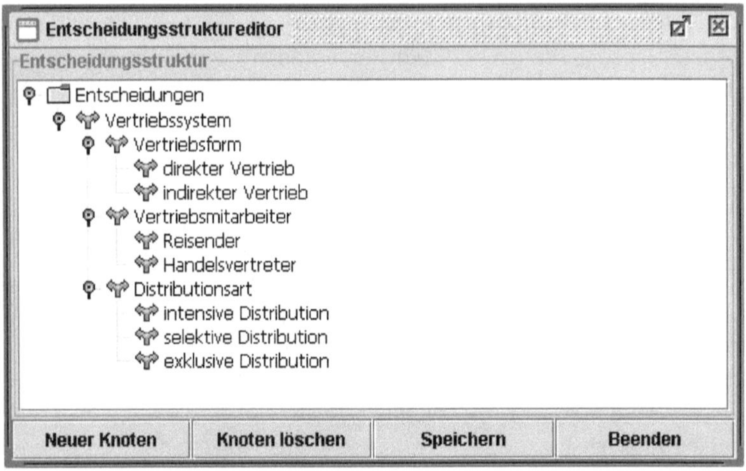

Abbildung 8-3: Entscheidungsstruktureditor

Analog zum Analysestruktureditor erlaubt der Entscheidungseditor die Abbildung beliebig tief strukturierter Entscheidungshierarchien, so daß auf Basis inhaltlicher und domänenspezifischer Überlegungen eine realitätsnahe Entscheidungsstruktur abgebildet werden kann.

Um die Anschaulichkeit innerhalb des Entscheidungsstruktureditors zu erhöhen wurden wiederum symbolische Darstellungen zu den einzelnen Knotentypen hinzugefügt. Der Wurzelknoten der Entscheidungsstruktur wird dabei wie bereits im Analysestruktureditor als Ordnersymbol dargestellt, wohingegen Entscheidungen durch einen Doppelpfeil (Pfeilspitze links und rechts) symbolisiert werden (s. Abbildung 8-3).

8.2.3 Verknüpfung von Analyse- und Entscheidungsstruktur

Die Grundlage für die im Rahmen der Fallbearbeitung zu treffende Auswahl und Begründung von Entscheidungen bildet die persistente Verknüpfung von Analysemerkmalsausprägungen und den daraus abgeleiteten Entscheidungen. Die jeweils betroffenen Elemente der Analyse- und Entscheidungsstruktur müssen dazu über

Regeln verknüpft und innerhalb einer Datenbank gespeichert werden (s. Abschnitt 7.2.2.4).

Für die Erstellung von Verknüpfungen zwischen der Analyse- und Entscheidungsstruktur wurde ein Regeleditor entwickelt, der die Definition und Anpassung von Entscheidungsregeln erlaubt (s. Abbildung 8-4). Die Zuordnung der Merkmalsausprägungen zu den einzelnen Entscheidungen folgt dem drag&drop-Prinzip. Ausgehend von der Selektion einer Merkmalsausprägung aus der Analysestruktur zieht der Anwender diese per Maus über die entsprechende Position in der Entscheidungsstruktur und ordnet sie durch Loslassen der Maustaste zu. Innerhalb der Entscheidungsstruktur wird die zugeordnete Merkmalsausprägung als Unterknoten der jeweiligen Entscheidung dargestellt.

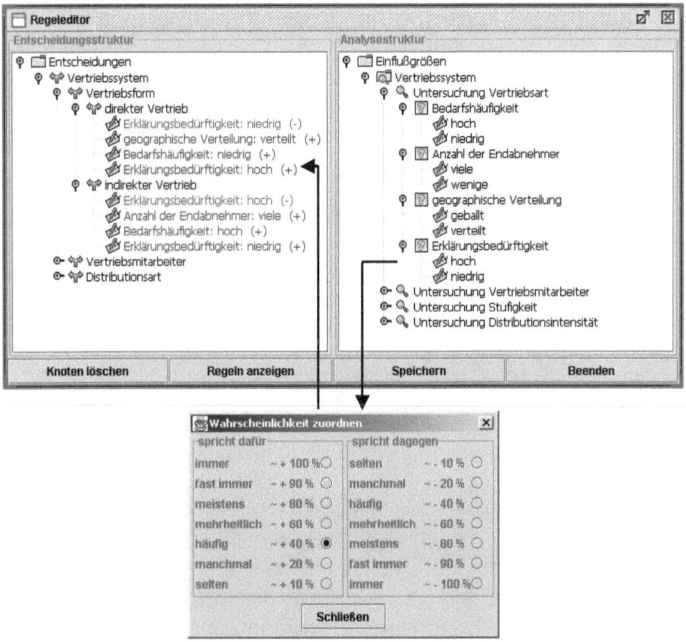

Abbildung 8-4: Regeleditor

Abbildung 8-4 visualisiert beispielhaft die Definition von Regeln zur Herleitung der Entscheidungen ‚direkter Vertrieb' und ‚indirekter Vertrieb'. In dem dargestellten Beispiel wird der ‚direkte Vertrieb' durch die Zuordnung der Merkmalsausprägungen ‚Erklärungsbedürftigkeit = hoch', ‚Bedarfshäufigkeit = niedrig' und ‚geographische Verteilung = verteilt' bestimmt. Wie durch die Darstellung verdeutlicht wird, sprechen diese Merkmale für die Wahl der Entscheidung ‚direkter Vertrieb' und repräsentieren somit einen positiven Kausalzusammenhang. Im Gegensatz dazu wird durch das Merkmal ‚Erklärungsbedürftigkeit = niedrig' ein negativer Zusammenhang abgebildet.

Gemäß der in Abschnitt 7.2.2.2 dargestellten Konzeption der Regelbasis, muss bei der Ableitung von Entscheidungen berücksichtigt werden, daß diese auf Basis von unsicherem Wissen getroffen werden und daher häufig keine sicheren Kausalzusammenhänge zwischen Merkmalsausprägungen und Entscheidungen existieren. Aufgrund dieser Vorgaben hat der Anwender bei der Erstellung der Regeln die Möglichkeit, über ein Dialogfenster die Wahrscheinlichkeit für den Wirkungszusammenhang auszuwählen (s. Abbildung 8-4). Die anschließende Überprüfung der Zuordnungen kann über den Regelbrowser durchgeführt werden, der über ein Kontextmenü aufgerufen wird. Innerhalb dieses Fensters werden zu jeder Entscheidung die zugeordneten Merkmalsausprägungen sowie die dazugehörigen Wahrscheinlichkeiten angezeigt (s. Abbildung 8-5).

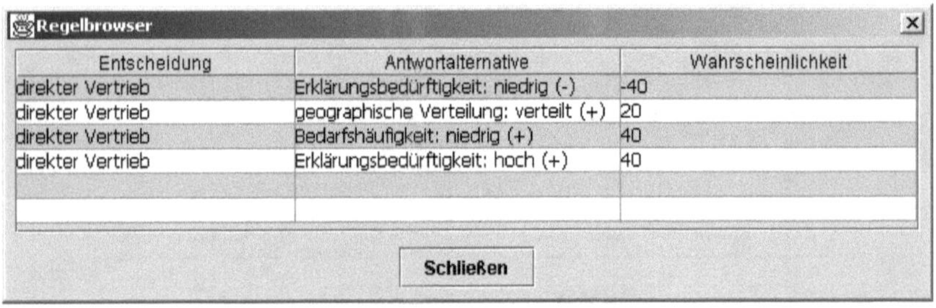

Abbildung 8-5: Anzeigen von Regeln

Bei der Erstellung der Regelbasis erfolgt während der Zuordnung von Merkmalsausprägungen zu Entscheidungen eine programminterne Konsistenzprüfung, die gewährleistet, daß die Gesamtwahrscheinlichkeit einen Wert von 100 Prozent nicht überschreitet. Darüber hinaus wird durch die Konsistenzprüfung eine Mehrfachzuordnung von einzelnen Merkmalsausprägungen zu einer Entscheidung verhindert.

8.2.4 Verknüpfung mit Lerninhalten

Die bisher aufgeführte Erstellung einer Analyse- und Entscheidungsstruktur sowie deren Verknüpfung über Regeln bezieht sich zunächst auf den Aufbau einer allgemeinen betriebswirtschaftlichen Wissensbasis. Eine zentrale Anforderung bei der Implementierung einer problemlösungsorientierten Interaktionskomponente stellt darüber hinaus die Verknüpfung der Wissensbasis mit einem hypermedialen Lehr-/Lernsystem dar (s. Abschnitt 6.1.1.2).

Grundlage für den hier beschriebenen Prototypen bildet das bereits erwähnte hypermediale Lehr-/Lernsystem LIBERTY. Die darin enthaltenen Informationen bilden eine nach wissenschaftlichen Kriterien strukturierte Informationsbasis und erlauben einem Anwender die Aneignung des zur Lösung der Fallstudie notwendigen Grundlagenwissens.

Unter Berücksichtigung der Anforderungen für den selektiven Zugriff auf die innerhalb des Lehr-/Lernsystems enthaltenen Informationen wurde die Möglichkeit geschaffen, einzelnen Entscheidungen der Wissensbasis Informationsseiten des Lehr-/Lernsystems zuzuordnen. Der Anwender hat dadurch die Möglichkeit, während der Bearbeitung einer Fallstudie gezielt auf die im Lehr-/Lernsystem enthaltenen Informationen zuzugreifen und die darin dargestellten Sachzusammenhänge für die Lösung der Problemstellung heranzuziehen.

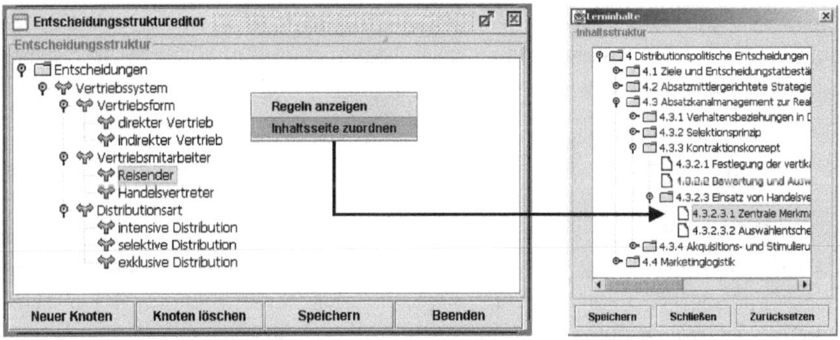

Abbildung 8-6: Verknüpfung von Entscheidungen mit Lerninhalten

Wie aus Abbildung 8-6 ersichtlich, werden einzelne Inhaltsseiten des Lehr-/Lernsystems über ein Kontextmenü den Entscheidungen innerhalb der Entscheidungsstruktur zugeordnet. Dazu wählt der Autor die entsprechende Inhaltsseite aus dem Strukturbaum des Lehr-/Lernsystems aus und betätigt den Button ‚Speichern'. Soll eine vorhandene Zuordnung gelöscht werden, so erfolgt dies über den Button ‚Zurücksetzen' innerhalb des Lerninhaltefensters.

8.2.5 Erstellung von Fallstudien

Aufbauend auf der im ersten Schritt erstellten betriebswirtschaftlichen Wissensbasis können anhand der darin gespeicherten Regeln einzelne Fallstudien implementiert werden. Der Erstellungsprozess orientiert sich dabei an den zentralen Bestandteilen von Fallstudien und wird durch einen Fallstudieneditor unterstützt (s. Abbildung 8-7). Grundsätzlich lassen sich hierbei die nachfolgenden Aufgabenschritte differenzieren:

- Einbindung der Fallstudiendarstellung,
- Zuordnung von Aufgaben und
- Auswahl von Entscheidungen und Merkmalsausprägungen.

Den Ausgangspunkt für die Bearbeitung einer Fallstudie durch den Lernenden bildet die Fallstudiendarstellung, in der die Problemsituation und Hintergrundinformationen präsentiert werden. Die auf Basis von XML ausgezeichneten Seiten (s. Abschnitt 7.2.1.1) können über ein Auswahlfenster in die Fallstudie eingebunden werden. Je nach Umfang und Struktur der Fallstudiendarstellung sowie der zusätzlich vorhandenen Informationen besteht dabei die Möglichkeit, eine individuelle Gliederung mit beliebig tief verschachtelten Unterabschnitten zu erstellen (s. Abbildung 8-7). Dazu fügt der Fallstudienautor analog zur Definition der Analysestruktur einen neuen Knoten ein und weist diesem einen Knotentyp zu. In Analogie zum Aufbau eines Buches werden dabei folgende Knotentypen differenziert:

- Kapitel,
- Abschnitt und
- Seite.

Wie bereits bei der Visualisierung des Analyse- und Entscheidungsstruktureditors werden zur optischen Hervorhebung der unterschiedlichen Knotentypen verschiedenartige Symbole eingesetzt. Während Kapitel und Abschnitte durch ein Ordnersymbol dargestellt werden, erfolgt die Visualisierung von einzelnen Seiten mittels eines Dokumentensymbols.

Im nächsten Arbeitsschritt werden aus einem vorhandenen Aufgabenpool einzelne Aufgaben selektiert und in die Fallstudienstruktur eingebunden. Die Erstellung der Aufgaben erfolgt dabei außerhalb der hier beschriebenen Systemumgebung mittels eines gängigen XML-Editors. In Abhängigkeit des zugrundeliegenden Aufgabentyps werden innerhalb des Fallstudieneditors unterschiedliche Symbole für die Darstellung der Aufgaben genutzt (s. Abbildung 8-7).

Der letzte Schritt zur Vervollständigung einer Fallstudie besteht in der Auswahl der Entscheidungen sowie der zugrundeliegenden Merkmalsausprägungen. Während erstere die von einem Anwender im Rahmen der Fallstudienbearbeitung zu treffenden Lösungen widerspiegeln, repräsentieren Merkmalsausprägungen Variablen zur Erklärung der Entscheidungen. Die Einbindung dieser beiden Parameter erfolgt analog zur Selektion der Fallstudiendarstellung bzw. Aufgaben über entsprechende Auswahlfenster, in denen die Entscheidungs- und Analysestruktur angezeigt wird. In Abhängigkeit zur Aufgabenstellung können dabei eine oder mehrere Entscheidungen in eine Fallstudie integriert werden. Die Menge der Merkmalsausprägungen zur Erklärung einer Entscheidung hängt dagegen von den in der Fallstudie beschriebenen Sachzusammenhängen ab und entspricht grundsätzlich der Anzahl der Merkmalsausprägungen bzw. einer Teilmenge davon, die innerhalb der Wissensbasis zur Herleitung einer Entscheidung definiert wurden.

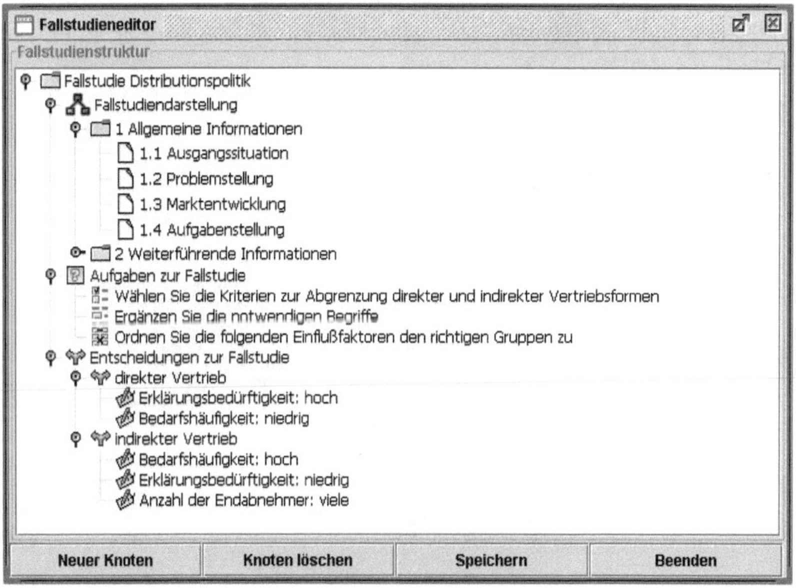

Abbildung 8-7: Fallstudieneditor

Abbildung 8-7 veranschaulicht exemplarisch die Einbindung von zwei Entscheidungen, die von einem Anwender im Rahmen der Fallstudienbearbeitung getroffen werden müssen. Während die Entscheidung ‚direkter Vertrieb' durch eine Teilmenge der in der Wissensbasis hinterlegten Merkmale erklärt wird, beinhaltet die zweite Entscheidung sämtliche Merkmale, die für die Selektion des indirekten Vertriebs sprechen (s. Abschnitt 8.2.3).

Die Gesamtdarstellung einer Fallstudie erfolgt analog zur Abbildung der einzelnen Bestandteile als Baumstruktur. Sämtliche Äste des Baums lassen sich dadurch flexibel aus- und einblenden, so daß insbesondere bei umfangreichen Fallstudien eine übersichtliche Bearbeitung der einzelnen Bestandteile möglich ist.

8.3 Benutzerschnittstelle

Während im Rahmen der bisherigen Darstellungen die Konzeption und der Aufbau von Fallstudien aus der Perspektive eines Fallautors im Vordergrund stand, erfolgt innerhalb der weiteren Ausführung die Beschreibung der Fallstudienbearbeitung aus Sicht eines Anwenders, der mit dem System interagiert. Ausgangspunkt bildet hierbei das Lehr-/Lernsystem LIBERTY, welches zur Vermittlung der theoretischen Grundlagen des jeweiligen Wissensgebietes dient. Innerhalb dieser Umgebung kann der Lernende über einen entsprechenden Funktionsaufruf die Bearbeitung einer Fallstudie starten.

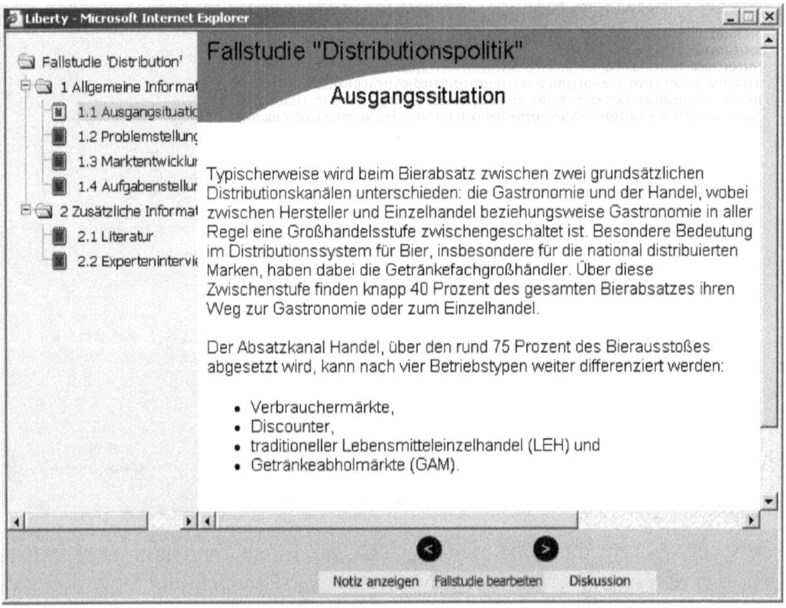

Abbildung 8-8: Benutzeroberfläche zur Fallbearbeitung

Nach Aufruf einer Fallstudie wird dem Anwender die Einstiegsmaske über ein separates Web-Browser-Fenster präsentiert (s. Abbildung 8-8). Innerhalb dieser Umgebung befindet sich neben einem Navigationsbaum, der die Struktur der Fallstudiendarstellung widerspiegelt, ein Darstellungsbereich sowie eine davon getrennte Navigationsleiste.

8.3.1 Dialoggestaltung

Zu den zentralen Interaktionsmöglichkeiten zwischen einem Anwender und dem System gehört die aktive Fallstudienbearbeitung, in der ein Anwender die einzelnen Aufgaben der Problemstellung löst. Neben der Auswahl der Fallinformationen steht hierbei insbesondere die Bearbeitung von Aufgaben sowie das Treffen und Begründen von Entscheidungen zur Lösung einer Fallstudie im Vordergrund.

8.3.1.1 Auswahl der Fallinformationen

Den Ausgangspunkt bei der Bearbeitung einer Fallstudie bildet die Auswahl der Fallinformationen. Dazu stehen dem Anwender innerhalb der Benutzeroberfläche verschiedene Zugriffsverfahren zur Verfügung, über die gezielt die einzelnen Seiten der Fallstudiendarstellung selektiert werden können. Die Anzeige der Informationen erfolgt in dem dafür vorgesehenen Darstellungsbereich innerhalb der Benutzeroberfläche (s. Abbildung 8-8).

Bei der Umsetzung des Prototypen wurden mit dem Navigationsbaum und der Navigationsleiste zwei unterschiedliche Zugriffspfade implementiert. Während der Navigationsbaum eine selektive Auswahl von einzelnen Seiten der Fallstudiendarstellung erlaubt, kann der Anwender über die Navigationsleiste sequentiell durch die vorhandenen Fallinformationen navigieren. Innerhalb der Seiten können über Verweise weitere Informationen zu der Fallstudie eingebunden werden, die ein Anwender durch Mausklick aufruft. Auf diese Weise lassen sich sowohl lernsysteminterne Angaben, wie z. B. Literaturhinweise oder Glossarbegriffe als auch externe Quellen aus dem World Wide Web (WWW) aufrufen.

8.3.1.2 Bearbeitung von Aufgaben

Nach Durcharbeitung der Fallinformationen werden dem Anwender die in Abschnitt 7.2.3.2 beschriebenen Aufgaben über ein separates Dialogfenster präsentiert (s. Abbildung 8-9). Durch die gleichzeitige Darstellung sowohl der Fallinformationen als auch der Aufgaben wird erreicht, daß während der Bearbeitung einer Aufgabe Informationen aus der Fallstudiendarstellung nachgelesen und zur Beantwortung der Frage genutzt werden können.

Innerhalb des Dialogfensters werden dem Anwender die einzelnen Aufgabenbestandteile in entsprechend gekennzeichneten Fensterbereichen angezeigt (s. Abbildung 8-9). Je nach Umfang der Aufgabe kann die Darstellung der einzelnen Aufgabenbestandteile durch horizontale und vertikale Rollbalken ergänzt werden, so daß durch die Bewegung des Rollbalkens der gesamte Aufgabenteil sichtbar wird.

Die Beantwortung einer Aufgabe erfolgt in Abhängigkeit des zugrundeliegenden Aufgabentyps. Während bei Einfach- und Mehrfachwahlaufgaben die Lösung der Frage durch Markierung der richtigen Antwort(en) ausgewählt wird, basieren Reihenfolge- und Zuordnungsaufgaben auf dem drag&drop-Prinzip. Die Auswahl der Lösung erfolgt demnach durch das Ziehen der Antwortalternative(n) auf die richtige Lösungsposition. Bei der Beantwortung von Lückentextaufgaben gibt der Anwender den fehlenden Text in eine dafür vorgesehene Textlücke innerhalb des Antwortbereichs ein.

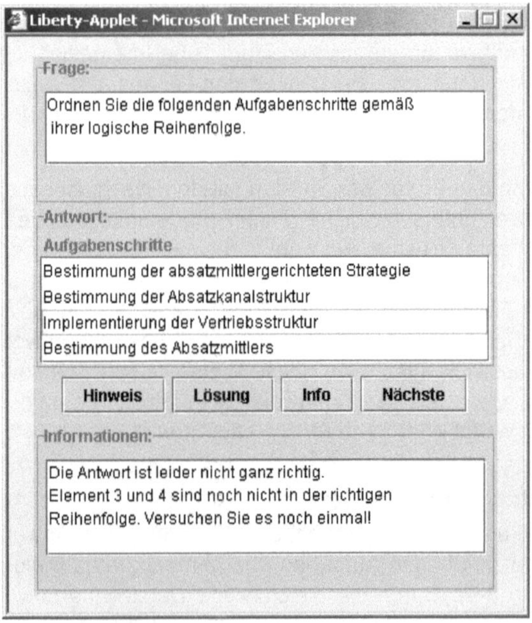

Abbildung 8-9: Reihenfolgeaufgabe

Während der Beantwortung der Aufgaben stehen dem Fallstudienbearbeiter eine Reihe von Hilfestellungen zur Verfügung, die über entsprechende Funktionsaufrufe ausgewählt werden können. Über den Button ‚Hinweis' erhält der Anwender einen Lösungshinweis, der Informationen zur Bearbeitung der Frage beinhaltet. Wählt der Anwender dagegen den Button ‚Info', so wird innerhalb des Lehr-/Lernsystems automatisch diejenige Seite aufgerufen und angezeigt, die im Rahmen des Erstellungsprozesses mit der Aufgabe verknüpft wurde (s. Abschnitt 7.2.3).

Mit der Intention, die Beantwortung einer Aufgabe durch eine automatische Rückmeldung abzuschließen, wurden auf Grundlage der verschiedenen Datenformate für die einzelnen Aufgabentypen unterschiedliche Gestaltungsmaßnahmen angewendet. Wie aus Abbildung 8-9 ersichtlich, erfolgt die Anzeige des korrektiven Feedbacks nach Auswahl des Buttons ‚Lösung' innerhalb des dafür vorgesehenen Antwortbereichs. Je nach Systemeinstellung kann bei einer Falschantwort ein weiterer Versuch zur Lösung der Aufgabe folgen.

8.3.1.3 Treffen von Entscheidungen

Die Vorschläge zur Einbindung von Entscheidungen in den Fallstudienbearbeitungsprozeß stellen eine zentrale Anforderung innerhalb der hier vorgestellten Lösung dar. Als Informationsquelle für den Aufbau der Entscheidungsalternativen dient dabei die zugrundeliegende Wissensbasis, in der sämtliche Entscheidungen sowie deren Erklärungsvariablen gespeichert und verwaltet werden. Ausgehend von der Selektion einzelner, im Rahmen der Fallstudie behandelter Entscheidungen innerhalb des Fallstudieneditors erfolgt die Auswahl der dem Anwender angezeigten Entscheidungsalternativen auf Basis der Entscheidungsstruktur. Dabei werden Entscheidungen, die sich auf gleicher Hierarchiestufe mit der vom Autor ausgewählten Entscheidung befinden als mögliche Alternativen ausgewählt und angezeigt. Bezogen auf die erste Aufgabe in der vorliegenden Problemstellung bedeutet dies, daß die Entscheidung ‚direkter Vertrieb' durch die Alternative ‚indirekter Vertrieb' ergänzt wird (s. Abschnitt 8.2.2).

In Anlehnung an den Aufbau des Aufgabenapplets werden die möglichen Entscheidungsalternativen über ein sog. Entscheidungsapplet präsentiert (s. Abbildung 8-10). Neben den bereits bei der Beschreibung des Aufgabenapplets betrachteten Bereiche zur Darstellung des Fragetexts, der Antwortalternativen sowie der Rückmeldungen, beinhaltet das Entscheidungsapplet verschiedene Hilfestellungen, die von einem Anwender zur Lösung der Problemstellung aufgerufen werden können. Hierzu zählen in erster Linie die innerhalb der Wissensbasis hinterlegten Verweise auf das hypermediale Lehr-/Lernsystem, die über den Button ‚Info' aufgerufen werden können. Darüber hinaus besteht optional die Möglichkeit, Hinweise in Form von Angaben zu einzelnen Merkmalsausprägungen anzuzeigen, die über den Button ‚Hinweis' aufgerufen werden. Für das vorliegende Beispiel wäre es demnach möglich, die Merkmalsausprägungen ‚Bedarfshäufigkeit=niedrig' und ,Erklärungsbedürftigkeit=hoch' sowie die entsprechenden Wahrscheinlichkeitswerte bei Betätigung des Buttons ,Hinweis' auszugeben.

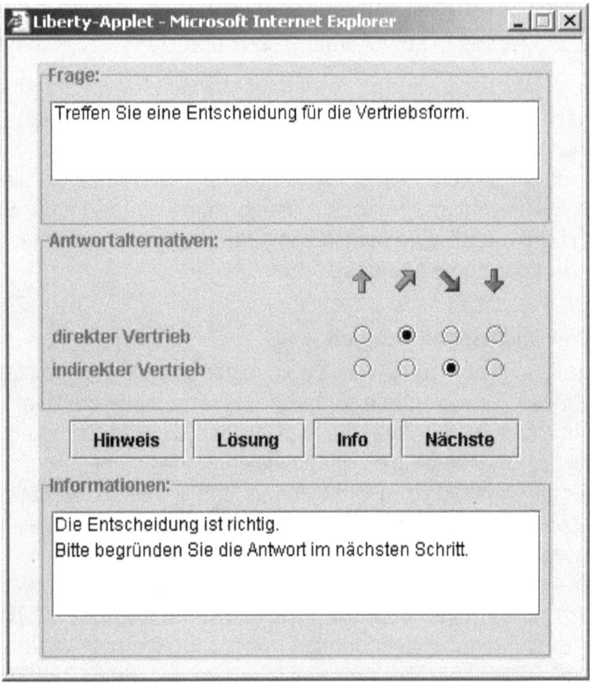

Abbildung 8-10: Applet zur Entscheidungsauswahl

Die Angaben zur Beurteilung einer Entscheidung können über entsprechende Bewertungskategorien von einem Anwender eingegeben werden (s. Abschnitt 7.2.2.2). Während eine sichere Entscheidung durch einen grünen, nach oben gerichteten Pfeil dargestellt wird erfolgt die Anzeige wahrscheinlicher Entscheidungen durch einen nach rechts geneigten Pfeil (s. Abbildung 8-10). Im Unterschied dazu dienen rote und nach unten gerichtete Pfeile zur Repräsentation unwahrscheinlicher bzw. ausgeschlossener Entscheidungen. Die Bedeutung der einzelnen Pfeile wird dem Anwender durch entsprechende Texthinweise beim Überqueren der Pfeilsymbole mit dem Mauszeiger verdeutlicht.

8.3.1.4 Begründen von Entscheidungen

Die Anforderungen zur Begründung von Entscheidungen innerhalb des PLATON-Konzepts werden ebenfalls auf Grundlage der betriebswirtschaftlichen Wissensbasis umgesetzt. Den Ausgangspunkt bilden hierbei die Merkmalsausprägungen, die zur Erklärung der Entscheidungen definiert wurden. Aus Sicht eines Fallstudienbearbeiters repräsentieren Merkmale sowie deren Ausprägungen das notwendige Wissen zur Ableitung entsprechender Entscheidungen in einer konkreten Problemsituation. Demzufolge kann eine Entscheidung begründet werden, indem ein Anwender die richtigen Merkmalsausprägungen, die zur Ableitung einer Entscheidung geführt haben, identifiziert.

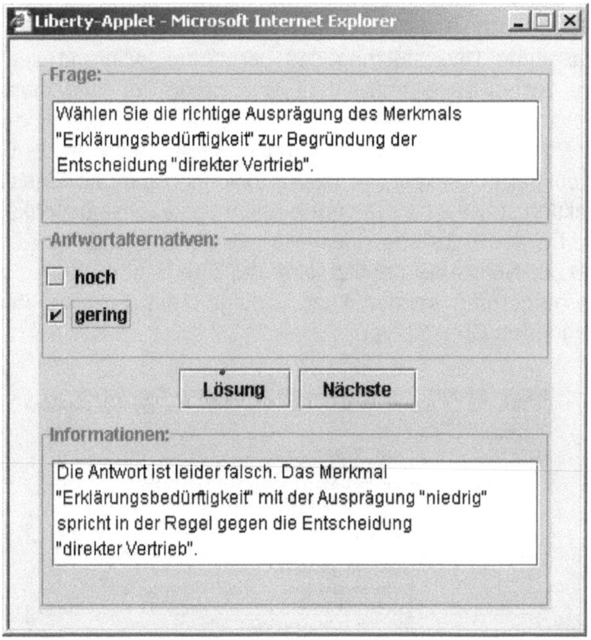

Abbildung 8-11: Applet zur Begründung von Entscheidungen

Analog zur Bearbeitung von Aufgaben sowie zur Auswahl von Entscheidungen wurde für die Begründung von Entscheidungen ein Java-Applet implementiert (s. Abbildung 8-11). Innerhalb dieser Umgebung werden die alternativen Merkmalsausprägungen, die zur Herleitung einer Entscheidung relevant sind, dargestellt. Das in Abbildung 8-11 visualisierte Beispiel zeigt die beiden Ausprägungen ‚hoch' und ‚gering' für das Merkmal ‚Erklärungsbedürftigkeit' an. Unter Berücksichtigung der vorab getroffenen Entscheidung ‚direkter Vertrieb' sowie der einzelnen Merkmalsausprägungen, die aus der Problemsituation hervorgehen, begründet ein Anwender diese Entscheidung durch Auswahl der richtigen Merkmalsausprägung. Neben dem hier dargestellten Applet zur Selektion der Ausprägung für das Merkmal ‚Erklärungsbedürftigkeit' wird für das vorliegende Beispiel ein weiteres Applet zur Bestimmung der Bedarfshäufigkeit präsentiert (s. Abschnitt 8.2.5)

Im Unterschied zu den bereits dargestellten Test- und Übungsaufgaben sowie der Auswahl von Entscheidungen wurden für die Begründung von Entscheidungen keine Hilfestellungen hinterlegt, da entsprechende Informationen zur Herleitung einer Entscheidung bei der Selektion einer Entscheidung verfügbar sind.

8.3.1.5 Integration von Gruppenkommunikationsfunktionen

Um eine umfassende Unterstützung des Lernenden während der Bearbeitung einer Fallstudie zu gewährleisten, wurde eine integrative Systemumgebung entwickelt, in der neben den dargestellten systemgesteuerten Interaktionsmöglichkeiten und Hilfestellungen auch die Einbeziehung von anderen Nutzern oder speziell dafür geschulten Betreuern möglich ist. Im einzelnen handelt es sich hierbei um eine eMail-Funktion sowie eine synchrone Kommunikationsmöglichkeit per Online-Chat. Während bei der Erstellung einer eMail die Funktionalität eines vorhandenen eMail-Clients (z. B. Netscape) genutzt wird, der über einen Verweis aus der Systemumgebung aufgerufen werden kann, erfolgt die synchrone Kommunikation über einen integrierten Chat-Server.

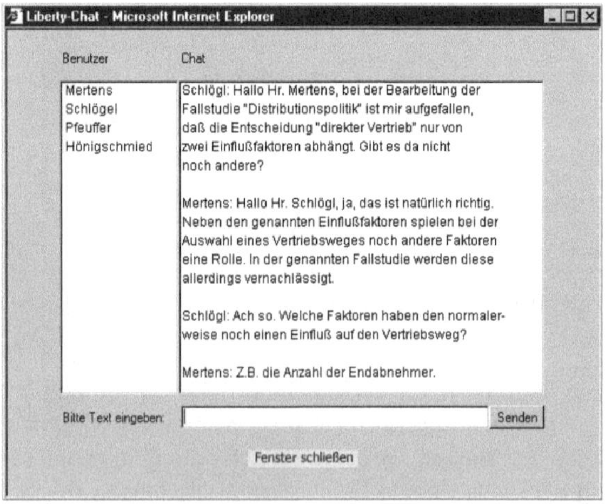

Abbildung 8-12: Chat-Applet

Der Start eines Online-Chats erfolgt durch einen Funktionsaufruf innerhalb der Benutzeroberfläche. Als Texteingabemöglichkeit für den Anwender öffnet sich darauf hin ein Chat-Applet, über das die Fragen zu der aktuell bearbeiteten Fallstudie eingegeben werden können (s. Abbildung 8-12). Für die direkte Ansprache einzelner Systembenutzer steht innerhalb des Chat-Applets eine Benutzerliste zur Verfügung, in der alle zum Zeitpunkt des Aufrufs verfügbaren Nutzer angezeigt werden. Über einen Auswahlknopf können diese individuell zur Teilnahme an einem Chat aufgerufen werden.

Die Anzeige des eingegebenen Textes erfolgt für alle Nutzer sichtbar innerhalb des Chat-Applets (s. Abbildung 8-12), so daß die gestellten Fragen bzw. die dazu gegebenen Antworten gemeinsam diskutiert werden können. Sämtliche Informationen, die per eMail oder über den Online-Chat ausgetauscht werden, können von dem jeweiligen Fallbearbeiter über eine integrierte Funktion kopiert und als Bemerkung zu der Fallstudie angefügt werden. Die dadurch erreichte persistente Speicherung erlaubt die Betrachtung dieser Informationen zu einem späteren Zeitpunkt und ermöglicht somit die unabhängige Nachbearbeitung einer Fallstudie. Darüber hinaus ist auch die Anzeige dieser Informationen innerhalb der Falldokumentation möglich (s. u.).

8.3.2 Erstellen einer Fallstudiendokumentation

Neben der computerunterstützten Kommunikation mit anderen Fallstudienbearbeitern bzw. einem Betreuer steht dem Anwender nach Abschluß der Fallstudie eine Dokumentationsfunktion zur Verfügung, über die ein Ausdruck der Fallstudienbeschreibung sowie der einzelnen Bearbeitungsschritte möglich ist. Wie in Abschnitt 6.1.2.2 dargestellt dient die Ausgabe auf einem computerunabhängigen Medium in erster Linie zur nachträglichen Diskussion mit anderen Teilnehmern im Rahmen einer Plenarsitzung.

Die Ausgabe der Falldokumentation erfolgt durch Aufruf der Funktion ‚Falldokumentation drucken' innerhalb der Benutzeroberfläche. Neben der Angabe der zu druckenden Bestandteile einer Fallstudie (Fallstudiendarstellung, Aufgaben, Antworten, Bemerkungen) kann ein Anwender dabei das Zielformat für den Ausdruck der Daten durch Auswahl eines entsprechenden Stylesheets festlegen. Abbildung 8-13 visualisiert beispielhaft die Ausgabe eines Ausschnitts der Fallstudiendarstellung als PDF-Dokument. Grundlage hierfür bildet das in Abschnitt 7.2.5 vorgestellte Stylesheet zur Transformation von XML-codierten Daten in das PDF-Format.

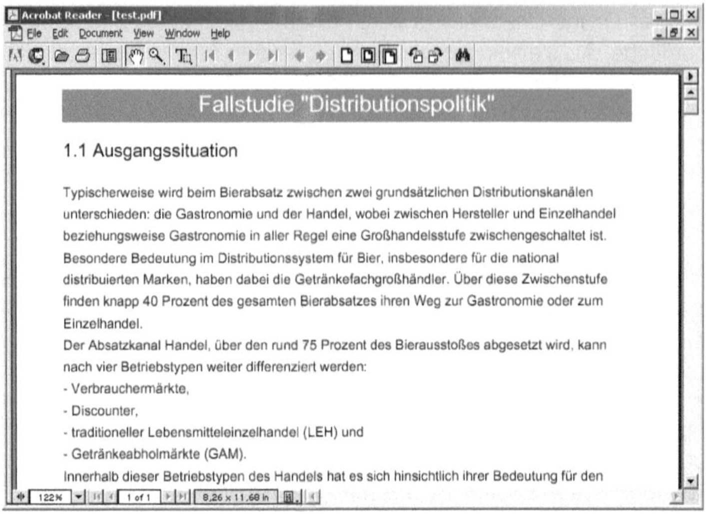

Fallstudie "Distributionspolitik"

1.1 Ausgangssituation

Typischerweise wird beim Bierabsatz zwischen zwei grundsätzlichen Distributionskanälen unterschieden: die Gastronomie und der Handel, wobei zwischen Hersteller und Einzelhandel beziehungsweise Gastronomie in aller Regel eine Großhandelsstufe zwischengeschaltet ist. Besondere Bedeutung im Distributionssystem für Bier, insbesondere für die national distribuierten Marken, haben dabei die Getränkefachgroßhändler. Über diese Zwischenstufe finden knapp 40 Prozent des gesamten Bierabsatzes ihren Weg zur Gastronomie oder zum Einzelhandel.
Der Absatzkanal Handel, über den rund 75 Prozent des Bierausstoßes abgesetzt wird, kann nach vier Betriebstypen weiter differenziert werden:
- Verbrauchermärkte,
- Discounter,
- traditioneller Lebensmitteleinzelhandel (LEH) und
- Getränkeabholmärkte (GAM).
Innerhalb dieser Betriebstypen des Handels hat es sich hinsichtlich ihrer Bedeutung für den

Abbildung 8-13: Ausschnitt einer PDF-Fallstudiendokumentation

8.4 *Fallstudie „ELECTRO INDUSTRIES, INC“*

Die Zielsetzung innerhalb der weiteren Ausführungen besteht darin, die Erstellung einer betriebswirtschaftlichen Wissensbasis sowie die darauf aufbauende Abbildung einer Fallstudie anhand eines konkreten Beispiels zu demonstrieren. Aufgrund der zu geringen Aussagekraft einer rein fiktiven Problemstellung wird hierbei inhaltlich Bezug auf eine existierende und im Rahmen von zahlreichen Lehrveranstaltungen eingesetzte Fallstudie aus dem Bereich der strategischen Unternehmensführung genommen.

Die Aufgabenstellung der hier vorgestellten Fallstudie besteht darin, Konzepte der strategischen Unternehmensführung auf ein mittelständisches Unternehmen der Computer- und Elektrobranche anzuwenden. Im Mittelpunkt stehen dabei das Portfolio-Konzept zur Ableitung von Normstrategien sowie die Erfahrungskurvenanalyse zur Ermittlung von Preisstrategien. Beide Konzepte wurden innerhalb des hypermedialen Lehr-/Lernsystems LIBERTY theoretisch beschrieben und werden als Ausgangsbasis für die Bearbeitung der Fallstudie durch einen Anwender empfohlen.

Der Aufgabeninhalt für die Abbildung der Fallstudie und den darauf aufbauenden Bearbeitungsprozeß kann in Anlehnung an die vorangegangenen Ausführungen in folgende Problemfelder gegliedert werden:

- Erläuterung der Problemsituation und Darstellung der zentralen Aufgabenbereiche,
- Entwurf und Implementierung der Regelbasis, in der die betriebswirtschaftlichen Sachzusammenhänge abgebildet werden,
- Konzeption und Abbildung der einzelnen Fallstudienbestandteile auf Basis der vorher erstellen Wissensbasis und
- Darstellung des Bearbeitungsprozesses aus Sicht des Anwenders.

Angesichts der Intention, die grundlegende Vorgehensweise bei der Abbildung von betriebswirtschaftlichen Fallstudien zu demonstrieren, wird im Rahmen der nachfolgenden Darstellung auf die Implementierung einer vollständigen betriebswirtschaftlichen Regelbasis verzichtet. Vielmehr werden die zugrundeliegenden betriebswirtschaftlichen Sachzusammenhänge, die zur Repräsentation des Portfolio-Konzepts sowie der Erfahrungskurvenanalyse notwendig sind, in Form einer Wissensbasis hinterlegt. Die Umsetzung erfolgt dabei unter Verwendung der in den vorangegangenen Abschnitten vorgestellten Werkzeuge.

8.4.1 Problemsituation

Das Unternehmen ELECTRO INDUSTRIES, INC ist ein diversifizierter Anbieter von Computersystemen und elektronischen Komponenten. Im abgelaufenen Geschäftsjahr erzielte ELECTRO bei einem Umsatz von $ 875 Mio. erstmals seit 35 Jahren einen Verlust von $ 5,7 Mio. Ursprünglich als Hersteller von Industrieelektronikausrüstung expandierte das Unternehmen in den Jahren zuvor durch den Kauf kleinerer, unterkapitalisierter Firmen in verschiedene Wachstumsmärkte. Die Finanzierung erfolgte dabei durch kurz- und mittelfristige Fremdverschuldung. Anfang des abgelaufenen Geschäftsjahres wurde klar, daß die Zinsbelastung nicht mehr durch das erzielte Gewinniveau gedeckt werden konnte, so daß das Management eine intensive Analyse und Bewertung der aktuellen Position und der Zukunftsaussichten beschloß. Als Leitmaxime für die zukünftige Geschäftsausrichtung wurde eine breite Diversifizierung bei gleichzeitig hohem Integrationsgrad zugrundegelegt. Dabei war jedoch klar, daß aufgrund der Wettbewerbsintensität in der Elektroindustrie nur die stärksten Unternehmen in dem jeweiligen Marktumfeld überleben konnten.

8.4.2 Aufgabenstellung

Auf Basis der dargestellten Problemsituation sowie verschiedener weiterer Informationen zur Organisationsstruktur und Finanzlage der Firma ELECTRO INDUSTRIES und deren Marktumfeld, besteht die Aufgabenstellung des Fallstudienbearbeiters darin, drei Teilaufgaben zu lösen. Die folgende Aufstellung der einzelnen Aufgaben zeigt in zusammengefaßter Form, welche Schritte zur Lösung der Fallstudie durchzuführen sind:

(1) Zunächst ist auf Basis der gegebenen Finanzinformationen eine unternehmensinterne Vier-Felder-Matrix für sämtliche 26 Abteilungen von ELECTRO INDUSTRIES zu zeichnen. Darauf aufbauend sollten Strategieempfehlungen abgeleitet werden.

(2) Anhand der Erfahrungskurveanalyse sollen in der zweiten Aufgabe Preisstrategien für zwei Produktentwicklungsalternativen aus einer Unternehmensabteilung entwickelt werden. Grundlage hierfür bildet ebenfalls die eigenständige Verlaufsdarstellung der Erfahrungskurve auf Basis vorgegebener Mengen- und Kostenangaben.

(3) Die dritte Aufgabe besteht darin, Strategieempfehlungen für drei ausgewählte Produkte aus einer Vier-Felder-Matrix abzuleiten. Im Gegensatz zur ersten Aufgabenstellung wird hierbei der Gesamtmarkt mit verschiedenen Konkurrenzprodukten betrachtet.

Wie aus der Aufgabenstellung erkennbar, setzt sich die Fallstudienbearbeitung aus verschiedenen betriebswirtschaftlichen Teilbereichen zusammen. Vor dem Hintergrund eines angestrebten hohen Wiederverwendungsgrades in unterschiedlichen Sachzusammenhängen sowie der Anpassung des Schwierigkeitsgrades an das Vorwissen eines Fallstudienbearbeiters ist es daher von Vorteil, die vorliegende Fallstudie in drei Teilbereiche zu gliedern. Die daraus entstehenden Konsequenzen für die einzelnen Bestandteile der Fallstudie werden nachfolgend erläutert.

8.4.3 Erstellung der Regelbasis

Grundlage für die Implementierung der aufgezeigten Fallstudie bildet die Erstellung einer Regelbasis, in der die zugrundeliegenden betriebswirtschaftlichen Sachzusammenhänge abgebildet werden. Aufgrund der Aufgabenstellung, die sich inhaltlich in die Ausarbeitung einer Normstrategie auf Basis des Portfolio-Konzepts sowie der Ableitung von Preisstrategien mittels der Erfahrungskurvenanalyse gliedert, werden nachfolgend diese beiden Problemfelder zunächst kurz erläutert, bevor darauf aufbauend in einem zweiten Schritt die betriebswirtschaftlichen Regeln abgeleitet und implementiert werden.

8.4.3.1 Portfolio-Konzept

Der Portfolio-Ansatz stellt ein Strategiekonzept zur Planung von strategischen Geschäftseinheiten innerhalb eines Unternehmens dar [BECK01, 418]. Die Grundlage des Ansatzes bilden empirische Untersuchungen im Rahmen des sog. PIMS-

Projekts (**P**rofit **I**mpact of **M**arket **S**trategies), dessen Zielsetzung in der Identifikation von Variablen und deren Kausalzusammenhang auf die Rentabilität (ROI) und den Cash-Flow eines Unternehmens bestand. Auf Basis von Regressionsanalysen konnte dabei festgestellt werden, daß zwischen dem Marktanteil einer Geschäftseinheit und dem ROI sowie dem Cash Flow der stärkste erkennbare Zusammenhang besteht [NEUB80, 141].

Aufbauend auf den Ergebnissen der Untersuchung entwickelte die Boston Consulting Group unter Berücksichtigung der Marktstruktur das sog. Marktwachstums-Marktanteils-Portfolio, dessen Dimensionen den Marktanteil und das Marktwachstum wiederspiegeln. Durch die Kombination der jeweiligen Dimensionsausprägungen ‚hoch' und ‚niedrig' entstand daraus die sog. Vier-Felder-Matrix, in die strategische Geschäftseinheiten gemäß ihrer jeweiligen Eigenschaften eingeordnet werden können (s. Tabelle 8-1).

Tabelle 8-1: Charakterisierung der Vier-Felder-Matrix

Feldbezeichnung	Eigenschaften
Question marks	Hohes Marktwachstum; niedriger Marktanteil
Stars	Hohes Marktwachstum; hoher Marktanteil
Cash Cows	Niedriges Marktwachstum; hoher Marktanteil
Dogs	Niedriges Marktwachstum; niedriger Marktanteil

Die Ableitung von strategischen Entscheidungen für einzelne Geschäftseinheiten basiert auf der Zuordnung von sog. Normstrategien zu den vier Matrix-Feldern. Demnach können in der Reihenfolge der tabellarischen Aufzählung folgende Strategien differenziert werden [HINT96, 160f.]:

- **Offensivstrategie:** Steigerung des Marktanteils gegenüber Wettbewerbern bzw. Verkauf der Geschäftseinheit bei aussichtsloser Marktsituation,
- **Investitionsstrategie:** Beibehaltung bzw. leichter Ausbau des Marktanteils,
- **Defensivstrategie:** Beibehaltung bzw. leichter Abbau des Marktanteils und
- **Desinvestitionsstrategie:** Abbau des Marktanteils bzw. Verkauf der strategischen Geschäftseinheit.

Anhand der dargestellten betriebswirtschaftlichen Sachzusammenhänge kann zunächst die Analysestruktur definiert werden. Im Mittelpunkt steht dabei die Untersuchung der beiden Modelldimensionen ‚Marktanteil' und ‚Marktwachstum', die jeweils durch die Ausprägungen ‚hoch' und ‚gering' charakterisiert werden. In Abbildung 8-14 ist die daraus abgeleitete Analysestruktur dargestellt.

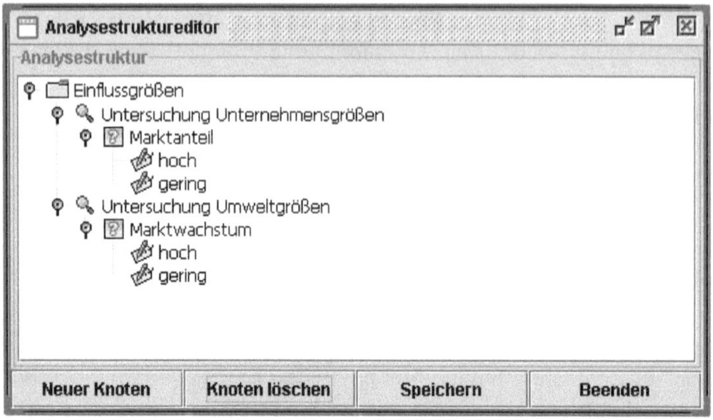

Abbildung 8-14: Abbildung der Analysestruktur

Mit Hilfe der Entscheidungsstruktur werden die im Rahmen des Portfolio-Konzepts möglichen Entscheidungen zusammengefaßt und hierarchisch abgebildet. Das Ergebnis dieses Arbeitsschrittes ist in Abbildung 8-15 dargestellt. Um die Möglichkeit der Ergänzung weiterer Entscheidungen zu verdeutlichen, wurden die Normstrategien zu dem Knoten ‚strategische Unternehmensführung' zusammengefaßt. Dieser könnte beispielsweise neben weiteren Knoten, wie der ‚taktischen' oder ‚operativen Unternehmensführung' in eine umfassende betriebswirtschaftliche Regelbasis eingebunden werden.

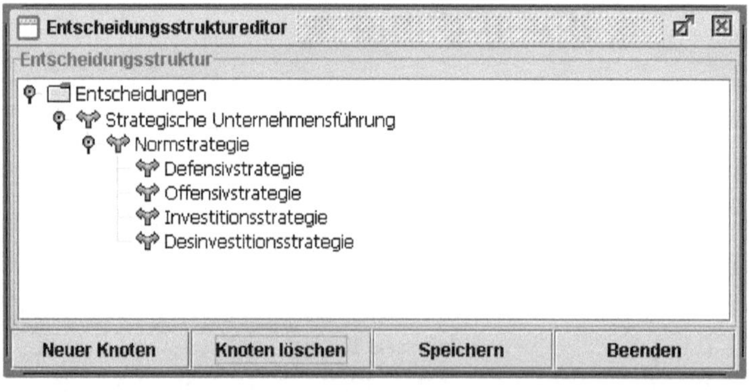

Abbildung 8-15: Abbildung der Entscheidungsstruktur

Neben der Abbildung der einzelnen Normstrategien erfolgte innerhalb des Entscheidungsstruktureditors die Zuordnung von Inhaltsseiten des Lehr-/Lernsystems zu den jeweiligen Strategieausprägungen. Die dadurch erzielte Verknüpfung erlaubt im Rahmen der Fallstudienbearbeitung den kontextanhängigen Aufruf der Lerninhalte und ermöglich dadurch vorhandene Wissenslücken systematisch zu schließen.

Der letzte Schritt zur Implementierung der Regelbasis für das Portfolio-Konzept besteht in der Abbildung der Zusammenhänge zwischen der Analyse- und Entscheidungsstruktur. Mit Hilfe des Regeleditors werden dazu die entsprechenden Ausprägungen der Analysestruktur den jeweiligen Entscheidungen zugeordnet. Wie aus Abbildung 8-16 ersichtlich, wird beispielsweise die Wahl der Defensivstrategie durch einen hohen Marktanteil und ein geringes Marktwachstum erklärt.

Neben Beziehungen, die einen positiven Kausalzusammenhang zwischen Merkmalsausprägungen und Entscheidungen repräsentieren, können zusätzlich Einflußgrößen definiert werden, deren Vorkommen innerhalb einer Problemstellung gegen die Wahl einer bestimmten Entscheidung sprechen. Durch die gezielte Zuordnung der Ausprägungen über den Regeleditor lassen sich damit während der Fallstudienbearbeitung nicht nur Aussagen zur Auswahl, sondern auch im Hinblick auf den Ausschluß bestimmter Entscheidungen treffen (s. Abschnitt 8.4.6). Wie die in Abbildung 8-16 dargestellte Entscheidungsstruktur beispielhaft verdeutlicht, sprechen die Merkmalsausprägungen ‚Marktanteil = gering' und ‚Marktwachstum = hoch' nicht nur für die Wahl einer Offensivstrategie, sondern gleichzeitig gegen die Entscheidung einer Defensivstrategie.

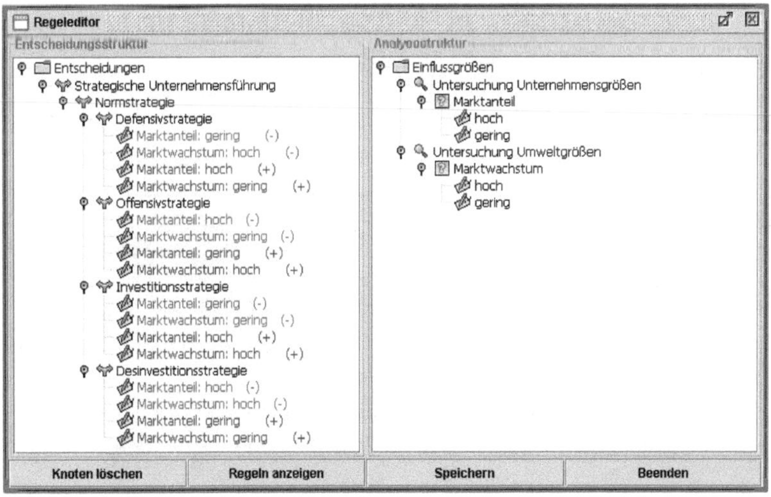

Abbildung 8-16: Definition der Regeln

Unter Berücksichtigung der Anforderungen zur Abbildung heuristischer Kausalzusammenhänge besteht im Rahmen der Regeldefinition die Möglichkeit, Wahrscheinlichkeitswerte zur Repräsentation des Erklärungsanteils einzelner Merkmalsausprägungen an einer Entscheidung festzulegen. Die Stärke des Zusammenhangs wird dabei durch einen Fachexperten bestimmt und kann über ein Auswahlfenster definiert werden (s. Abschnitt 8.2.3). In Abbildung 8-17 sind exemplarisch die Regeln sowie deren Erklärungsanteil für die Auswahl der Defensivstrategie dargestellt.

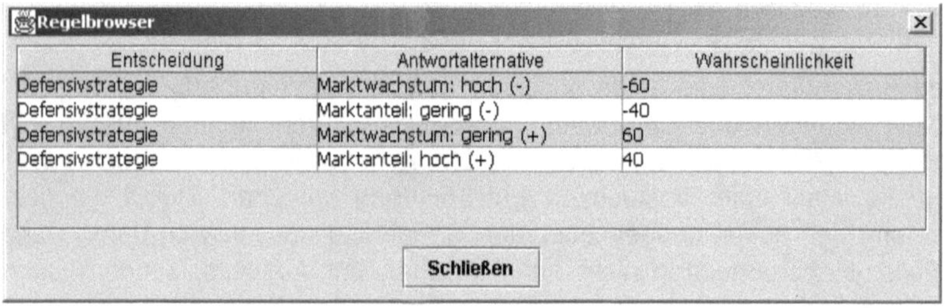

Entscheidung	Antwortalternative	Wahrscheinlichkeit
Defensivstrategie	Marktwachstum: hoch (-)	-60
Defensivstrategie	Marktanteil: gering (-)	-40
Defensivstrategie	Marktwachstum: gering (+)	60
Defensivstrategie	Marktanteil: hoch (+)	40

Abbildung 8-17: Heuristische Regeln zur Herleitung der Defensivstrategie

Gemäß der Intention, im Rahmen der hier vorgestellten Fallstudie die darin enthaltenen betriebswirtschaftlichen Zusammenhänge abzubilden, wurde an dieser Stelle zunächst das Portfolio-Konzept als Regelbasis implementiert. Bei der Umsetzung einer umfangreichen Wissensbasis wäre eine Erweiterung der Einflußfaktoren, wie sie beispielsweise der sog. Neun-Felder-Matrix zugrunde liegt (z. B. [BECK01, 430-435]), ohne weiteres möglich.

8.4.3.2 Erfahrungskurvenanalyse

Die Erfahrungskurvenanalyse baut ebenfalls auf der Erkenntnis auf, daß der Marktanteil sowie das Marktwachstum zentrale Einflußfaktoren für den Erfolg eines Unternehmens darstellen. Die Grundlage des Konzepts bildet der sog. Erfahrungskurveneffekt, der den Kausalzusammenhang zwischen den Kosten der Wertschöpfung eines Produktes und dessen Produktionsmenge widerspiegelt. Im Rahmen empirischer Untersuchungen konnte dabei festgestellt werden, daß aus einer Verdopplung der Produktionsmenge ein konstantes Kostenreduktionspotential von 20-30 % resultiert [HEND74, 19f.].

Unter Berücksichtigung dieses Zusammenhangs lassen sich im Rahmen der vorliegenden Fallstudie bei der Auswahl einer Preisstrategie folgende Alternativen ableiten:

- **Niedrigpreisstrategie:** Vorteilhaft bei hohem Marktanteil und -wachstum sowie der Realisierung von Kostensenkungspotentialen und
- **Hochpreisstrategie:** Empfehlenswert bei geringem Marktanteil und -wachstum sowie einem hohen Kostenniveau.

Analog zur Implementierung des Portfolio-Konzepts werden bei der Umsetzung der Erfahrungskurvenanalyse zunächst die Analyse- und Entscheidungsstruktur abgebildet. Wie aus Abbildung 8-18 ersichtlich, wurde dazu die Analysestruktur um die Einflußgröße ‚Kostenniveau' mit den Ausprägungen ‚hoch' und ‚niedrig' ergänzt. Innerhalb der Entscheidungsstruktur erfolgte zusätzlich die Einbindung der beiden Preisstrategien ‚Niedrigpreisstrategie' und ‚Hochpreisstrategie'.

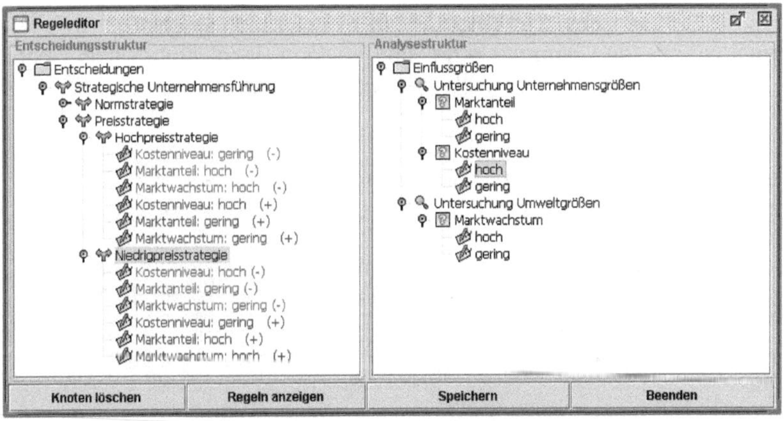

Abbildung 8-18: Definition der Regeln für die Erfahrungskurvenanalyse

Aufbauend auf der Abbildung dieser Informationen wurden im letzten Schritt die Regeln zur Herleitung der Preisstrategie definiert. Der in Abbildung 8-18 dargestellte Ausschnitt der Wissensbasis visualisiert die Ergebnisse der Regeldefinition innerhalb des Regeleditors. Die Wahl einer Niedrigpreisstrategie erfolgt demnach bei einem hohen Marktanteil und -wachstum sowie einem geringen Kostenniveau, das durch die Realisierung von Kostensenkungspotentialen erreicht werden kann. Gleichzeitig erfolgte durch Zuordnung der entgegengesetzten Merkmalsausprägungen die Definition von Regeln, die für die Ablehnung einer Entscheidung sprechen. Demzufolge führen die genannten Ausprägungen nicht nur zur Auswahl der Niedrigpreisstrategie sondern auch zum Ausschluß der Entscheidung ‚Hochpreisstrategie'.

8.4.4 Erstellung der Test- und Übungsaufgaben

Aus der ersten Aufgabenstellung zu der hier dargestellten Fallstudie geht hervor, daß zunächst eine Portfolio-Matrix für sämtliche Produkte von ELECTRO INDUSTRIES erstellt werden soll, um daraus in einem zweiten Schritt Normstrategien für die einzelnen strategischen Geschäftseinheiten abzuleiten (s. Abschnitt 8.4.2). Analog dazu wird im Rahmen der zweiten Teilaufgabe der Fallstudienbearbeiter vor der Ableitung von Preisstrategien aufgefordert, zwei alternative Erfahrungskurven zu zeichnen. Aufgrund der Tatsache, daß es sich bei den genannten Aufgaben um Tätigkeiten im Rahmen der Entscheidungsvorbereitung handelt, können diese nicht innerhalb der Regelbasis abgebildet werden.

Um dennoch die einzelnen Aufgabenschritte, die mit der Erstellung der verschiedenen Diagramme verbunden sind, in die Fallstudienbearbeitung zu integrieren, wurden im Rahmen des hier vorgestellten Prototyps unterschiedliche Test- und Übungsaufgaben zur Überprüfung des notwendigen Handlungswissens eingebunden. Tabelle 8-2 beinhaltet exemplarisch verschiedene Beispiele für die betroffenen Teilaufgaben.

Tabelle 8-2: Ausgewählte Test- und Übungsaufgaben

Teilaufgabe	Fragetext
(1)	Sortieren Sie die einzelnen Aufgabenschritte zur Erstellung einer Vier-Felder-Matrix gemäß ihrer zeitlichen Reihenfolge.
(1)	Wie berechnet sich der relative Marktanteil?
(1)	Wählen Sie die notwendigen Parameter für die Erstellung einer Portfolio-Matrix aus.
(2)	Ordnen Sie die einzelnen Aufgabenschritte zur Erstellung einer Erfahrungskurvenanalyse gemäß ihrer zeitlichen Reihenfolge.
(2)	Durch welche Dimensionen wird ein Erfahrungskurvendiagramm beschrieben?

Für die hier dargestellten Fragen wurden innerhalb des Implementierungsprozesses unterschiedliche Aufgabentypen ausgewählt und mit den notwendigen Informationen, wie z. B. den Antwortalternativen und Rückmeldungen umgesetzt (s. Abschnitt 8.4.6).

8.4.5 Implementierung der Fallstudie

In den vorangegangenen Ausführungen wurde für die im Rahmen der Fallstudie behandelten betriebswirtschaftlichen Sachzusammenhänge zunächst eine unabhängige Regelbasis definiert, auf deren Basis im nächsten Schritt die in der Fallstudie enthaltene Problemstellung abgebildet werden kann. Gemäß der Intention, die Wiederverwendung in unterschiedlichen Kontexten zu fördern, wurde die Fallstudie in drei Teilbereiche untergliedert, von denen nachfolgend der erste ausführlich dargestellt wird.

Zur Erstellung des ersten Teils der Fallstudie wurden die einzelnen Bestandteile zusammengefaßt und mittels des Fallstudieneditors strukturiert (s. Abbildung 8-19). Den Ausgangspunkt bildet dabei die Fallstudiendarstellung, in der die verschiedenen Fallinformationen auf Grundlage der in Abschnitt 7.2.2.1 beschriebenen Dokumentenstruktur abgebildet wurden. Die Aufteilung der Informationen erfolgt dabei nach inhaltlichen Gesichtspunkten, so daß beispielsweise die Problemstellung auf einer separaten Seite zusammengefaßt wird. Auf diese Weise lassen sich je nach Bedarf die Fallinformationen in den unterschiedlichen Teilbereichen der Fallstudie wiederverwenden.

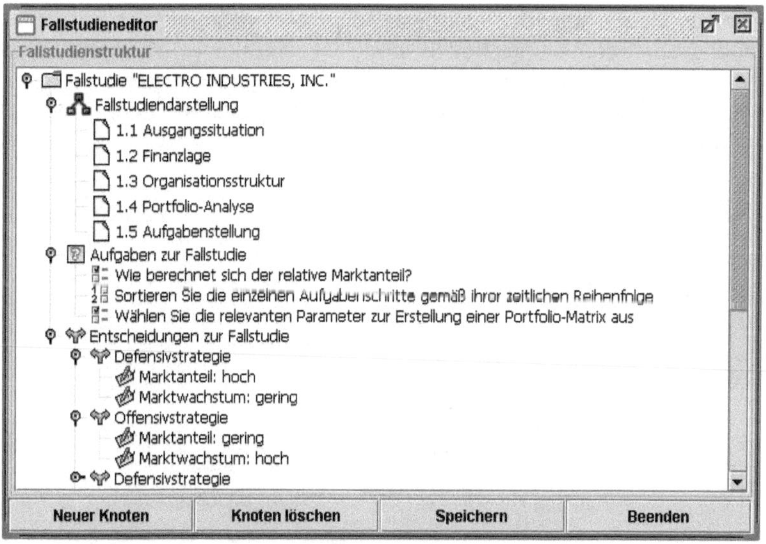

Abbildung 8-19: Falleditor zur Erstellung der Fallstudie

Neben der Fallstudiendarstellung bilden Übungs- und Testaufgaben den zweiten Bestandteil der hier exemplarisch umgesetzten Fallstudie. Unter Verwendung der zugrundeliegenden Aufgabenstrukturen (s. Abschnitt 7.2.3.2) wurden die im vorherigen Abschnitt dargestellten Test- und Übungsaufgaben implementiert und in die Fallstudienstruktur integriert (s. Abbildung 8-19). Analog zur Fallstudiendarstellung erfolgte die Auswahl der Aufgaben vor dem inhaltlichen Hintergrund des ersten Teilbereichs der Fallstudie.

Zur Bestimmung der möglichen Entscheidungen im Rahmen der Fallstudienbearbeitung erfolgte als letzte Maßnahme die Auswahl der Entscheidungen und Zuordnung der jeweiligen Merkmalsausprägungen. Um die in der Aufgabenstellung geforderte Ableitung von Normstrategien für insgesamt 26 Abteilungen umzusetzen, wurde für jede Abteilung innerhalb des Fallstudieneditors eine Entscheidung definiert und gemäß der alphabetischen Reihenfolge der Abteilungen angeordnet (s. Abbildung 8-19). Aufgrund des hohen Bearbeitungsaufwands für den Anwender wäre alternativ auch eine Zusammenfassung der Abteilungen auf Basis der Vier-Felder-Matrix denkbar, so daß Entscheidungen jeweils für eine Gruppe von Abteilungen getroffen werden müßten.

8.4.6 Bearbeitung der Fallstudie

Nach der aus Sicht eines Autors dargestellten Implementierung der Fallstudie wird nachfolgend der Bearbeitungsprozeß sowie die einzelnen Aufgabenschritte aus Anwenderperspektive aufgezeigt. Gemäß dem Kerngedanken des vorgestellten Konzepts steht dabei die Auswahl von Entscheidungen sowie deren Begründung durch den Fallstudienbearbeiter im Vordergrund.

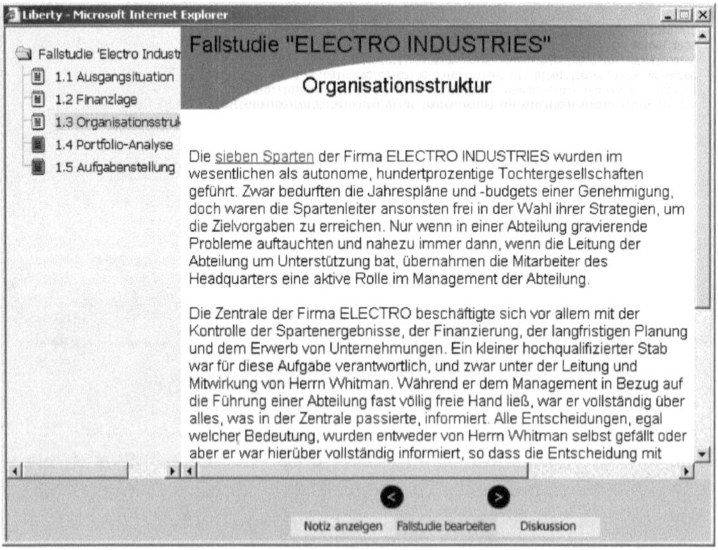

Abbildung 8-20: Fallstudiendarstellung

Den Ausgangspunkt für die Bearbeitung der implementierten Fallstudie bildet die in Abbildung 8-20 dargestellte Einstiegsmaske, in der die Fallinformationen gezielt ausgewählt und innerhalb des Darstellungsbereichs angezeigt werden können. Grundlage hierfür bildet die mittels des Fallstudieneditors definierte Struktur, in der die einzelnen Seiten gemäß ihrer logischen und inhaltlichen Reihenfolge gegliedert wurden.

Die Bearbeitung der Fallstudie erfolgt durch Auswahl der Funktion „Fallstudie bearbeiten“. Innerhalb der Web-Browser-Umgebung werden daraufhin die im Rahmen des Fallstudieneditors hinterlegten Fragen aufgerufen und als Java-Applet dargestellt (s. Abbildung 8-21). Je nach zugrundeliegendem Aufgabentyp hat der Anwender innerhalb des Applets die Möglichkeit, durch Auswahl, Eingabe, Zuordnung oder Rangreihung der Antwortalternativen, die Frage zu beantworten. Abbildung 8-21 visualisiert exemplarisch eine Einfachwahlaufgabe zur Bestimmung des relativen Marktanteils für den ersten Aufgabenteil der vorliegenden Fallstudie.

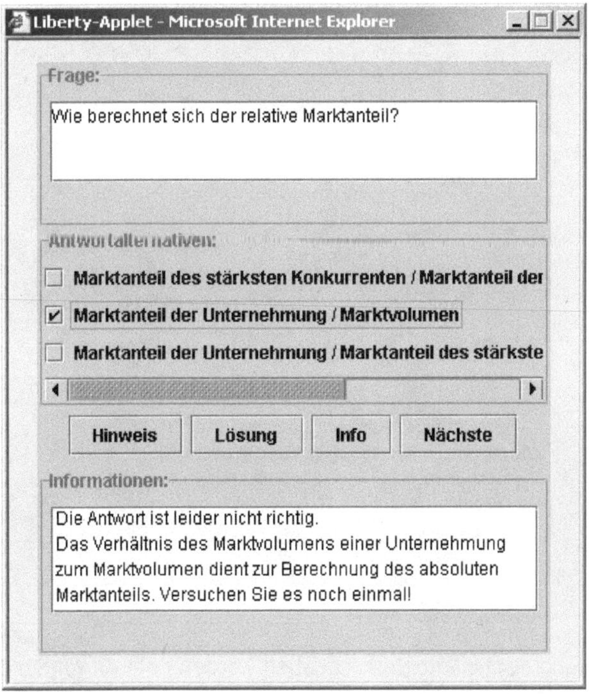

Abbildung 8-21: Applet zur Beantwortung von Wahlaufgaben

In Abhängigkeit der Anwenderunterstützung können die bei der Frageerstellung hinterlegten Hinweise zur Beantwortung der Fragen von einem Anwender aufgerufen werden. Darüber hinaus ermöglicht die Funktion „Info" die Anzeige von Lerninhalten, die im Zusammenhang mit der Beantwortung der Frage stehen. Die Darstellung dieser Informationen erfolgt parallel zur Anzeige des Frage-Applets innerhalb des Lehr-/Lernsystems, so daß ein Anwender die notwendigen Informationen zur richtigen Beantwortung der Frage ohne Beendigung des Frageprozesses nachlesen kann. Im vorliegenden Beispiel werden beim Aufruf der Funktion „Info" Hintergrundinformationen zur Bestimmung des relativen Marktanteils innerhalb des hypermedialen Lehr-/Lernsystems angezeigt.

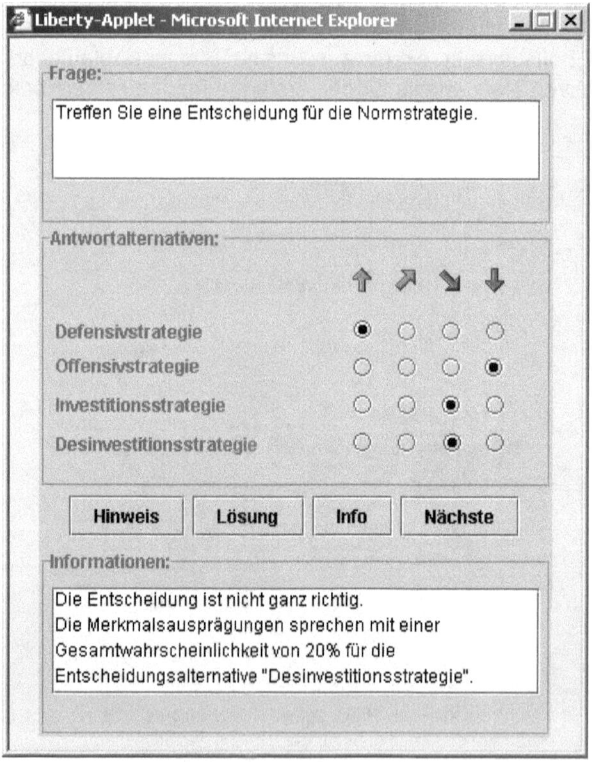

Abbildung 8-22: Applet zur Auswahl von Entscheidungen

Nach Bearbeitung der hinterlegten Aufgaben werden dem Anwender die einzelnen Applets zur Selektion der jeweiligen Entscheidung präsentiert. Für die vorliegende

Fallstudie bedeutet dies, daß der Anwender insgesamt 26 Entscheidungsapplets zur Auswahl einer geeigneten Normstrategie für jede einzelne Abteilung der Firma ELETRO INDUSTRIES angezeigt bekommt. Das in Abbildung 8-22 dargestellte Applet visualisiert beispielhaft die Auswahl einer geeigneten Entscheidung für die erste Abteilung.

Innerhalb des jeweiligen Entscheidungsapplets stehen dem Anwender die bereits erwähnten Hilfestellungen in Form von Informationen und Hinweisen zur Verfügung. Während der Button ,Info' Referenzen auf unterschiedliche Seiten innerhalb des Lehr-/Lernsystems beinhaltet, können über die Funktion ,Hinweis' optional einzelne Merkmalsausprägungen angezeigt werden, die den Anwender bei der Auswahl einer Entscheidung unterstützen. Für die vorliegende Entscheidung ,Defensivstrategie' könnten beispielsweise die Merkmalsausprägung ,Marktanteil-=hoch' und ,Marktwachstum=gering' angezeigt werden.

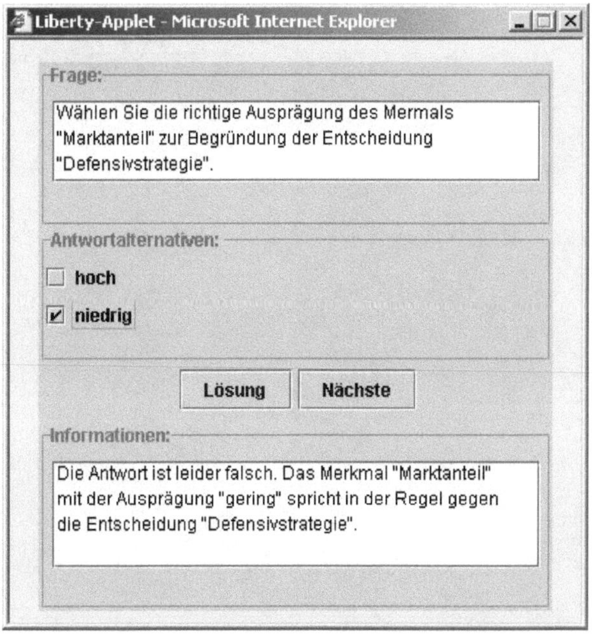

Abbildung 8-23: Applet zur Begründung von Entscheidungen

Als letzter Schritt im Rahmen der Fallstudienbearbeitung erfolgt die Begründung der zuvor getroffenen Entscheidungen durch Selektion der relevanten Merkmalsausprägungen. Nach Auswahl einer Entscheidung wird einem Anwender dazu für jedes Merkmal ein Applet präsentiert, in dem die richtige Merkmalsausprägung gewählt werden muß. Für die Entscheidung ‚Defensivstrategie' wäre demzufolge die Selektion der Ausprägungen ‚hoch' für das Merkmal ‚Marktanteil' bzw. ‚niedrig' für das Merkmal ‚Marktwachstum' notwendig. Abbildung 8-23 visualisiert beispielhaft die Begründung für das Merkmal ‚Marktanteil' sowie die entsprechende Rückmeldung.

Neben den hier dargestellten Arbeitsschritten besteht für den Anwender im Rahmen der Fallstudienbearbeitung die Möglichkeit, weitere Programmfunktionen, wie beispielsweise die kooperative Fallstudienbearbeitung mittels des Chat-Applets oder die Falldokumentation zu nutzen.

Die Zukunft sollte man nicht voraussehen
wollen, sondern möglich machen.
Antoine de Saint Exupéry

9 Abschließende Bemerkungen und Ausblick

Mit dem in dieser Arbeit vorgestellten Konzept zur Implementierung einer problemlösungsorientierten Interaktionskomponente steht ein Ansatz zur Einbindung von betriebswirtschaftlichen Fallstudien in ein hypermediales Lehr-/Lernsystem zur Verfügung. Die im Rahmen des Lösungsvorschlags konzipierte Regelbasis zur Speicherung und Verwaltung betriebswirtschaftlicher Sachzusammenhänge erlaubt sowohl im Bereich der Anpassung als auch bei der Implementierung neuer Fallstudien eine flexible Pflege und Ergänzung des Systems und ermöglicht dadurch eine kontinuierliche Erweiterung der zugrundeliegenden betriebswirtschaftlichen Fallstudienbasis.

Auf Grundlage des in der vorliegenden Arbeit entwickelten und prototypisch implementierten Konzepts soll jedoch keineswegs eine alleinige Wissensvermittlung mittels Fallstudien angestrebt werden. Vielmehr beschreibt der hier verfolgte Ansatz einen Lösungsweg zur Ergänzung klassischer Lehr-/Lernformen, bei denen eine systematische und nach wissenschaftlichen Kriterien strukturierte Vermittlung von Wissen stattfindet. Der Autor stimmt insofern mit der bereits von Kosiol geäußert Bemerkung überein, das Fallstudien keinesfalls zur systematischen und methodischen Durchdringung eines Wissensgebietes ausreichen [KOSI69, 515].

Abschließend werden an dieser Stelle einige Perspektiven hinsichtlich der zukünftigen Einsatz- und Entwicklungsmöglichkeiten für das hier vorgestellte Konzepts aufgezeigt.

Vor dem Hintergrund des sich dynamisch verändernden Unternehmens- und Marktumfelds gehört der Aufbau und die kontinuierliche Anpassung einer betriebswirtschaftlichen Regelbasis zu den zentralen Zielsetzungen zukünftiger Systementwicklungen. Wie bereits anhand der beispielhaften Implementierung der Fallstudie erkennbar, erfordert dies neben der fachlichen Beschreibung des betriebswirtschaftlichen Wissens die Konzeption einer flexibel anpassbaren Regelstruktur. Dies gilt in besonderem Maße für die Abbildung unterschiedlich komplexer Sachzusammenhänge, die wiederum die Grundlage für verschiedene Fallstudienvarianten bilden.

Neben der Konzeption und Implementierung einer umfassenden betriebswirtschaftlichen Regelbasis wäre es im Rahmen einer späteren Entwicklungsphase denkbar, das vorgestellte Konzept um ein Protokollierungs- und Auswertungswerkzeug zu ergänzen. Ein sinnvoller Realisierungsansatz könnte die Erfassung und Analyse des Interaktionsverhaltens beinhalten, um daraus Gestaltungs- und

Änderungsmaßnahmen für die Anpassung des Lehr-/Lernsystems bzw. der Fallstudien abzuleiten. Auf diese Weise wäre es möglich, gemeinsame Wissensdefizite seitens der Systembenutzer zu erkennen und durch geeignete Maßnahmen, wie z. B. die Ergänzung der Lehr-/Lerninhalte oder die Erweiterung der Fallstudienbasis, zu beseitigen. Darüber hinaus könnten auf Basis der erfassten Informationen weitere Adaptionsmöglichkeiten, wie beispielsweise unterschiedliche Verfahren zur Verweisanpassungen implementiert werden.

Verzeichnisse

Literatur

[AEBL81] Aebli, H.: Grundformen des Lehrens. Eine allgemeine Didaktik auf kognitionspsychologischer Grundlage. 12. Aufl., Klett-Cotta, Stuttgart 1981.

[ALEW71] Alewell, K.: Der Einsatz der Fallmethode in den verschiedenen Phasen des Lernprozesses. In: Alewell, K.; Bleicher, K.; Hahn, D. (Hrsg.): Entscheidungsfälle aus der Unternehmenspraxis. Gabler, Wiesbaden 1971, S. 43-56.

[ALLI70] Allinger, U. et al.: Computergestützte Prüfungen im Quadriga-Funkkolleg. IBM Form 81.585.12.70, IBM-Fachbibliothek, Sindelfingen 1970.

[ALLI90] Allinson, L.; Hammond, N.: Learning Support Environments: Rationale and Evaluation. In: Computer & Education, 15 (1990) 1-3, S. 137-143.

[AUSU75] Ausubel, D. P.: Entdeckendes Lernen. In: Neber, H. (Hrsg.): Entdeckendes Lernen. 2. Aufl., Beltz, Weinheim 1975, S. 28-69.

[BAUM94] Baumgartner, P.; Payr, S.: Lernen mit Software. Österreichischer Studien-Verlag, Insbruck 1994.

[BECK01] Becker, J .: Marketing-Konzeption. Grundlagen des zielstrategischen und operativen Marketing-Managements. 7. Aufl., Vahlen, München 2001.

[BERN94] Berndt, O.: Dokumenten-Management-Systeme: Nutzen, Organisation, Technik. Hermann Luchterhand, Neuwied 1994.

[BLEI71] Bleicher, K.: Gruppenarbeit und Fallmethode. In: Alewell, K.; Bleicher, K.; Hahn, D. (Hrsg.): Entscheidungsfälle aus der Unternehmenspraxis. Gabler, Wiesbaden 1971, S. 31-42.

[BLOO76] Bloom, B. S. (Hrsg.) et al.: Taxonomie von Lernzielen im kognitiven Bereich. 5 Aufl., Beltz, Weinheim 1976.

[BLUM97] Blumstengel, A.; Kassanke, S.; Suhl, L.: Praxisorientierte Lehre im Fachgebiet Operations Research unter Einsatz einer hypermedialen Lernumgebung. In: Wirtschaftsinformatik, 39 (1997) 6, S. 555-562.

[BLUM98] Blumstengel, A.: Entwicklung hypermedialer Lernsysteme. Wiss. Verlag, Berlin 1998.

[BODE90] Bodendorf, F.: Computer in der fachlichen und universitären Ausbildung. Oldenbourg, München 1990.

[BODE92] Bodendorf, F.: Benutzermodelle – Ein konzeptioneller Überblick. In: Wirtschaftsinformatik, 34 (1992) 2, S. 233-245.

[BODE93] Bodendorf, F.: Computer in der betrieblichen Weiterbildung. Oldenbourg, München 1993.

[BOOC94] Booch, G.: Objektorientierte Analyse und Design: Mit praktischen Anwendungsbeispielen. Addison-Wesley, Bonn 1994.

[BOWE81] Bower, G. H.; Hilgard, E. R.: Theories of Learning. 5. Aufl., Prentice Hall, Engelwood Cliffs 1981.

[BROW78] Brown, J. S.; Burton, R. R.: Diagnostic Models for Procedural Bugs in Basic mathematical Skills. In: Cognitive Science, 2 (1978) 2, S. 155-192.

[BRUN75] Bruner, J. S.: Der Akt der Entdeckung. In: Neber, H. (Hrsg.): Entdeckendes Lernen. 2. Aufl., Beltz, Weinheim 1975, S. 15-27.

[BRUS01] Brusilovsky, P.: Adaptive Hypermedia. In: User Modeling and User-Adapted Interaction, 11 (2001) 1-2, S. 87-110.

[BRUS96] Brusilovsky, P. et al.: ELM-ART: An Intelligent Tutoring System on World Wide Web. In: Diaz de llarraza Sánches, A.; Fernández de Castro, I. (Hrsg.): Computer Aided Learning and Instruction in Science and Engineering. Springer, Berlin 1996, S. 261-269.

[BRUS98] Brusilovsky, P.: Methods and Techniques of Adaptive Hypermedia. In: Brusilovsky, P. et al. (Hrsg.): Adaptive Hypertext and Hypermedia. Kluwer Academic Publishers, Dordrecht 1998, S. 1-43.

[BULL92] Bullinger, H.-J. et al.: Multimedia: Von der Medienintegration über die Prozessintegration zur Teamintegration. In: Office Management, o. Jg. (1992) 6, S. 6-13.

[CARR77] Carr, B.; Goldstein, I. P.: Overlays: A Theory of Modelling for Computer Aided Instruction. AI Memo 406, MIT, Boston 1977.

[CHAR93] Charwat, H. J.: Lexikon der Mensch-Maschine-Kommunikation. 2. Aufl., Oldenbourg, München 1993.

[CHEN76] Chen, P. P. S.: The Entity-Relationship-Modell – Toward a Unified View of Data. In: ACM Transactions on Database Systems, 1 (1976) 1, S. 9-36.

[COGN93] Cognition and Technology Group at Vanderbild: Anchored Instruction and Situated Cognition Revisited. In: Educational Technology, 33 (1993) 3, S. 52-70.

[COLL89] Collins, A. et al.: Cognitive apprenticeship: Teaching the Crafts of Reading, Writing and Mathematics. In: Resnick, L. B. (Hrsg.): Knowing, Learning and Instruction. Erlbaum, Hillsdale 1989, S. 453-494.

[COOK89] Cook, V. J.; Larréché J.-C.; String, E. C.: Readings in Marketing Strategy. The Scientific Press, Redwood 1989.

[COPE54] Copeland, M. T.: The Genisis of the Case Method in Business Instruction. In: McNair, M. P.: The Case Method at the Harvard Business School. McGraw-Hill, New York 1954.

[CORR66] Correll, W.: Programmiertes Lernen und schöpferisches Denken. 3. Aufl., Ernst Reinhardt, München 1996.

[CORR73] Correll, W.: Lernpsychologie. Grundfragen und pädagogische Konsequenzen. 13. Aufl., Ludwig Auer, Donauwörth 1973.

[CRON77] Cronbach, J. L.; Snow, R. E.: Aptitudes and Instructional Methods: A Handbook for Research on Interactions. Irvington, New York 1977.

[CULB60] Culbertson, J. A.; Jacobson, P. B.; Keller, T. H.: Administrative Relationships. A Casebook. Engelwood Cliffs, New York 1960.

[CULL73] Culliton, J. W.: Handbook on Case Writing. Crainfield Institute of Technology, Bedford 1973.

[DATE95] Date, C. J.: An Introduction to Database Systems. 6. Aufl., Addison Wesley, Reading 1995.

[DEBR98] De Bra, P.; Calvi, L.: AHA! An Open Adaptive Hypermedia Architecture. In: The New Review of Hypermedia and Multimedia, 4 (1998) 1, S. 115-139.

[DORS98] Dorsch, F.: Stereotyp. In: Häcker, H.; Stapf, K. H. (Hrsg.): Dorsch Psychologisches Wörterbuch. 13. Aufl., Hans Huber, Bern 1998, S. 836-837.

[EULE92] Euler, D.: Didaktik des computerunterstützten Lernens: Praktische Gestaltung und theoretische Grundlagen. Bildung-und-Wissens-Verlag, Nürnberg 1992.

[FELD95] Feldman, T.: Multimedia – Eine Einführung. Hardt & Wörner, Friedrichsdorf 1995.

[FISC94] Fischer, M. et al.: Konzeption und Entwicklung eines fallbasierten, computerunterstützten Lernprogramms in der Medizin (THYROIDEA). Forschungsbericht Nr. 35, Institut für Pädagogische Psychologie und Empirische Pädagogik , Ludwig-Maximilians-Universität, München 1994.

[FOLE00] Foley, J . D.: Computer Gaphics: Principles and Practice. 2. Aufl., Addison Wesley, Reading 2000.

[FRIE97] Friedrich, H. F.; Mandl, H.: Analyse und Förderung selbstgesteuerten Lernens. In: Weinert, F. E.; Mandl, H. (Hrsg.): Psychologie der Erwachsenenbildung. Band 4, Hogrefe, Göttingen 1997, S. 237-293.

[GABE93] Gabele, E.; Zürn, B.: Entwicklung interaktiver Lernprogramme. Schäffer-Poeschel, Stuttgart 1993.

[GABR93] Gabrys, G. et al.: Learning by Problem Solving in a Coached Apprenticeship System. In: Rabinowitz, M (Hrsg.): Cognitive Science Foundation of Instruction. Erlbaum, Hillsdale 1993, S. 119-147.

[GAGE69] Gage, N. L.: Teaching Methods. In: Ebel, R. L. (Hrsg.): Encyclopedia of Educational Research. 4. Aufl., Macmillan, New York 1969, S. 1446-1458.

[GAGE86] Gage, N. L.; Berliner, D. C.: Pädagogische Psychologie. 4. Aufl., Beltz, Weinheim 1986.

[GAGN65] Gagné, R. M.: The Conditions of Learning. Holt, Rinehart & Winston, New York 1965.

[GAGN85] Gagné, R. M.: The Conditions of Learning. 3. Aufl., Holt, Rinehart & Winston, New York 1985.

[GENN99] Gennusa, P. L.: The Rise of Generic Markup Languages. In: Möhr, W; Schmidt, I. (Hrsg.): SGML und XML. Anwendungen und Perspektiven. Springer, Berlin 1999.

[GERS94] Gerstenmaier, J.; Mandl, H.: Wissenserwerb unter konstruktivistischer Perspektive. Forschungsbericht Nr. 33, LMU, München 1994.

[GIAR92] Giardina, M.: Interactivity and Intelligent Advisory Strategies in a Multimedia Learning Environment: Human Factors, Design Issues and Technical Considerations. In: Giardina, M. (Hrsg.): Interactive Multimedia Learning Environments: Human Factors, Design Issues and Technical Considerations. Springer, Berlin 1992, S. 48-66.

[GLOW00] Glowalla, U.; Grob, H. L.; Thome, R.: Qualitätssicherung interaktiver Studienangebote. In: Bertelsmann Stiftung, Heiz Nixdorf Stiftung (Hrsg.): Studium Online. Hochschulentwicklung durch neue Medien. Bertelsmann Stiftung, Gütersloh 2000, S. 51-73.

[GLOW92] Glowalla, U.; Schoop, E.: Entwicklung und Evaluation computerunterstützter Lehrsysteme. In: Glowalla, U.; Schoop, E. (Hrsg.): Hypertext und Multimedia. Neue Wege in der computerunterstützten Aus- und Weiterbildung. Springer, Berlin 1992, S. 21-36.

[GLOW95] Glowalla, U.; Häfele, G.: Einsatz elektronischer Medien: Befunde, Probleme und Perspektiven. In: Issing, L.; Klimsa, P. (Hrsg.): Information und Lernen mit Multimedia. Beltz, Weinheim 1995. S. 415-434.

[GRAE94] Gräsel, C. et al.: Vergebliche Designermüh? Interaktionsangebote in problemorientierten Computerlernprogrammen. In: Unterrichtswissenschaft – Zeitschrift für Lernforschung, 22 (1994) 4, S. 312-333.

[GREE93] Greeno, J. G. et al.: Transfer of Situated Learning. In: Detterman, D. K.; Sternberg, R. J. (Hrsg.): Transfer on Trial: Intelligence, Cognition and Instruction. Ablex, Norwood 1993, S. 93-167.

[GRIE68] Griem, H.: Der Prozeß der Unternehmensentscheidung bei unvollkommener Information. Eine Ablauf und Problemanalyse. Duncker & Humblot, Berlin 1968.

[GROC75] Grochla, E.; Thom, N.: Fallmethode und Gruppenarbeit in der betriebswirtschaftlichen Hochschulausbildung – Ein Kölner Versuch. Hochschuldidaktische Materialien Nr. 49, Arbeitsgemeinschaft für Hochschuldidaktik e.v., Hamburg 1975.

[GRON68] Gronlund, N. E.: Measurement and Evaluation in Teaching. 2. Aufl., Macmillan, New York 1968.

[GUTE62] Gutenberg, E.: Unternehmensführung - Organisation und Entscheidung. Gabler, Wiesbaden 1962.

[GUYE60] Guyer, W.: Wie wir lernen. Versuch einer Grundlegung. 3. Aufl., Eugen Rentsch, Erlenbach-Zürich 1960.

[HAAC95] Haack, J.: Interaktivität als Kennzeichen von Multimedia und Hypermedia. In: Issing, L.; Klimsa, P. (Hrsg.): Information und Lernen mit Multimedia. Beltz, Weinheim 1995, S. 151-166.

[HAAN92] Haan, B. J. et al.: IRIS Hypermedia Services. In: Communication of the ACM, 33 (1992) 1, S. 36-51.

[HAHN71] Hahn, D.: Entscheidungsprozeß und Fallmethode. In: Alewell, K.; Bleicher, K.; Hahn, D. (Hrsg): Entscheidungsfälle aus der Unternehmenspraxis. Gabler, Wiesbaden 1971, S. 19-30.

[HAMM93] Hammond, N.: Learning with Hypertext: Problems, Principles and Prospects. In: McKnight, C.; Dillon, A.; Richardson, J. (Hrsg.): Hypertext: A Psychological Perspective. Ellis Horwood, New York 1993, S. 51-70.

[HASE95] Hasebrook, J.: Multimedia-Psychologie: Eine neue Perspektive menschlicher Kommunikation. Spektrum, Heidelberg 1995.

[HEIN74] Heinen, E.: Einführung in die Betriebswirtschaftslehre. 5 Aufl., Gabler, Wiesbaden 1974.

[HEND74] Henderson, B. D.: Die Erfahrungskurve in der Unternehmensstrategie. Herder & Herder, Frankfurt 1974.

[HERB76] Herbig, M.: Praxis lehrzielorientierter Tests. Pädagogischer Verlag Schwann, Düsseldorf 1976.

[HILL62] Hillebrand, M. J.: Psychologie des Lernens und Lehrens: Eine anthropologisch-psychologische Grundlegung. 2. Aufl., Huber, Bern 1962.

[HINT96] Hinterhuber, H. H.: Strategische Unternehmungsführung. Strategisches Denken: Visionen, Unternehmenspolitik, Strategie. 6. Aufl., de Gruyter, Berlin 1996.

[HORN94] Hornung, C.: PC-basierte Multimedia-Systeme. In: Glowalla, U. et al. (Hrsg.): Multimedia ´94: Grundlagen und Praxis. Springer, Heidelberg 1994, S. 2-8.

[HUFG93] Hufgard, A.: Betriebswirtschaftliche Softwarebibliotheken und Adaption. Empirischer Befund, Produkte, Methoden, Werkzeuge, Dienstleistungen und ein Modell zur Planung und Realisierung im Unternehmen. Dissertation, Universität Würzburg, Würzburg 1993.

[HUNT98] Hunter, J.; Crawford, W.: Java Servlet Programming. O'Reilly, Sebastopol 1998.

[ISSI96] Issing, L. J.: Multimedia aus psychologischer und didaktischer Perspektive. In: HMD, 33 (1996) 188, S. 28-41.

[JONA89] Jonassen, D. H.: Hypertext/Hypermedia. Educational Technology Publications, Englewood Cliffs 1989.

[JONG83] Jongebloed, H.-C.: Lehr-Lernkontrolle. In: Twardy, M. (Hrgs.): Kompendium Fachdidaktik Wirtschaftswissenschaften. Band 3, VH Verlag, Düsseldorf 1983, S. 591-729.

[JOYE72] Joyce, B.; Weil, M.: Models of Teaching. Prentice Hall, Engelwood Cliffs 1972.

[KAIS76] Kaiser, F.-J.: Entscheidungstraining. Die Methoden der Entscheidungsfindung Fallstudie – Simulation – Planspiel. 2. Aufl. Klinkhardt, Bad Heilbrunn 1976.

[KAIS97] Kaiser, F.-J.; Kaminski, H.: Methodik des Ökonomie-Unterrichts: Grundlagen eines handlungsorientierten Lernkonzepts mit Beispielen. 2. Aufl., Klinkhardt, Bad Heilbrunn 1997.

[KAY97] Kay, J.; Kummerfeld, B.: User Models for Customized Hypertext. In: Nicholas, C.; Mayfield, J. (Hrsg.): Intelligent Hypertext: Advanced Techniques for the World Wide Web. Springer, Berlin 1997, S. 47-69.

[KERR95] Kerres, M.: Technische Aspekte multimedialer Lehr-Lernmedien. In: Issing, L.; Klimsa, P. (Hrsg.): Information und Lernen mit Multimedia. Beltz, Weinheim 1995, S. 25-45.

[KLAU73] Klauer, K. J.: Revision des Erziehungsbegriffs: Grundlagen einer empirisch-rationalen Pädagogik. Schwann, Düsseldorf 1973.

[KLEI80] Kleine, M.: Didaktisch-methodische Probleme einer aktiven Lernmethode. Dissertation, Universität Dortmund, Dortmund 1980.

[KLIM95] Klimsa, P.: Multimedia aus psychologischer und didaktischer Sicht. In: Issing, L.; Klimsa, P. (Hrsg.): Information und Lernen mit Multimedia. Beltz, Weinheim 1995, S. 7-24.

[KLIN95] Klingberg, L.: Lehren und Lernen – Inhalt und Methode. Zur Systematik und Problemgeschichte didaktischer Kategorien. Zentrum für pädagogische Berufspraxis, Carl-von-Ossietzky-Universität, Oldenburg 1995.

[KLOD01] Klodt, H.: Die neue Ökonomie: Umbruch und Aufbruch. In: Die Weltwirtschaft, o. Jg. (2001) 1, S. 78-98.

[KNUT91] Knuth, R. A.; Cunningham, D. J.: Tools for Constructivism. In: Duffy, T. M.; Lowyk, J.; Jonassen, D. H. (Hrsg.): Designing Environments for Constructive Learning. Springer, Berlin 1991, S. 163-188.

[KOBS82] Kobsa, A.: Wissensrepräsentation: Die Darstellung von Wissen im Computer. Österreichische Studiengesellschaft für Kybernetik, Wien 1982.

[KOBS93] Kobsa, A.: Adaptivität und Benutzermodellierung in interaktiven Softwaresystemen. In: Kobsa, A.; Pohl, W. (Hrsg.): Adaptivität und Benutzermodellierung in interaktiven Softwaresystemen. Humboldt-Universität, Berlin 1993, S. 1-15.

[KOLB96] Kolb, B.: Netvertising – Werbung auf dem Internet. In: Lippert, W. (Hrsg.): Annual Multimedia. Metropolitan, Düsseldorf 1996, S. 50-55.

[KOSI57] Kosiol, E.: Die Behandlung praktischer Fälle im betriebswirtschaftlichen Hochschulunterricht (Case Method). Duncker & Humbold, Berlin 1957.

[KOSI69] Kosiol, E.: Fallstudien. In: Grochla, E. (Hrsg.): Handwörterbuch der Organisation. Poeschel, Stuttgart 1969, S. 511-515.

[KRAT75] Krathwohl, D. R. et al.: Taxonomie von Lernzielen im affektiven Bereich. Beltz, Weinheim 1975.

[KUEF92] Küffner, H.: Fachwortschatztraining am PC: Entwicklungsaspekte, Einsatzmöglichkeiten und Erprobungsergebnisse. In: Dette, K. (Hrsg.): Computer, Software und Vernetzungen für die Lehre. Springer, Berlin 1992, S. 730-744.

[KUHL91] Kuhlen, R.: Hypertext. Ein nicht-lineares Medium zwischen Buch und Wissensbank. Springer, Berlin 1991.

[LAUX91] Laux, Helmut: Entscheidungstheorie I. Grundlagen. 2. Aufl., Springer, Berlin 1991.

[LEEN73] Leenders, M. R.; Erskine, J. A.: Case Research: The Case Writing Process. University of Western Ontario, London 1973.

[LEFR94] Lefrancois, G. R.: Psychologie des Lernens. 3. Aufl., Springer, Berlin 1994.

[LEHN01] Lehner, F.: E-Learning – Aus- und Weiterbildung über das Internet. In: WISU, 30 (2001) 8-9, S. 1147-1154.

[LOBI00] Lobin, H.: Informationsmodellierung in XML und SGML. Springer, Heidelberg 2000.

[LUCA92] Lucas, L.: Interactivity: What is it and how do you use it? In: Journal of Educational Multimedia and Hypermedia, 1 (1992) 1, S. 7-10.

[LUST87] Lusti, M.: Methoden wissensbasierter Systeme bei der Entwicklung von Lernprogrammen – Ein Beispiel aus dem betrieblichen Rechnungswesen. In: Angewandte Informatik, 29 (1987) 1, S. 12-19.

[LUST92] Lusti, M.: Intelligente tutorielle Systeme – Einführung in wissensbasierte Lernsysteme. Oldenbourg, München 1992.

[LYLE81] Lyles, M. A.: Formulating strategic problems: Empirical Analysis and Model Development. In: Strategic Management Journal, 2 (1981) 1, S. 61-75.

[MAYE92] Mayes, J. T.: The "M-Word": Multimedia Interfaces and their Role in Interactive Learning Systems. In: Edwards, A. D. N.; Holland, S. (Hrsg.): Multimedia Interface Design in Education. Springer, Heidelberg 1992, S. 1-22.

[MCCO94] McConnell, D.: Implementing Computer Supported Cooperative Learning. Kogan Page, London 1994.

[MERR87] Merrill, M. D.: The new Component Design Theory: Instructional Design for Courseware Authoring. In: Instructional Science, 16 (1987) 1, S. 19-34.

[MERT90] Mertens, P.: Expertensysteme in der Produktion: Praxisbeispiele aus Diagnose und Planung. Oldenbourg, München 1990.

[MERT95] Mertens, P. et al. (Hrsg.): Grundzüge der Wirtschaftsinformatik. 3. Aufl., Springer, Berlin 1995.

[MERT99a] Mertens, H.: Systematische Strukturierung interaktiver Frageschemata. In: Lehner, F.; Nikolaus, U. (Hrsg.): Multimediales Lernen. Gabler, Wiesbaden 1999, S. 193-206.

[MERT99b] Mertens, P.; Höhl, M.: Wie lernt der Computer den Menschen kennen? Bestandsaufnahme und Experimente zur Benutermodellierung in der Wirtschaftsinformatik. Report FR-1999-002, FORWISS, Erlangen 1999.

[MUEL96] Müller, A.: Entwicklung eines Autorensystems zur Abbildung hypermedialer Informationen in einem RDBMS. Unveröffentlichte Diplomarbeit, Lehrstuhl für BWL und Wirtschaftsinformatik, Universität Würzburg, Würzburg 1996.

[MUSC99] Musch, J .: Die Gestaltung von Feedback in computergestützten Lernumgebungen: Modelle und Befunde. In: Zeitschrift für Psychologie, 3 (1999) 13, S. 148-160.

[NEBE87] Neber, H.: Angewandte Problemlösungspsychologie. In: Neber, H. (Hrsg.): Angewandte Problemlösungspsychologie. Aschendorffsche Verlagsbuchhandlung, Aschendorf 1987, S. 1-118.

[NELS67] Nelson, T. H.: Getting it out of the System. In: Schecter, G. (Hrsg.): Information Retrival: A Critical Review. Thompson Book, Washington 1967, S. 191-210.

[NEUB80] Neubauer, F. F.: Das PIMS-Programm und Portfolio-Management. In: Hahn, D.; Taylor, B. (Hrsg.): Strategische Unternehmensplanung. Physica, Würzburg 1980, S. 135-162.

[NIBB80] Nibbrig, B.: Die programmierte schriftliche Kaufmannsgehilfenprüfung. Böhlau, Köln 1980.

[NICH97] Nicholas, C.; Mayfield, J . (Hrsg.): Intelligent Hypertext. Springer, Berlin 1997.

[NIEG95] Niegemann, H. M.: Computergestütztes Instruktion in Schule, Aus- und Weiterbildung. Theoretische Grundlagen, empirische Befunde und Probleme der Entwicklung von Lehrprogrammen. Peter Lang, Frankfurt 1995.

[NIEL90] Nielson, J .: Hypertext and Hypermedia. Technical University of Denmark, Copenhagen 1990.

[NN00a] N.N.: Statistik interaktiv! Deskriptive Statistik. Springer, Berlin 2000.

[NN00b] N.N.: Markstrat3. The Strategie Marketing Simulation. Stratx, Boston 2000.

[NN00c] N.N.: Extensible Markup Language. In: http://www.w3.org/XML, Erstellungsdatum 06.10.2000.

[NN01a] N.N.: E-Learning: Wachstum mit Hindernissen. In: http://www.heise.de/newsticker, Erstellungsdatum 01.08.2001.

[NN01b] N.N.: Mobility. In: http://www.mobility-online.de, Informationsabfrage am 05.03.2001.

[NN01c] N.N.: Computer Aided Business Simulation (CABS). In: http://www.cabs.de, Informationsabfrage am 06.03.2001.

[NN01d] N.N.: VITAL (Virtual Teaching an Learning). In: http://www.ipsi.gmd.de/concert/projects/clear, Informationsabfrage am 07.06.2001.

[NN01e] N. N.: Lebenslanges Lernen – L3. In: http://www.l-3.de, Informationsabfrage am 07.06.2001.

[NN01f] N.N.: Asymetrix Toolbook. In: http://www.asymetrix.com, Informationsabfrage am 12.04.2001.

[NN01g] N.N.: Extensible Link (XLink). In: http://www.w3.org/XML/Linking, Erstellungsdatum 27.06.2001

[NN01h] N.N.: Extensible Stylesheet Language (XSL). In: http://www.w3.org/Style/XSL, Erstellungsdatum 15.10.2001.

[NN01i] N.N.: Apache Software Foundation. In: http://www.apache.org, Informationsabfrage am 02.02.2001.

[NN02a] N.N.: Cesna Private Pilot Multimedia Training System. In: http://www.learntofly.com, Informationsabfrage am 02.04.2002.

[NN02b] N.N.: Document Style Semantics and Specification Language (DSSSL). In: http://www.jclark.com/dsssl, Infromationsabfrage am 03.03.2002.

[NN02c] N.N.: Information Processing – Text and Office Systems - Standard Generalized Markup Language (SGML). ISO 8879:1986. In: http://www.iso.ch, Informationsabfrage am 03.03.2002.

[NN02d] N.N.: XML Schema. In: http://www.w3.org/XML/Schema, Informationsabfrage am 03.03.2002.

[NN02e] N.N.: HyperText Markup Language. In: http://www.w3.org/MarkUp, Informationsabfrage am 03.03.2002.

[NN02f] N.N.: Hypertext Transfer Protocol. In: http://www.w3.org/Protocols, Informationsabfrage am 03.03.2002.

[NN02g] N.N.: Cascading Style Sheets. In: http://www.w3.org/Style/CSS, Informationsabfrage 03.03.2002.

[NN71] N.N.: Executive Education Programm at the Harvard Business School. Harvard Business School, Boston 1971.

[NN94a] N.N.: Interaktion. In: Duden. Das große Fremdwörterbuch. Dudenverlag, Mannheim 1994.

[NN94b] N.N.: Adaption. In: Duden. Das große Fremdwörterbuch. Dudenverlag, Mannheim 1994.

[NN95] N.N.: Ergonomische Anforderungen für Bürotätigkeiten mit Bildschirmgeräten (ISO 9241). Europäisches Komitee für Normung, Brüssel 1995.

[NN96a] N.N.: CD-ROM Führerscheintest. Vogel, München 1996.

[NN96b] N.N.: Struktur. In: Brockhaus Enzyklopädie. Band 21, 20 Aufl., F.A. Brockhaus, Leipzig 1996, S. 282.

[NN99] N.N.: Extensible Markup Language Transformation. In: http://www.w3.org/TR/xslt, Erstellungsdatum 16.11.1999.

[NOWA96] Nowak, J. R.: Die Kunst des Fragens: Theorie und Praxis der Frage als didaktisches Steuerungsinstrument. Wißner, Augsburg 1996.

[OSHE86] O'Shea, T.; Self, J.: Lernen und Lehren mit Computern. Birkhäuser, Basel 1986.

[PEAR88] Pearl, J.: Probabilistic Reasoning in Intelligent Systems: Networks of Plausible Inference. Morgan Kaufmann, Los Altos 1988.

[PERL76] Perlitz, M.; Vassen, P. J.: Grundlagen der Fallstudiendidaktik. Hanstein, Köln 1976.

[POHL97a] Pohl, C.: Medienintegration/Multimedia. In: Mertens, P. et al. (Hrsg.): Lexikon der Wirtschaftsinformatik. Springer, Heidelberg 1997, S. 259-260.

[POHL97b] Pohl, C.: Methodik und Realisation von Systemen zur effizienten Wissensvermittlung durch Hypermedia. Dissertation, Universität Würzburg, Würzburg 1997.

[PORT01] Porter, M. E.: Bewährte Strategien werden durch das Internet noch wirksamer. In: Harvard Business manager, 23 (2001) 5, S. 64- 81.

[PREI94] Preiss, P.: Planspiel Jeansfabrik: Betriebliche Leistungsprozesse. Gabler, Wiesbaden 1994.

[PUPP91] Puppe, F.: Einführung in Expertensysteme. 2. Aufl., Springer, Heidelberg 1991.

[PUPP92] Puppe, F.: Intelligente Tutorsysteme. In: Informatik Spektrum, 15 (1992) 4, S. 195-207.

[PUPP96] Puppe, F. et al.: Wissensbasierte Diagnose- und Informationssysteme. Springer, Berlin 1996.

[RAPP75] Rapp, G.: Messung und Evaluierung von Lernergebnissen in der Schule. Klinkhardt, Bad Heilbrunn 1975.

[REET84] Reetz, L.: Wirtschaftsdidaktik – Eine Einführung in Theorie und Praxis wirtschaftlicher Curriculumentwicklung und Unterrichtsgestaltung. Klinkhardt, Bad Heilbrunn 1984.

[REET88a] Reetz, L.: Zum Einsatz didaktischer Fallstudien im Wirtschaftslehreunterricht. In: Unterrichtswisschenschaft, 16 (1988) 2, S. 38-55.

[REET88b] Reetz, L.: Fälle und Fallstudien im Wirtschaftslehre-Unterricht. In: Wirtschaft und Erziehung, 40 (1988) 5, S. 148-157.

[REET93] Reetz, L. et al.: Fallstudien Materialwirtschaft. Unterrichtsentwürfe, Lehr- und Lernhilfen. Feldhaus, Hamburg 1993.

[REIG79] Reigluth, C. M.: In Search of a Better Way to Organize Instruction: The Elaboration Theory. In: Journal of Instructional Development, 2 (1979) 3, S. 8-15.

[RENK97] Renkl, A.: Lernen durch Erklären: Was, wenn Rückfragen gestellt werden? In: Zeitschrift für Pädagogische Psychologie, 11 (1997) 1, S. 41-51.

[RICH79] Rich, E.: User Modeling via Stereotypes. Cognitive Science, 3 (1979) 4, S. 329-354.

[RIEG95] Rieger, W.: SGML für die Praxis. Ansatz und Einsatz von ISO 8879. Springer, Heidelberg 1995.

[ROES98] Rössel, M.: Pragmatische Benutzermodellierung im adaptiven multimedialen Präsentationssystem AMPreS. In: Timm, U. J.; Rössel, M. (Hrsg.): Adaptivität und Benutzermodellierung in interaktiven Softwaresystemen. FORWISS, Erlangen 1998, S. 67-75.

[ROSE74] Rosemann, H.: Lernen, Behalten und Denken. Polerz, Bissendorf 1974.

[ROTH01] Rothfuss, G.; Ried, C.: Content Management mit XML. Springer, Berlin 2001.

[ROTH61] Roth, H.: Pädagogische Psychologie des Lehrens und Lernens. Herman Schroedel, Berlin 1961.

[RUET73] Rütter, T.: Formen der Testaufgabe. Eine Einführung für didaktische Zwecke. C. H. Beck, München 1973.

[SACH95] Sacher, W.: Interaktive Multimedia-Systeme und ihr Einsatz in Lehr-Lern-Prozessen. Forschungsbericht Nr. 15, Philosophische Fakultät I, Universität Augsburg, Augsburg 1995.

[SACH96] Sacher, W.: Dimensionen und Komponenten der Interaktivität von Multimedia-Systemen. In: FWU-Magazin, o. Jg. (1996) 5-6, S. 7-10.

[SACH96b] Sacher, W.: Dimensionen und Komponenten der Interaktivität von Multimedia-Systemen. Forschungsbericht Nr. 20, Philosophische Fakultät I, Universität Augsburg, Augsburg 1996.

[SARG55] Sargent, C. G.; Belisle, E. L.: Educational Administration: Cases and Concepts. Houghton-Mifflin Company, Boston 1955.

[SCHA93] Schampaul, S.: Lernen in Interaktion mit dem Computer. Pädagogische Abteilung, Universität Trier, Trier 1993.

[SCHE75] Scheitlin, V.: Ausbildungstechnik in der modernen Unternehmung. Handbuch für die Personalschulung. Taylorix Fachverlag, Stuttgart 1975.

[SCHN92] Schnupp, P.: Hypertext. Oldenbourg, München 1992.

[SCHN98] Schneider, W.: Ergonomische Anforderungen für Bürotätigkeit mit Bildschirmgeräten – Grundsätze der Dialoggestaltung. Beuth, Berlin 1998.

[SCHO92] Schoop, E.: Benutzernavigation im Hypermedia Lehr-/Lernsystem Hermes. In: Glowalla, U.; Schoop, E. (Hrsg.): Hypertext und Multimedia. Neue Wege in der computerunterstützten Aus- und Weiterbildung. Springer, Berlin 1992, S. 149-166.

[SCHU72] Schulz, W.: Umriß einer didaktischen Theorie der Schule. In: Zur Theorie der Schule. 2. Aufl., Beltz, Weinheim 1972, S. 27-45.

[SCHU96] Schulmeister, R.: Grundlagen hypermedialer Lernsysteme: Theorie – Didaktik – Design. Addison Wesley, New York 1996.

[SCHW88] Schwartz, S.: Wie Pawlow auf den Hund kam ... Die 15 klassischen Experimente der Psychologie. Beltz, Weinheim 1988.

[SHAR88] Sharan, S.; Shachar, C.: Language and Learning in the Cooperative Classroom. Springer, New York 1988.

[SHNE83] Shneiderman, B.: Direct Manipulation: A Step beyond Programming Languages. In: IEEE Computer, 16 (1983) 8, S. 57-69.

[SHNE98] Shneiderman, B.: Designing the User Interface. Strategies for Effective Human-Computer Interaction. 3. Aufl., Addison-Wesley, Reading 1998.

[SIEB94] Siebdrat, H.: Multimediale und wissensbasierte Systeme in der Finanzwirtschaft: Entwurf, Implementierung und Auswirkungen neuer Informationssysteme in Banken. DUV, Wiesbaden 1994.

[SINZ90] Sinz, E. J.: Das Entity-Relationship-Modell (ERM) und seine Erweiterungen. In: Handbuch der modernen Datenverarbeitung, 27 (1990) 152, S. 17-29.

[SKIN65] Skinner, B. F.: Science and Human Behavior. 7. Aufl., Free Press, New York 1965.

[SLAV89] Slavin, R. E.: Cooperative Learning and Student Achievement. In: Salvin, R. E. (Hrsg.): School and Classroom Organization. Erlbaum, Hillsdale 1989, S. 129-156.

[SLAV90] Slavin, R. E.: Cooperative Learning. Theory, Research and Practice. Prentice Hall, Engelwood Cliffs 1990.

[SPAD90] Spada, H.; Ernst, A. M.; Ketterer, W.: Klassische und operante Konditionierung. In: Spada, H. (Hrsg.): Lehrbuch allgemeine Psychologie. Huber, Bern 1990, S. 323-372.

[SPEC98] Specht, M.; Oppermann, R.: ATS – Adaptive Teaching System a WWW-based ITS. In: Timm, U. J .; Rössel, M. (Hrsg.): ABIS-98. 6. Workshop. Adaptivität und Benutzermodellierung in interaktiven Softwaresystemen. FORWISS, Erlangen 1998, S. 77-86.

[STEI99] Steinmetz, R.: Multimedia-Technologie. Grundlagen, Komponenten und Systeme. 2. Aufl., Springer, Berlin 1999.

[STRE90] Streitz, N. A.: Hypertext: Ein innovatives Medium zur Kommunikation von Wissen. In: Gloor, P. A.; Streitz, N. A. (Hrsg.): Hypertext und Hypermedia. Von theoretischen Konzepten zur praktischen Anwendung. Springer, Berlin 1990, S. 10-27.

[STRI94] Strittmatter, P.: Wissenserwerb mit Bildern bei Film und Fernsehen. In: Weidenmann, B. (Hrsg.): Wissenserwerb mit Bildern. Instruktionale Bilder in Printmedien, Film/Video und Computerprogrammen. Hans Huber, Göttingen 1994, S. 177-194.

[STRO78] Stroebe, G. H.: Training in Wirtschaft und Verwaltung: Praxis der Fallmethode. Girardet, Essen 1978.

[STRZ95] Strzebkowski, R.: Realisierung von Interaktivität. In: Issing, L.; Klimsa, P. (Hrsg.): Information und Lernen mit Multimedia. Beltz, Weinheim 1995, S. 269-303.

[TERG95] Tergan, O.-S.: Hypertext und Hypermedia: Konzeptionen, Lernmöglichkeiten, Lernprobleme. In: Issing, L.; Klimsa, P. (Hrsg.): Information und Lernen mit Multimedia. Beltz, Weinheim 1995, S. 123-137.

[THOM90] Thome, R.: Wirtschaftliche Informationsverarbeitung. Vahlen, München 1990.

[THOM97a] Thome, R.: Lernökonomie. Unveröffentlichtes Dokument. Lehrstuhl für BWL und Wirtschaftsinformatik, Universität Würzburg, Würzburg 1997.

[THOM97b] Thome, R.: Medien, interaktive. In: Mertens, P. et al. (Hrsg.): Lexikon der Wirtschaftsinformatik. Springer, Heidelberg 1997, S. 258.

[TIMM98] Timm, U. J .; Rössel, M. (Hrsg.): ABIS-98. 6. Workshop. Adaptivität und Benutzermodellierung in interaktiven Softwaresystemen. FORWISS, Erlangen 1998.

[TUFT83] Tufte, E. R.: The Visaul Display of Quantitative Information. Graphics Press, Cheshire 1983.

[TULO96] Tulodziecki, G. et al.: Neue Medien in den Schulen: Projekte-Konzepte-Kompetenzen. Bertelsmann Stiftung, Gütersloh 1996.

[WAHL89] Wahlster, W.; Kobsa, A.: User Models in Dialog Systems. In: Wahlster, W.; Kobsa, A. (Hrsg.): User Models in Dialog Systems. Springer, Heidelberg 1989, S. 4-34.

[WEID94] Weidenmann, B.: Informierende Bilder. In: Weidenmann, B. (Hrsg.): Wissenserwerb mit Bildern. Instruktionale Bilder in Printmedien, Film/Video und Computerprogrammen. Hans Huber, Göttingen 1994, S. 9-58.

[WEID95] Weidenmann, B.: Abbilder in Multimedia-Anwendungen. In: Issing, J.; Klimsa, P. (Hrsg.): Information und Lernen mit Multimedia. Beltz, Weinheim 1995, S. 106-121.

[WEIN82] Weinert, F. E.: Selbstgesteuertes Lernen als Voraussetzung, Methode und Ziel des Unterrichts. In: Unterrichtswissenschaft, 10 (1982) 2, S. 99-110.

[WENG87] Wenger, E.: Artificial Intelligence and Tutoring Systems. Computational and Cognitive Approaches to the Communication of Knowledge. Morgan Kaufmann, Los Altos 1987.

[WESM71] Wesman, A. G.: Writing the Test Item. In: Thorndike, R. L. (Hrsg.): Educational Measurement. 2. Aufl., American Council of Education, Washington 1971, S. 46-80.

[WIDH02] Widhalm, R.; Mück, T.: Topic Maps: Semantische Suche im Internet. Springer, Berlin 2002.

[WITT80] Wittmann, W.: Information. In Grochla, E. et al. (Hrsg.): Handwörterbuch der Organisation. 2. Aufl., Poeschel, Stuttgart 1980, Sp. 894-904.

[WOEH00] Wöhe, G.; Döring, U.: Einführung in die allgemeine Betriebswirtschaftslehre. 20. Aufl., Vahlen, München 2000.

[WOOD91] Woodhead, N.: Hypertext & Hypermedia. Theory and Applications. Sigma Press, Wilmslow 1991.

[YANK88] Yankelovich, N.: Intermedia: The Concept and the Construction of a Seamless Information Environment. In: IEEE Computer, 21 (1988) 1, S. 81-96.

[ZERD99] Zerdick, A. et al.: Die Internet-Ökonomie. Strategien für die digitale Wirtschaft. 2. Aufl., Springer, Berlin 1999.

[ZIEG88] Ziegler, J. E.; Fähnrich, K.-P.: Direct Manipulation. In: Helander, M. (Hrsg.): Handbook of Human-Computer Interaction. Elsevier Science Publishers, Amsterdam 1988, S. 123-133.

[ZIMM96] Zimmerman, B. J. et al.: Developing Self-regulated Learners: Beyond Achievement to Self-efficacy. American Psychological Association, Washington 1996.

[ZIMM98] Zimmerman, B. J.: Academic Studying and the Development of Personal Skill: A Self-regulatory Perspective. In: Educational Psychologist, 33 (1998) 2-3, S. 73-86.

[ZOLL69] Zoll, A. A.: Dynamic Management Education. 2 Aufl., Reading, Massachusetts 1969.

Abbildungen

Tabellen

Abkürzungen

ACM	Association for Computing Machinery
AHA	Adaptive Hypermedia Architecture
AMPreS	Adaptives Multimediales Präsentationssystem
ATI	Aptitute-Treatment-Interaktion
ATS	Adaptive Teaching System
BWL	Betriebswirtschaftslehre
CABS	Computer Aided Business Simulation
CEDIS	Center für digitale Systeme
CERN	Conseil Européen pour la Recerche Nucléaire
CROCODILE	Creative Open Cooperative Distrubuted Learning Environment
CSCL	Computer Supported Cooperative Learning
CSCW	Computer Supported Cooperative Work
CSS	Cascading Stylesheets
DSSSL	Document Style Semantics and Specification Language
DTD	Dokument Type Definition
DUV	Deutscher Universitäts Verlag
ELM-ART	Episodic Learner Model - Adaptive Remote Tutor
ERM	Entity-Relationship-Model
ERP	Enterprise Ressource Planning
FORWISS	Forschungszentrum für wissensbasierte Systeme
FWU	Institut für Film und Bild in Wissenschaft und Unterricht
GML	General Markup Language
HMD	Handbuch der modernen Datenverarbeitung
HOMER	Hypertextbasierte Organisation Multimedialer ERklärungen
Href	Hyper Reference
HTML	Hypertext Markup Language

HTTP	Hypertext Transfer Protocol
IEEE	Institute of Electrical and Electronical Engineers
IPSI	Insitut für Integrierte Puplikations- und Informationssysteme
ITS	Intelligent Tutoriell System
JDBC	Java Database Connectivity
LIBERTY	Learn integrated business evolution and reorganisation types
LMU	Ludwig-Maximilians-Universität
MDS	Multidimensionale Skalierung
MIT	Massachusetts Institute of Technologie
ODBC	Open Database Connectivity
PCDATA	Parsed Character Data
PDF	Portable Document Format
PIMS	Profit Impact of Market Strategies
PIMS	Profit Impact of Market Strategies
PROLOG	Programming in Logic
ROI	Return on Investment
RTF	Rich Text Format
SGML	Standard Generalized Markup Language
SMIL	Synchronized Multimedial Integration Language
TEI	Text Encoding Initiative
URL	Universal Resource Locator
VITAL	Virtual Teaching and Learning
VOI	Verband Optische Informationssysteme
W3C	World Wide Web Consortium
WISU	Das Wirtschaftsstudium
XHTML	Extensible Hypertext Markup Language
XML	Extensible Markup Language
XSL	Extensible Stylesheet Language

XSL-FO	Extensible Stylesheet Language – Formating Objects
XSLT	Extensible Stylesheet Language Transformation

Andreas Huber / Gerald Merkl (Hrsg.)

Ernst Wurdack: Wirtschaftspädagogische Theoriebildung und Didaktik der Wirtschaftswissenschaften

Gesammelte Aufsätze 1968–1999

Frankfurt/M., Berlin, Bern, Bruxelles, New York, Oxford, Wien, 2002.
VIII, 405 S.
ISBN 3-631-39057-2 · br. € 60.30*

Der humanistisch begründete Theorie- und Didaktikansatz gehört insbesondere in der Berufs- und Wirtschaftspädagogik zu den umfassend und systematisch angelegten Handlungs- und Vermittlungskonzeptionen. Auf dieser Basis ist es möglich, sowohl anthropologische als auch ethische Dimensionen integrativ aufzunehmen. Gleichzeitig lassen sich die komplexen und stetig wandelnden Anforderungen und Probleme der Praxis in Gegenwart und Zukunft strukturieren und elementarisieren, so daß sie einer konstruktiven Lösung zugänglich sind. So gesehen erfährt die These, daß wirtschaftspädagogische Theoriebildung und Didaktik eine Theorie von Praxis für Praxis ist, eine Renaissance. Den Zugang zu dieser umfangreichen wie anspruchsvollen Thematik des vorliegenden Bandes wollen wir durch die einleitende Kommentierung, die zugleich Wegweiser und Orientierung für die verschiedenen Problembereiche darstellt, ermöglichen.

Aus dem Inhalt: Wirtschaftspädagogische Theorie und Didaktik · Anthropologische und ethische Grundlegung der Berufs- und Wirtschaftspädagogik · Didaktik der Wirtschaftswissenschaften · Humanistisch begründete Berufs- und Wirtschaftspädagogik

FSC
www.fsc.org
MIX
Papier | Fördert
gute Waldnutzung
FSC® C083411

Kolibri 360 GmbH
Ferdinand-Jühlke-Straße 7
99095 Erfurt, Deutschland
produktsicherheit@kolibri360.de

Druck:
CPI Druckdienstleistungen GmbH
im Auftrag der
Kolibri 360 GmbH
Ferdinand-Jühlke-Str. 7
99095 Erfurt